普通高等教育“十三五”规划教材

足球训练科学化指导与实践

主　编　何志强　马　勤

副主编　李　冬　黄五宁

尹文忠　孙晓川

中国石化出版社

HTTP://WWW.SINOPEC-PRESS.COM

中国经济出版社

CHINA ECONOMIC PUBLISHING HOUSE

内容提要

《足球训练科学化指导与实践》对经典的足球训练内容加以精选，在保障其专业性与实用性的同时对足球训练过程进行优化，并在基础知识之外进行拓展与延伸，激发学生的学习积极性。在章节设置上，本书首先对高校足球运动训练的基本理论进行概述；然后对高校足球训练理念、训练计划与高校足球技能、战术训练的内容与方法、体能与心理训练的内容与方法、足球的游戏训练、足球训练课的设计以及训练管理进行科学化的指导，为理论的实际运用提供有效的借鉴。最后介绍了高校足球训练过程中的补充事项，如高校足球训练过程中多元方法的具体运用、营养保健与疲劳伤病的防治措施，并对高校足球训练过程进行整体性的评价，以为高校足球训练过程的方法与内容提供理论参考与反馈指导。

本书适合普通高校大学生与足球专项教师阅读。

图书在版编目（CIP）数据

足球训练科学化指导与实践/何志强，马勤主编.
—北京：中国石化出版社，2018.8（2025.6 重印）
普通高等教育“十三五”规划教材
ISBN 978-7-5114-5052-4

Ⅰ.①足… Ⅱ.①何…②马… Ⅲ.①足球运动—运动训练—教学研究—高等学校 Ⅳ.①G843.2

中国版本图书馆 CIP 数据核字（2018）第 222739 号

中国石化出版社出版发行

地址：北京市东城区安定门外大街 58 号
邮编：100011 电话：(010)57512500
发行部电话：(010)57512575
http://www.sinopec-press.com
E-mail:press@sinopec.com
北京富泰印刷有限责任公司印刷
全国各地新华书店经销

*

710 毫米×1000 毫米 16 开本 15.25 印张 282 千字
2019 年 12 月第 1 版 2025 年 6 月第 2 次印刷
定价：60.00 元

前　言

现代足球运动经过一百多年的演变和发展，已经成为奥林匹克大家庭中一个重要的竞技体育项目。世界杯、奥运会以及欧美各国的职业足球联赛风靡全世界，得到了人们的普遍喜爱。足球之所以具有如此的魅力，既在于它有着成熟、丰富的技战术体系，也在于它有着丰富的文化内涵。足球文化是体育文化的一个有机组成部分，是现代社会物质和精神文明的标志，它为经济发展、社会进步，乃至上层建筑的建设服务，是一种内涵与层次极其丰富的文化形态。在现代，足球已成为将社会、经济和人的个体发展相融合的一种特殊的运动方式。

在当今世界足球竞赛全球化的趋势下，我国的足球成绩却是只退不进，究其原因还是我国的足球发展面太窄，后备人才缺乏，训练理念刻板，缺乏创新。要想改善我国的足球现状，就要从高校开始，推崇创新的训练理念，培养后备人才。

足球运动作为高校体育教育的重要内容，其运动量适宜，而且兼具娱乐性和竞技性，非常适合高校学生增强身体素质、促进心理健康、为全面发展打好基础的体育需要，因此受到我国高校学生的喜爱。在高校足球运动教学中，应将运动训练与技能教学放在同等重要的位置，以便培养“健康第一”的体育意识，树立“终身体育”的观念，提高身心健康水平，全面发展素质。鉴于此目标，我们精心编写了《足球训练科学化指导与实践》一书，以适应当代高校足球教学的需要。

本书对经典的训练内容加以精选，在保障专业性与实用性的同时，对足球训练过程进行优化，并在基础知识之外进行拓展与延伸，激发学生的学习积极性。在章节设置上，本书首先对足球运动训练的基本理论进行概述；然后对足球训练理念、训练计划与足球技战术训练的内容与方法、体能与心理训练的内容与方法、足球的游戏训练、足球训练课的设计以及训练管理进行科学化的指导，为理论的实际运用提供有效的借鉴；最后介绍了足球训练过程中的补充事项，如训练过程中多元方法的具体运用、营养保健与疲劳伤病的防治措施，并对训练过程进行整体性的评价，为高校足球训练过程的方法与内容提供理论参考与反馈指导。

本书内容丰富、全面，结构严谨、合理，注重理论与实践相结合，有较强的实用性；另外，全书图文并茂，便于学生理解和参与实践。总的来说，希望本书在理论和实践方面对足球训练的发展和提高提供一定的帮助。

本书的编写是在诸多体育工作前辈与其他体育同行研究工作的基础之上进行的，凝聚了很多人的心血，本书体例与内容的安排都取自他们著作中的精华，或受到他们的启发而引申的。此外，本书还吸收和借鉴了国外一些优秀的研究成果和先进的理论。在此，一并对他们表示诚挚的感谢。

由于时间仓促，编者能力水平欠缺，书中难免存在错漏和一些不当之处。如有不妥，恳请读者批评指正。

编　者

目　　录

第一章　高校足球训练理念的科学化认知

第一节　足球训练理念的基本理论

一、足球训练理念的概念界定

（一）训练理念的形成

依据辩证唯物主义哲学原理中的认识论，理论指导实践的中介是“实践观念”。学者邓运龙先生在他的相关研究中指出，在运动训练理论指导训练实践的过程中，也要有相应的中介，这个中介要具有“实践观念”属性的思想，那就是人们平常讲的“训练观念”，即运动训练理论指导实践的中介“训练理念”。

辩证唯物主义的基本原理告诉人们，按照人们对客观事物的认识规律，不论是何种类型的训练理念都会经历三个阶段：初步认识与思考阶段、感悟验证与完善阶段和确立并指导实践阶段。

1. 初步认识与思考阶段

在这一阶段，不论是教练员还是体育从业者起初在头脑中都没有自己的训练理念，在参加比赛或对抗中受到挫折后，会反思自己训练中的问题，形成一种最初的想法和观点，进一步学习理论和交流训练经验，得到一些新的启示与看法。对于广大体育工作者来说，多学习、多借鉴、多思考、多总结自己和同行的经验同样重要。

2. 感悟验证与完善阶段

这一阶段就是要在比赛交流中找寻答案，在理论知识和运动实践中有意识地去证明自己初步形成的认识，并不断比较、验证与完善。由于运动训练过程的多变性、层次性，训练理论知识的综合性、多样性以及教练员的理论积累、训练手段、行为方式等诸多的差异，使得在验证与完善阶段的训练理念形成具有明显的重复性和差异性，教练员需要在运动训练比赛中不断辨别训练理念的真理性，不被表面现象所蒙蔽。按马克思主义哲学的观点，这正是否定之否定规律的体现过程。不断地改造已有的理念，使其更加科学。

3. 确定并指导实践阶段

是指教练员的训练理念已经形成了完整的观念，毫不动摇，指导并用于运动训练的过程中。能够用明白的简单的逻辑阐明训练理念和训练过程，理论知识与实践紧密结合是指导实践阶段的重要标志。

（二）运动训练理念的基本认识

“理念”一词是舶来语，作为思维的基本元素之一客观存在于人们的思想意识中。理念通常意为观念。《辞海》（1989）对“观念”一词的解释有两条，一是看法、思想，思维活动的结果；二是观念，通常指思想，有时亦指表象或客观事物在人脑里留下的概括的形象。“理念”实际上就是人们对某种事物的观点、看法和信念。在很多情况下，理念和观念都是可以互用的。我国各学科之所以如此热衷于“理念”一词，是因为它的确具有其他相近概念不具有的、能抓住事物本质的高度概括性及反映一类事物不同个体共性的包容性。

训练理念从广义上说就是人们在理性思考和亲身体验基础上形成的关于竞技体育的本质、规律、价值和价值实现途径的坚定不移的根本判断与看法。而对于竞技运动项目本身的根本判断和看法，主要阐述了竞技运动及其各项目的定义、特征、功能及发展趋势。训练理念应包括：对运动训练理论知识、训练实践如何结合理论的认识；对运动项目特点、特征、规律及本质的认识；根据对运动项目规律、特征、本质、趋势的认识，明确运动训练的指导方法及策略，为运动训练活动最终要达到目的所使用的观念和观点。

训练理念是对训练由浅到深、由易到难反复发展过程的认识和理解，而并不是对运动训练单纯和抽象的归纳概括。在运动训练中，教练员可以运用简单易懂的语言总结自己对运动训练的本质特征和规律的认识，但这并不意味着训练理念的易得性，教练员需要有专业的理论知识和丰富的训练经验。训练理念是不断发展变化的，所以还须把握运动项目的发展趋势，这不是仅仅懂得理论知识和训练实践就能做到的，还需要科学性的理念研究。

（三）足球运动训练理念的定义

足球理念，指的是足球的思想和观念。它是足球文化最深层次的东西，是人们在足球实践活动的基础上产生和发展起来的，是对足球运动从发展趋势到基本运动规律的一种从宏观到微观的看法和认识。足球理念包含球员选材的理念、足球训练理念、足球比赛理念、足球管理的理念等，它决定着人们从事足球运动的一切行为活动。足球理念初步萌芽于足球运动员的运动生涯，伴随着从运动员到教练员的角色转换以及对足球运动规律认识的不断深化，其足球理念也逐渐形成并进一步丰富、发展和创新。教练员个人的足球运动生涯和执教经历是其足球理念形成的关键。同时，自身的人文素质、足球专业理论和相关学科知识、球队的管理经验、对现代足球运动发展变化趋势的思考，也是形成其足球理念的重要环节。

足球运动训练理念是足球理念的一个分支部分。足球运动训练理念是足球教练员在足球教学和训练的实践基础上，对足球运动的定义、特征、趋势、规律、作用及价值的客观认识，是教练们对足球运动训练所作的根本判断和看法，是指导足球训练的思想和观念。它既是教练员从事足球运动训练理论和实践结合的指导，也是理论与实践结合的媒介。因此，从实践上说，训练理念是否正确，关系到足球运动的发展方向与成绩。从理论上说，足球运动训练理念是教练员对训练实践的判断与看法，对足球训练实践具有指向的作用。

在竞技体育发展的历史中，无数事例反复证明着这样一个命题：先进的训练理念推动着竞技实力的不断提高，而落后的训练理念必然导致无效的、甚至是破坏性的训练，使得竞技实力提高迟缓。确立正确的、科学的运动训练理念，是提高我国足球运动水平的基本前提和根本保证。

二、足球训练理念的分类

（一）训练理念的分类

（1）按训练理念产生的过程分类，可分为创新性训练理念、随从性训练理念和改进性训练理念。

创新性训练理念是指自己最先提出来的训练理念。如荷兰足球提出的“全攻全守”型的打法，中国足球提出的“小锅炒”训练方式，意大利足球提出的“链式防守”体系，这些都是创新性的训练理念。随从性训练理念是指通过学习了解认识并在理性思考和亲身体验的基础上认可的训练理念。改进性训练理念是指在改进别人的训练理念的基础上加上了自己的认识后形成的训练理念。

（2）按训练理念涉及的范围分类，可分为宏观训练理念和微观训练理念。

（3）按竞技体育的项目分类，可分为各项目的训练理念，如足球理念、篮球理念、排球理念等。

（4）按理念指向的对象及其过程分类，可分为战略性训练理念、操作性训练理念和评价性训练理念（见表 1-1）。

表 1-1　训练理念的分类及其实施原则

分类	实施原则
战略性训练理念	教育：通过运动培养全面发展的人 运动：在同场对抗性球类集体项目中受益 从自觉地与他人协调中获得成功 从激烈的对抗中培养竞争意识和合作精神 克服困难并磨炼意志品质
操作性训练理念	按照足球项目的本质特征来指导训练 按照完整的攻守体系设计训练 重视结合实战的基本技术训练 高强度对抗是实战训练的核心 强化专项体能训练
评价性训练理念	理智对待比赛的胜负 胜负并不是个人成功的唯一标准 制胜规律：对抗、快速、整体、准确、变化、意志

①战略性训练理念　是指运动训练发展过程中重大的带有全局性的、规律性的或决定全局的谋划。战略性训练理念，也可称为宏观训练理念，分为教育发展训练理念、可持续发展训练理念和科技发展战略训练理念等。首先，受教育是每个公民的基本权利，足球运动也应把球员接受公民普通教育与提高运动成绩结合起来。毕竟球员的运动生涯长的有二十多年、短的有十来年，有些球员退役后连乘法口诀都不会，这将对球员的一生造成不良的影响。因此，不论是竞技体育还是大众体育都应充分重视教育的全面性，促进球员身心的全面发展。其次，可持续发展训练理念的重点是目的性、限制性，以及强调三维统一的原则。可持续发展战略训练理念要求在足球运动发展中要顺应运动训练的发展趋势，要根据实际情况制订确实可行的目标，要遵循后备人才的培养发展规律。第三，足球运动的发展与科学技术进步的关系密不可分。其一，科学技术的发展为足球运动提供了新的手段和方法，从而促进了足球运动的发展；其二，足球运动是一个复杂的系统工程，在不断的发展过程中，现代科技水平要达到完全认识并把握足球运动变化规律是不太可能的，因此，足球运动能不断为科学技术提出新的挑战、新的课题，促进科学技术的发展。一方面，科学技术促进发展训练理念，使足球训练理念更好、更快地指导运动实践；另一方面，加强足球训练理论研究也促进着科技的发展，促进足球运动水平不断地提高。

②操作性训练理念　是指在训练过程中，教练员对项目的本质特征和训练规

律的把握及结合比赛能力的提高所持的针对性、有效性、实战性和持续性的看法与判断的总称。足球训练理念决定着训练中指导员对足球训练本质与规律的掌控；整个训练过程要体现整体性、对抗性、多变性和艰辛性的足球运动特征是足球训练理念必须贯彻的原则。众所周知，足球被誉为“世界第一运动”，是一项实战性、对抗性非常强的运动项目。足球运动是以进球得分多为获胜标准的，双方比赛时在有限的时间、空间里激烈对抗，运用各种正规和非正规技术动作进行较量，争夺空间、争夺控球权，最终转化为优势。其中，每一个固定训练过的技术动作都是非模式化的，足球运动是流动性很强的比赛，没有哪个场景是一模一样的，球员在比赛中的行动在平时的训练中是无法实现完全复制的。

因此，操作性训练理念要求足球训练组织的各个环节都要符合足球运动的本质特征，要求训练指导应结合足球比赛的本质特征，训赛结合，提高球员独立解决足球比赛中各种问题的能力以及培养其思维和技术的创造力。

③评价性训练理念　是指在训练和比赛过程中，教练员对运动员以及运动员对自身的表现所持有的积极的、有建设性的、可操作性的态度和评价的总称。

美国心理学家茹莎和塞德恩塔浦认为：反馈在学习运动技能时还有强化作用。这种强化作用可以是两面的，即正面和反面。正面强化是通过一些激励性的语言或途径，最后达到增强或提高成效的作用；反面强化是通过一些刺激性的语言或方法达到压制或降低的作用。提供信息和强化作用一样，反馈还起着激发动机的作用，在训练和比赛中通过反馈可以激发运动员的情绪或增强运动员的必胜信心。

在足球训练和比赛中，指导员应根据球员的性别及年龄特点设定不同的成功标准，这些标准应是具体的、明确的，能够给球员带来成功体验的。教练员应给予球员更多的正面评价，让球员一起挑战困难，鼓励他们，教给他们战胜困难的方法，让球员建立努力—失败—再努力—成功的思维模式。有文献指出，对于女子足球运动员和青少年球员而言，指导员对他们在训练或比赛中的表现给予的表扬或批评是影响他们的重要因素。自我认知理论也表明，自信是建立在不断的自我努力的优异表现基础之上的，是建立在一系列失败与成功交织基础之上的，无论多么微不足道的进步，对于保持球员全面提高都很重要。自信心强的球员对自己的技战术和生活能力及今后的运动成绩有更高的期待。因此，给予球员多元性的评价和态度，不把比赛获胜作为评价球员的唯一指标，努力提高每个球员的毅力、恒心和自信心是足球指导员的重要工作。

(二) 足球训练理念的分类

足球训练理念的分类见图 1-1。

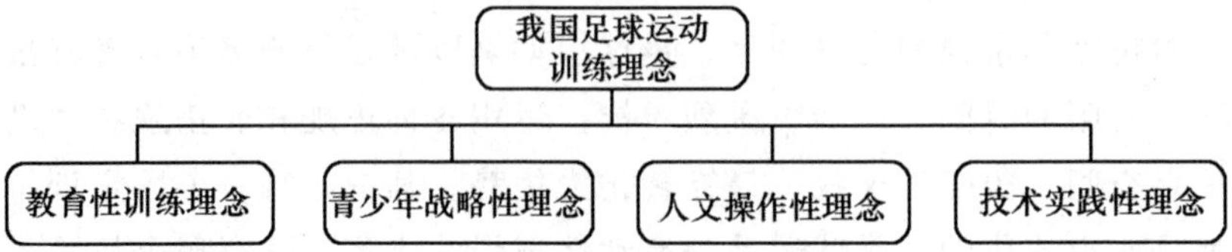

图 1-1　足球训练理念的分类

1. 教育性训练理念

文化教育状况是一个运动员综合素质的重要组成部分。同样，我国足球运动员的文化教育就是我国足球事业可持续发展的一个非常重要的环节。长期以来，我国培养高水平运动员主要依靠单一的训练过程，这显然已不能适应当前培养智体型运动人才的需要。我国教育部门及足球管理相关部门也认识到问题的严重性，在相关部门的配合下，2009 年，校园足球活动正式启动。未来足球运动训练要把运动训练与育人培养相结合。在球员运动训练的生涯中要重视文化课的学习，树立训练与教育相融合的理念，这对于促进我国足球运动水平的提高与发展及培养有思想、有文化、有情操的高素质的足球运动人才是很有价值的。

2. 青少年战略性理念

青少年战略性理念，是指在青少年时期的训练中指导员对足球运动的本质、规律性的把握及对长远发展所持的全面性、指导性、方向性和创新性的看法与判断。

一个国家的青少年足球训练是这个国家足球运动可持续发展的基础与核心。因此，在青少年足球训练中，指导员应在掌握足球运动的特征及规律的基础上，充分了解青少年的身心发展规律、尊重青少年球员的个性特征，从兴趣入手引导训练，鼓励球员积极思考，使他们获得信心和能力的提升，激发球员的创造性。指导员应把教育性、可持续性、科技性训练理念相结合，遵从青少年足球训练的长期性、系统性，指导青少年足球训练。

3. 人文操作性理念

对足球运动的训练采取人性化的管理，提倡“感情投入”与“制度操作”相结合。积极和球员进行有效的交流与沟通，以合理、灵活的方法培养球员的技战术能力及获胜的信心。同时注重在细节上建立严格的训练执行标准和管理制度，不允许任何借口存在，这也正是强队和一般队伍的区别。

4. 技术实践性理念

足球技术实践性的训练理念主要是指比赛状态中的对抗技术，突出实用性和实战性。在足球运动百年发展的历程中，技战术日趋完善。提高足球技术是指提高真实的、符合实战的技术，它存在于实践中，也就是说，存在于比赛对抗状态中。

三、足球运动训练理念的基本特征

足球运动训练理念是教练员对足球理论的积累及长期训练的体会和经验的总结，是建立在一般性的训练认识基础之上的理念。训练理念一旦形成，在短时间里是很难改变的，然而足球运动训练的发展又首先需要足球理论知识的更新和训练思想的发展与创新，因而落后的训练理念向先进的训练理念转变是一个长期、复杂且困难的过程。因此，只有清楚地了解足球运动训练理念本身所具有的特性，才能不断地补充与完善训练理念，使足球运动训练理念始终处于该项目的前沿水平。通过问卷调查统计可见，足球训练理念主要体现在以下几个方面。

（一）足球运动训练理念的个体性

根据心理学的基本理论，足球运动训练理念的形成过程与内容在很大程度上受制于个人的人生观、世界观、价值观等影响。因此，一个人储备的文化知识、专业知识的多少，训练经验的多寡，认识与思维的方式，思维能力的强弱，以及看问题的视角，甚至语言风格都会影响个体的足球训练理念的表述。所以，最终形成自己的足球运动训练理念需要较长的时间，足球运动训练理念具有个体性，这也是很多指导员所认可的。

（二）足球运动训练理念的客观性

从足球理论的角度来看，足球运动训练理念既指向足球运动项目的本质和规律，又指向足球运动的价值及价值的实现途径。训练理念指向的对象是客观的。例如，就足球运动本身的理念，是回答足球运动本质和规律是什么等相关问题；关于足球运动价值的理念，是回答足球运动有什么功能和实际作用等问题；关于价值实现途径的理念，是回答如何实现足球运动训练价值的问题，即足球运动训练过程中如何体现足球运动的整体性、对抗性、多变性、科学性、针对性、有效性和实战性等问题。

（三）足球运动训练理念的可变性与发展性

优势运动项目要想长期稳步发展，就需要对自身项目理论反复研究分析，结合其发展趋势和运动本质规律，及时更新运动项目的训练理念以保持自身的理念先进性。足球运动训练理念的变化与发展是建立在对已有训练理念不断否定的基础上的，并不是简单的知识更新，在某种程度上是对原有足球运动训练理念的否定。所以，足球运动训练理念的改变是一个非常艰难而又不断反复的过程，不可能一步到位。因此，足球运动训练理念的改变不能仅仅依靠客观的动力，指导员强烈的进取思想和创新精神是足球运动训练理念变化与发展主要的动力源泉，这主要依靠指导员主观上的追求。

（四）足球运动训练理念的全面性

足球运动训练理念是对足球项目的特点、本质、运动规律、发展变化、训练规律、管理规律、运动员特点以及训练比赛各种情况等全方位的根本性判断与看法，一般性的看法和认识不称为训练理念。因此，我们说足球运动训练理念必须包含训练的方方面面，具有全面性。

由于足球运动被誉为“世界第一运动”，是开展范围最广泛、影响最大的运动项目，国外许多足球发达国家认为足球运动具有其他项目不可比拟的全面的教育功能。首先，参加足球运动，球员在训练、比赛、生活中要与教练员、队友以及对手发生各种形式的交流，这样就形成一个社会群体，在群体的互相影响下产生相近的价值观。再通过群体之间各种人际关系的处理，形成个人的社交思想和策略。其次，足球运动是复杂性、对抗性、流动性很强的比赛，球员们只有通过不断的真实对抗和不断的努力拼抢才能获得有利的比赛场面和优势，在这个过程中培养球员们的竞争意识和团队合作精神。最后，一场足球比赛长达 90 分钟，跑动距离在 10000 米左右，各种身体侵犯累计多达上百次，这种艰苦的训练比赛，对球员的意志、品质具有巨大的磨炼作用。因此，球员通过参与足球运动可以得到全面的发展，提高交流、交往、竞争和抵抗挫折等能力。以上几点也正体现了足球运动训练理念的全面性。

第二节　足球训练的指导思想

足球训练指导思想是指通过训练实践对足球运动项目特点、运动队和运动员的现实状态，以及拟达到的预期目标产生的一种理论认识。它是确定足球训练方向和指导足球训练实践的依据。对于足球运动员来说，足球训练应着眼于个人能力的全面发展，强调人才的发现和培养，保证培养的长期性和系统性，这也是足球训练的总体发展思想。下面通过几个方面对其进行具体阐述。

一、足球训练要注重教育导向

足球训练的目的是通过培养会做人、能竞技的足球运动员，让他们夺取锦标，实现人生目标。因此足球训练中不仅要培养足球竞技能力，还要进行人文教育，实现做人与运动训练的统一，对足球运动员进行系统的教育。足球训练中的教育导向是指在运动训练时，对球员的文化和素质教育有所重视和强调，以实现训练与教育的相互结合、协调和促进，最终实现训练和教育的融合，促进竞技运动的发展和提高。教育性训练理念是一种指导思想，对训练中的球员及其行为起着规范作用。正确认识足球训练的教育功能需要注意下面几点。

（一）公平原则

在足球训练中要体现公平性原则。尽管每个球员的天赋不同，在运动水平和个性特点方面也存在差异，但教练员要做到对每个孩子平等对待，给他们相同的机会，形成良性竞争的氛围。

（二）行为规范

在足球训练中要注重对球员进行行为规范的教育，要求球员严格遵守行为规范。具体内容有：讲文明，讲礼貌，讲团结，讲奉献，谦虚待人，尊重师长，敬老爱幼；仪表整洁，文明着装，言谈举止不污秽；遵纪守法，遵守生活纪律，遵守训练和比赛纪律以及其他各项有关法规和规定；勤学苦练、发奋图强，树立雄心壮志；认识个人与集体、待遇与奉献之间的关系；良好的卫生习惯，时刻注意保持环境、宿舍、个人和饮食卫生；严禁吸烟、喝酒，摒弃一切不利于本职工作的个人嗜好。

（三）职业道德教育

在足球训练中要注意球员职业道德的教育，让球员们正确地对待胜利和失败。教练员要让球员学会自律，确保每个球员都对公平竞赛的基本规则有一个深刻理解，并严格遵守。让球员们理解，无论何时何地都应避免不良行为的出现。

二、足球训练要重视兴趣培养

在足球训练中，球员们能否体验到踢球的乐趣是非常重要的，影响着他们的成长和成功。通过训练，要让球员们认识到足球是一种快乐的游戏，激发球员进行训练的兴趣，为他们从事足球事业奠定坚实的基础。让球员在足球训练中体验到快乐，这就需要赋予传统的训练方式以新的意义，不向球员施加外力，按照球员的身心发展特点和发育规律进行训练的设计和安排，在足球训练中要始终把培养兴趣放在重要的位置。

三、足球训练要遵循客观规律

规律是客观存在的，世界上万事万物都有规律。足球训练中也要严格遵守客观规律，尤其是足球运动技战术的发展规律。随着时代的发展和社会的进步，现代足球运动有了新的发展，体现出了一定的特征，现代足球训练要以现代足球的特征为依据，并着眼于足球的未来发展，对训练进行科学的规划，使足球训练和球员的培养与现实需求相适应，与世界足球的发展趋势同步。现代足球对球员的要求越来越高，对基本配合、交流和沟通的要求也大大提高，因此对于足球运动员来说，不仅要具备专门的足球技巧，更要具备全面的运动能力。在足球训练中，教练员应培养球员牢固的体能基础和与众不同的思维能力，鼓励球员严格按照标准进行训练，并根据技战术发展提出的要求，不断丰富足球训练的内容。

四、足球训练要有阶段性与有序性

（一）确立个人训练目标

教会球员适应现代发展趋势的技能是足球训练的基本目标，这就要求运动员在足球训练中注重技术、战术、体能和心理素质的全面提高。对于训练中的球员来说，可以将总的要求分为小的短期目标逐一去实现，通过短期目标的实现逐渐接近更高目标。这就要求在实践过程中把训练过程划分成明确的阶段。

（二）短期目标与训练进程相适应

球员的发展呈现一定的阶段性和时期性，教练员要对这种规律进行科学分析和把握，并运用到足球训练之中，采用分段模式。同时，教练员还应注意球员之间的个体差异。因此，通常所划分的各阶段的年龄组别和发展特点只是粗略纲要，实际情况还要根据运动员的个体差异和各阶段的训练特征来确定。系统训练要建立在逐渐深入的模式上，足球训练的各个阶段必须与各发展阶段的训练目标、训练内容、训练负荷相适应。女孩的情况不同于男孩，大多数情况下她们没有接受任何正规训练的运动体验，在她们的中级训练计划中还要包括基础训练内容。对于没有经过初级训练的女孩，教练员要进行充分的了解，认真评价这些运动员的比赛与训练表现，以便进行有针对性的训练。

（三）训练指导要与球员发展需要保持同步

社会的发展导致了社会环境的变化，在新的形势和问题之下，传统的足球训练模式已与现代的足球训练不相适合。尤其是对于足球训练来说，学生的成长环境发生了变化，对待足球的态度也发生了改变，从事足球运动的学生数量在不断减少，中途退出足球训练的学生也大有人在，这些问题都值得反思。在足球训练制订计划时，要对造成上述问题的原因进行分析，用一种批判的观点来审视足球训练的组织、设计、实施以及训练环境等。分析运动队的发展计划是不是能很好地适应不同年龄阶段运动员的兴趣和需要，在哪些地方存在不足，并积极采取措施解决存在的问题，以使足球训练适应现代社会的发展。

五、确立适合中国发展的足球训练理念

中国足球运动水平常年徘徊不前已是异常严酷的现实。尽管影响足球运动水平高低的因素有多种，但从足球专业角度分析，足球训练水平低是中国足球运动水平难以发生质变的根本因素。我国的足球教练员多年来付出了很大的努力，但良好的工作效果却难以兑现。这与我们多年来只注重“练没练”“练了多少时间”等，就是不关注“练得对不对”“练的是不是真正的足球”不无关系。中国足球运动的发展已经到了必须重新明确训练思路，确立以先进的现代足球训练理念指导我国足球训练的时候了！

（一）确立适合现代足球运动发展的训练理念

全攻全守总体型打法的出现和进一步完善，改变了过去南美人仅凭借超群的技术、欧洲人只仰仗出众的体魄即可称霸的格局，带来了训练场上的质变。现在的训练必须紧密联系足球赛场的实际，同步综合提高球员的技术战术及身体、心理诸方面的能力，分割式的单一发展某一方面能力的结果反而会适得其反。训练的前提是必须为提高球员实战能力服务，训练成为在比赛气氛下解决

球队场上存在的问题的实战演练，训练内容和方式方法必须要从足球比赛中得来，而且一定要回到比赛中去检验，最终要尽可能同步提高球员和球队应具备的各方面实战能力。存在半点的虚假或脱离实战的偏差，都会导致停留在“业余足球”水平之中徘徊度日。

这种认识和做法，是人们在对现代足球深刻理解的基础上，通过失败的教训和成功的经验而悟出来的基本训练思路。它已成为足球先进国家及接受这一理念的人们的现实足球实践活动。相比之下，我国足球训练实践则相差甚远。

因此，确立这一适合现代足球运动发展、符合实战需要的训练理念是我国足球运动发展的当务之急。中国足协有关部门应组织足球训练界专家对这一理念进行充分论证，对我们训练中长期存在的脱离实战的问题应产生清醒认识，为彻底告别传统训练观念而痛下决心，既敢于大胆否定自己，又要自觉地全身心致力于现代足球训练理念的确立和落实工作中。同时，要想方设法由上而下地努力贯彻实施，使这一理念成为我国各级足球教练员的统一认识和自觉行动，真正做到从最低年龄段、最基础的训练抓起，使每一堂训练课的内容与方法都紧紧围绕足球比赛实战而实施，一切为能够提高球员的实战能力而服务。

（二）贯彻落实现代足球训练理念的组织保证

1. 地方足协

由于我国足球管理体制受国家体制制约，中国足协与地方足协虽有隶属关系，但受行政管理权限的约束，工作上不可能不折不扣地做到“上下统一”“令行禁止”，完全通过地方足协贯彻落实现代足球训练理念在现阶段尚有一定难度。但地方足协仍是执行工作的主力军，应对本地区各类、各级别的球队负管理和业务指导的权力和责任。尤其是在C级足球教练员的培训和管理上，对业余足球俱乐部的管理和对业余足球的训练指导上，应该说是责无旁贷的，如果尽职尽责也是可以发挥“贯彻落实”职责的。

2. 集训期间的教练员培训

中国足协利用每年冬（春）训期间举办的集训等，为众多各级球队提供了得天独厚、较优越的训练和比赛条件。近些年，在足协有关技术部门的指导基础上，又增添了外国教练员授课及听练结合的实践活动等，对于人们认识现代足球训练的相关知识无疑会有很大的帮助。但荷兰人授课也好，可可维奇执教也好，法国人教授也好，均未能全面引起我国足球训练界对现代足球训练理念的特别关注和对我们长期存在的问题的特殊认识，只起到了当时有所触动、“时过境迁”

即无人问津的“事倍功半”的效果。这如同1979年西德教练员讲师在秦皇岛开办第一个教练员培训班时带来的《新足球学》没有得到应有足够的认识一样。这二三十年来我们采用走出去、请进来的方式，应该说接触到了大量的现代足球训练信息，只可惜未能及时加以科学的总结和认识，致使我们的训练仍没有发生根本的改变。尽管近几年在足球球队集训时要求训练课也要按照讲课内容实施，对教练员有一定的指导意义，但球队集训结束后的训练则无法控制，只能各行其是。

可见，利用球队集训进行教练员培训是好方法，但应服从于贯彻落实现代足球训练理念的整体工作布局，重点应放在检查理念落实情况、新知识的学习和研讨方面，即重在知识的更新上，不应进行没有或不服从总体设想，随意安排授课人员或内容，仅满足于做而不求效果的工作。应使集训期间的教练员培训成为贯彻落实现代足球训练理念工作内容链条上的一个有机组成部分。

3. 业务管理和指导队伍

(1) 足球协会。

中国足球协会应该责无旁贷地确立并推行现代足球训练理念，在此无须赘述。

地方足协必须服从中国足协的领导并执行中国足协的决定，切实按照现代足球训练理念管理（含检查监督）各地区的足球训练工作，严格确保该训练理念的贯彻落实。

尽管目前由于体制上存在的原因，中国足协与地方足协难以在事实上形成上述联系，但随着改革的进程，单项协会的实际作用和纵向统一的领导关系将势在必行。

(2) 教练员讲师。

足球强国的教练员讲师们是在该国足球协会领导下，由国家优秀教练员牵头形成的网络状专业队伍，来具体实施和指导足球训练理念贯彻情况等相关问题。

1992年4月，国际足联考察组来华考察，考察组成员、国际足联技术部主任瓦尔特·盖格通过短暂的考察即指出：“中国教练员的结构看上去是没有秩序的。尽管你们与体育学院合作组织教练员培训班，但是培训班数量太少……我们建议中国足协必须建立教练培训体系。要指定一位负责全国教练培训的国家技术指导，此人最好是一位前国际性运动员，并是位具有足够学术水平的教练。每个省和主要城市都应有一位负责教练培训的省级技术指导，他们应直接由国家技术指导来管理。培训课程全年应不间断地进行。省内的初级教练员数量一定要足够，这样，称职的教练才可在不同层次上产生。只有获得证书的教练员才可在中国带等级不同的球队。这一点要求过高，目前不可能实现，但是要在几年后实施。”

瓦尔特·盖格在十多年前已经对中国的足球教练员培训工作指明了基本途径和具体做法，这也是欧洲足球强国成功的经验。只可惜直到现在都没有照葫芦画瓢地执行清楚，实在是遗憾之至。

显然，建立和完善这支队伍，统一相关人员的思想、确保按照中国足协确立的训练理念指导工作是我国足球界目前急需着手解决的问题。现代足球训练理念指导网络如图 1-2 所示。

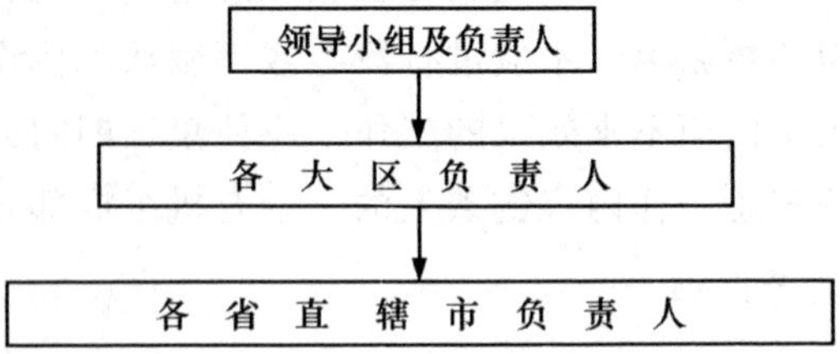

图 1-2　现代足球训练理念指导网络

在确立上述队伍后，可参照现在足球比赛的区域划分方法先建立一级（条件许可再发展二级或以下）业务指导网络，具体实施训练理念的推行和指导工作。当然，为摸索经验也可有重点地先在某些具备条件的地区试行。

具体实施中，要从基层教练员抓起，以重新进行业务提高为基点，通过现代足球训练理念的培训、考核（尤其要对日常训练实践进行动态考核）来重新认证、重新发放上岗证，决定其是否可以继续从事教练工作。同时，通过集训、比赛及随时抽查的监督环节，进行类似“驾驶员年审”的审验，保证现代足球训练理念的执行落于实处、贯穿始终。

第三节　中外足球训练理念的比较

一、欧洲发达国家先进的足球训练理念

（一）荷兰先进的足球理念

1. 对足球比赛的理解

足球是一种比赛，比赛的特征之一是运动员在规则范围内有行为方式的选择

权。因为包含着自由成分，所以更讲究创造性，这是足球特别重要的方面。足球是一种复杂的比赛。11 人制的比赛，最基本的特征就是在任何情况下都存在无限多可能性。比赛中，控球队员是传球、带球、过人或射门等，无球队员是接应、拉开、阻截或保护等，场上 22 名队员都要根据当时的情况，做出他自己的选择。

足球是一种流动性极强的比赛。比赛中有限的“静止”时刻，也是唯一能在训练中演练的，就是任意球、角球、掷界外球和点球时刻，而在比赛的其余时间球总是在攻防中不断流动。运动员必须根据比赛的特定局面，在本队控球、对方控球和控球权攻守转换时，采取适当的行动。

足球是一种进球得分和阻止对方得分的比赛。比赛的根本是为了取胜，要想取得胜利就必须比对方进更多的球。进球的前提是要先掌握控球权，要想取得控球权就得从对方脚下夺球，夺球后组织有效的进攻才可以进球得分。而当本方丢球后，则需要破坏对方的进攻而阻止对方得分。

2. 对技术的理解

足球技术包括在比赛中使用的各种基本技巧，也就是控制球的手段。无论是多大年龄阶段的球员或是水平多高的比赛，只要参加足球比赛，球员就必须运用足球技巧。

技术是一个可以使比赛进行的工具。技术的使用总是与足球比赛的目标联系在一起，比赛的目标是取胜，而技术只是达到目标的手段。

技术是要靠人的思想、意识来掌握和运用的，技术的高低、好坏，由运动员的足球思想、足球意识的程度决定。像足球史上的三次变革，不是由技术的进步推动的，而是由足球思想、足球意识的进步推动的，因此足球思想、足球意识对技术起决定作用。

技术对于初学者来讲是可以完成的简单任务，而对于优秀运动员来说却是可以解决很复杂的问题。初学者可以运用足球技术来简单地运球、传地滚球、传空中球等，而优秀足球运动员是要在比赛的特定时刻，运用合理的技术去解决问题。足球比赛不存在两个完全相同的局面，所以运动员必须对他在比赛的特定时刻运用何种技术做出选择，而这是初学者所做不到的。例如一名队员是用脚背还是脚内侧踢球，总是由当时的局面、他踢球的位置及同伴或对手的位置决定的，而不存在“绝对”的技术。

技术必须在足球比赛的实践中才能提高。单纯的、无对抗的、脱离足球比赛局面的重复技术练习，是达不到足球训练目标的。这样的练习再多，运动员到了比赛中还是会产生生疏感。

3. 对足球运动员基本能力的理解

足球比赛的基本能力或者说取胜的主要因素可概括为“TIC”原则。

T代表技术，足球比赛中的各种技巧。I代表洞察力，即在清楚比赛特定的局面下，什么行动适宜，什么行动不适宜。在很大程度上，洞察力取决于经验，同时也是足球意识的重要组成部分。C代表交流能力，即队员与队员之间，以及与球、场地、观众、工作人员和教练员等方面的交流。

TIC包含比赛需要的所有能力并直接影响比赛水平。技术是高水平的重要基础，但一般而言，比赛水平越高，洞察力和交流能力对比赛结果和全队的整体攻守水平的作用越大。就能力的均衡而言，三者缺一不可。

4. 对身体训练的理解

身体训练就是足球训练，足球训练就是身体训练，身体训练的任何方面都要和比赛的需求相结合。身体训练的焦点是肌肉，肌肉是靠大脑来支配的，肌肉本身并不具备学习能力，而是大脑在学习。为提高足球比赛能力，足球绝不能被简单地归结为行动，训练身体是为了更好地完成足球比赛的目标。

5. 对总体训练的理解

球员应在真正的足球比赛中学习踢球，教练员必须以这种方式组织训练。典型的足球行动（本方控球、对方控球及控球权转换）应成为每堂课的主要内容，只有通过这一途径，球员才能逐渐习惯于面对并解决足球比赛中存在的问题，才能学会在真正的足球比赛中识别这些比赛局面。

训练不单单是技术方面的，还是关于比赛以及如何在比赛中使用技术的。单纯地追求在训练中的个人技术练习而脱离足球比赛环境，不具备实用性。训练需要解决的根本问题是提高球员的意识，提高球员对比赛的理解、在比赛中解决问题的能力，只有这样才算真正的训练，才能提高运动员的竞技水平。

（二）德国足球理念

1. 对足球比赛的理解

足球比赛的目标是进攻对方的球门，其首要前提是必须控制球。同样的道理，在丢失球后，必须立即转为防守。

足球比赛要求在共同任务和目标的前提下，自由确定和选择成套动作和单项动作。随着足球运动的发展，越来越要求在选择动作时要自由灵活、有建设性；每一位运动员都要积极思考，具备高度的责任感，富有机智和想象力。运动员的正确动作取决于他对周围情况的判断，取决于他能不能以最快的速度洞察周围情况，并在行动中采取最好的对策。运动员必须独立思考，努力分析战局及同伴和对手的行动，努力确保本队控制球并有射门得分的主动权。

2. 对技术的理解

技术始终是指控制住球，是指在任何比赛情况下所采取的符合行动的动作部分。这里所指的“控制住球”，显然是依托某种机动灵活、恰如其分的动作。在真实比赛过程中，要求运动员随时根据情况，自行决定采取什么动作，是用脚内侧踢还是脚外侧踢。比赛中不存在“只能如此”的技术，而是根据情况和运动员的特点灵活掌握。

训练目标不要局限于仅仅学会某种技术要求，而是尽可能地要与每一个动作的最终目标——射门相联系。

要让运动员从日常紧密联系比赛实际的练习方法中掌握比赛和比赛动作的基本知识。让他们在训练或比赛的同时就学习技术，而不是脱离比赛去另搞一套抽象的、公式化的练习。运动员只有不断地通过实践、通过比赛，才能学会技术。

3. 对运动员基本能力的理解

足球作为一种特殊的竞技类型，要求运动员必须具备下列这些最重要的特征：①拥有各感觉器官全面反应能力和身体运动能力，即具备全面发展的运动能力和适应能力；②反应速度快；③活动能力强；④精神振奋；⑤判断迅速和决定果断。

从整体比赛的需要出发，球员应观摩和学习如何掌握运用丰富多彩的技术、战术手段；要勤思考个人思想和精神素质的训练，这是稳定比赛动作的基础。战术成熟性以及基于对一般攻守原则原理运用自如的临场表现，是当前衡量一个运动员质量高低的两个重要标准。

随着比赛水平的提高，越来越要求行动既别出心裁、机智敏捷，又周密思考和百折不挠。动作的熟练性和紧张状态下的协调能力，取决于感觉和注意力范畴里的竞技能力以及心理上的稳定性。

4. 对身体训练的理解

所谓身体素质，是指针对比赛要求而受过训练的身体状态。

足球运动有它自身的特殊规律。它没有类似田径、体操那种一成不变的重复动作。它的每一个动作都要针对具体情况，没有一种情况是完全雷同的，任何一个动作都只是一种新情况下整体比赛行动的一个组成部分。在进行身体素质训练时，一定不能忘掉比赛的需要。身体素质的训练方法，必须建立在训练的最新科学知识的基础上，同时与足球运动的专门要求及运动员的身体状况结合起来。进行身体素质训练时也不应离开足球。

足球运动员不需要跑道，这种单调的形式对他们来讲只是枯燥无味的负担。它将扼杀任何一种自发的积极性和乐趣，既不合运动员的胃口，又违背足球比赛的专门要求。力量训练的目的不是为了增大肌肉。如果仅仅是为了这一点的话，每个人都可以自找门路。力量训练是针对比赛的熟练性和协调性而进行的。足球中速度这个概念本身就很复杂，差异很大。短跑运动员不一定在做比赛动作时动作也快。有的人天生感觉就很灵敏，几乎能够未卜先知，行动或反应都很快，这种能力是比赛速度的一种很关键的因素。短跑能力必须与熟练的有球活动相结合，奔跑速度和比赛的熟练性决定一个运动员的比赛节奏。因此奔跑速度的任何提高都必须针对有球活动，并与有球活动相协调。作为身体素质的速度，在足球运动中的作用是多方面的，必须综合对待。

通过符合比赛要求的技术、战术训练形式最能改善专项素质的基础。由“比赛教师”决定的身体素质训练对运动员来讲是更有意义的训练负荷。

5. 对总体训练的理解

训练的最好导师就是比赛，比赛就是最好的基本练习形式，与比赛相结合的练习形式使运动员有如置身于比赛的感觉，易于将技术学到手。

教学的目标必须是尽快地将运动员引导到愉快的比赛经历中去。通向这一目标的道路，是由一系列针对比赛的练习和训练形式组成的。

发展技术时不能脱离比赛而去孤立地进行动作训练。例如，脚内、外侧传球，不能抽象地当成孤立的动作来训练，而应看作集体配合手段的一种运用形式，而这种集体配合又应以射门来结束。

竞技能力不能通过强迫命令，也不能消极地根据教练员的“专利”办法和刻板教条来进行模仿，而必须自力更生地、积极地通过尽可能接近比赛的训练形式，刻苦磨炼方能得到提高。运动员必须依靠自身的、创造性的力量来提高运动能力和竞技技术。只有这样，运动员的想象力、随机应变能力和果敢的决断力才能得到发展。

在所有学习阶段都要以包含各种综合因素的比赛为主。比赛可由易到难，从最简单的形式到最困难、最特殊的形式。教练的思想要使全体队员有整体意识、整体观念。教练员在进行足球训练时必须尽可能地接近比赛，只有通过紧张的、实力相当的比赛的反复磨炼，才能丰富运动员对动作的想象力，提高比赛能力。

（三）先进足球理念分析比较

从以上欧洲足球发达国家的理念阐述中，我们可以发现，虽然在文字描述或行文结构上有些不同，但是对足球实质性内涵部分的解释是基本一致的。

（1）足球各竞技要素是密不可分的。

（2）在各竞技要素中，培养足球意识最重要。

（3）技术练习要寓于应用方式之中，身体训练要遵从比赛的专门要求，二者要与比赛的目标相连。

（4）训练必须将比赛的真实情景再现，在有攻守对抗的环境中进行。

（5）“小型比赛”的训练模式是综合性的训练手段，因而是训练的主导方式。

从这几点可以看出，欧洲足球发达国家都是在运用一个基本的共同的足球原理进行足球训练。而这几个国家在世界足坛的成绩已经证明，在这样的足球原理下进行足球训练是成功的，运动员的竞技能力、竞技水平切实得到提高。

因此，中国足球要提高，应好好地学习足球原理，依据正确的足球原理进行足球训练，而不应只在风格、流派和打法上做文章。

二、对我国足球训练影响较深的训练理念

（一）前苏联足球理念

1. 对技术的理解

足球技术就是一定的专门动作。这些专门动作是踢球、停球、运球、假动作、掷界外球和接球（守门员）。不掌握一套专门的技术动作，就谈不上进行足球比赛。纵然掌握了技术，而在情况经常变化、对方加以阻挠的条件下打出技术来，也是有困难的。技术是战术的基础。技术掌握得越全面、越完善，就越能创造和发展战术。

2. 对身体训练的理解

足球运动员的身体训练分为一般身体训练和专项身体训练。一般身体训练是队员形成技战术的基础。它的目的是增进健康，使运动员得到全面的发展和锻炼，提高身体素质、意志和实用的技巧。一般身体训练应保证运动员神经系统、运动器官、心脏血管系统、呼吸系统得到良好的发展。足球比赛的特点是动作不断、结合频繁，在编排一般身体训练的练习时要考虑的是接近比赛条件下完成的难度。

专项身体训练是根据专业要求来改进足球运动员最重要的身体素质，使他适应身体上和精神上的高度紧张。主要培养的是运动员的速度、灵敏、耐久力和力量素质。

身体训练要从一般身体训练逐渐过渡到专项身体训练，其最终目的是形成竞技状态，使运动员习惯于在比赛中依靠良好的身体准确而合理地运用技战术。

3. 对总体训练的理解

在足球训练中，练习新动作时应使运动员掌握这一动作并形成新的技巧。由于足球运动是千变万化的，因此，必须经常改变完成动作的条件。技术动作必须采用完整的方法进行教学，而且教练员要通过及时地讲解示范，对运动员的错误动作进行纠正。

足球训练所安排的练习应遵循队员的年龄、一般训练和专门训练程度，所做的练习应是运动员力所能及的，教练员在训练中可根据不同运动员的特点适当改变练习的难易度，以使不同运动水平的运动员都能获得提高。运动员在掌握技术后，必须采用比赛的形式让运动员大胆地运用，否则技术和战术训练脱节，运动员就只会机械地完成动作而不会在比赛中运用。例如，一些队员在简化的条件下可以完成射门，但在比赛中却不能得分。最后，训练应多采用一些有竞争力的比赛形式，以引起队员的兴趣和积极性。

（二）匈牙利足球理念

1. 对技术的理解

足球技术是足球运动所需要的全部动作、方法的总称，也就是在场上经常运用的踢球、停球、头顶球、带球、抢截和假动作等动作和方法。足球技术是足球运动的基础，只有掌握了它，才能更好地完成战术配合，才能有目的地运用每一个动作。一个运动员除必须熟练掌握基本技术外，还必须具有战术修养，身体的全面发展，以及积极主动、勇敢顽强的战斗意志。

足球运动和某些运动项目（如体操等）不同，因为它是在高速下不断地奔跑、跳跃及在对方冲撞抢截下进行的，所以，足球技术必须在上述情况下掌握。技术的运用，往往是根据球在场上的活动情况和队员的意图决定的，因此应对足球在场上的活动情况有所了解。

掌握科学的训练方法是获得足球技术的捷径。因此，在训练过程中，要遵循循序渐进的原则来进行系统的学习，还要根据“学以致用”的目的逐步结合场上的需要，并不断地通过复习和比赛来检查、巩固所学到的东西。

2. 对身体训练的理解

身体训练的目的是促进运动员的身体健康和身体的全面发展。很好地进行身体训练是使运动员顺利地掌握技术和战术的必要条件。

身体训练包括一般身体训练和专项身体训练。一般身体训练是使运动员较快地掌握足球基本技术与战术的基础。如果队员的身体水平不高就不可能顺利地从事足球运动，而且会使足球运动的专门训练受到很大的限制。一般身体训练需要进行发展力量、速度、耐力、柔韧、灵敏和反应等的练习，并在这些练习中加入各种不同形式的竞走和跑。一般身体训练要全年进行，同时要根据各个时期的训练任务、运动员的身体条件、年龄等来分配运动量。只有全年有系统的训练，并采用正确的教学和训练方法，才能改进运动员的身体素质，达到最高的身体训练水平。

专项身体训练的目的是提高足球运动专项所需要的各种身体素质。专项身体训练，是通过专门的练习来发展力量、灵敏、速度、耐久力以及动作协调等。专项身体训练可以提高技术和战术的质量，并保证运动员很快达到竞技状态。足球比赛的主要特点就是连续不断地把各种不同形式的动作结合在一起，所以在足球的训练中，特别应采用综合练习。

在教学训练初期，身体训练一般应该在用球做练习之前进行（准备部分），以后根据队员身体和运动技术提高的程度，就可以放在每次战术或技术练习后来进行。

练习跑和弹跳时，应当注意比赛中所具有的不同特点来练习，比如各种不同的起跑姿势或曲线、斜线跑，突然急停或改变方向等；也应注意到足球运动员和短跑运动员在跑的技术上的区别。但是足球运动员跑和跳的训练原则和田径运动员没有什么区别。

在对队员进行专项身体训练时，必须根据队员不同的身体训练程度、年龄、心理状态及队员的位置等来进行，贯彻区别对待的原则。

3. 对总体训练的理解

进行足球训练工作时，要在训练的过程中根据科学的原则，有计划、有步骤地组织最精确、最有效的教学和训练内容。通过教学和训练，使队员能在短时间内掌握技术、知识和实际的战略战术。

足球训练工作应制订出全年、每个阶段、每周和每次的训练计划。

足球训练应使运动员的身体得到全面的发展、全面掌握基本技术、训练所有与对方争夺球的各种动作方法，同时通过双人和小组的练习、分队比赛，以及在正式比赛中学习和提高。基本技术的训练不能只考虑到无对抗、无干扰情况下的练习，而应在各种比赛和练习中，在对方阻挡的条件下去提高它。除此之外，队员还必须善于在任何气候条件下、各种场地上、各种不同的情况下发挥这些技术。

教练员要善于发现运动员在技术和战术训练中出现的错误，并及时地进行纠正。纠正错误时要考虑到队员的特点，有的队员在补充一下示范和讲解后，再重复地练习就够了，而有的队员则需要改变方法来加强练习。

为了更进一步提高队员的技战术水平，需要及时地巩固和复习已经学过的内容，并必须在各种不同配合和不同条件下，系统、多次而自觉地进行复习。可以通过三对三、四对四、五对五等这样的小型比赛的形式，使运动员在接近正式比赛的情况下进行活动，提高技战术。

（三）苏联、匈牙利足球理念和现代欧洲足球强国理念的分析比较

通过以上对中华人民共和国成立初期苏联和匈牙利足球理念的阐述，可以发现两国在足球理念上和现代欧洲足球理念相比较有许多弊端。

（1）足球各竞技要素（技术、战术和身体等）同等重要，可以分割开来单独进行训练。

（2）比较看重技术训练和身体训练，但训练方式多以单纯的、孤立的技术和身体训练为主，训练的方式方法缺乏比赛的结构和典型的足球目标。

（3）对如何提高足球运动员足球意识的训练，没能细致描绘。

（4）队员在训练中获得的各竞技要素，要通过比赛的形式进行检验提高，这是积极的。但对训练中比赛的形式及应占训练多大比例也未能说明。

中国足球当时受这两个国家足球理念的影响最深，也学到在当时看来是先进的足球理念，取得一定的成绩。但随着世界各国足球运动的发展和足球运动自身的改革，欧洲足球理念也在不断发展和进步。当时的足球强国苏联、匈牙利，现在已很难在世界杯上看到他们的身影，因此中国足球要提高，必须向现在的欧洲足球强国德国、荷兰和英格兰等学习，学习他们更与时俱进的足球理念。

三、我国足球训练理念与外国训练理念的比较

（一）对我国足球运动训练指导思想的再认识

所谓运动训练指导思想，是指通过训练实践对运动项目特点、运动队和运动员的现实状态，以及拟达到的预期目标而产生的一种理论认识。这种理论认识通过语言文字定格，形成指导思想，指明训练的方向和行动，以实现训练的目标。

从客观上分析，训练指导思想是确定训练的过程和指导训练实践的依据。虽然说训练指导思想与训练理念是两个不同的概念，但也有其相似的一面，它们都具有在训练实践过程中直接指导训练的作用，即在理论知识与实践总结的基础上

具有实践性、可操作性的作用。但是两者也有显著的不同：一是在训练层次上，训练理念高于训练指导思想，训练理念包括训练指导思想。如果训练理念是一个整体，训练指导思想只是训练理念的一部分。二是在训练内容上，训练指导思想只是体现从业者对理论与实践的认识和制订计划的思路；而训练理念包含有教练员对理论知识的知识储备、训练计划的制订、教练员要达到训练的目的，训练指导思想并不包括教练员对训练的目的，即最终要使球员达到一个什么样的训练成效。一个运动项目的训练理念常常在很大程度上制约着训练指导思想，反之训练指导思想又对训练理念的发展具有重要的影响作用。在一定程度上，它们是相辅相成、互相影响的。

（二）我国足球运动训练指导思想的形成与发展

1949 年以来我国的足球运动才真正受到重视。从我国足球运动训练指导思想的发展变化中，能清晰地了解我国足球运动训练理念的发展变化状况。通过对相关文献资料的查阅与整理不难看到，我国足球训练指导思想大致可分为以下几个时期。

1. *初步形成期*

在这一时期，主要是在我国足球主管部门的领导下，积极地结合运动实践，边实践、边探索、边总结，有针对性地提出了我国足球运动训练的指导思想，这一指导思想的提出对促进我国足球运动训练与提高我国足球运动技术水平起到了重要的作用。

主要表现为：我国在 1957 年 7 月召开了第一次全国足球训练工作会议。会议上总结学习了匈牙利国家队的经验，根据当时我国足球运动所处的水平和存在的问题，提出了解决问题的方法和途径。会议认为，应把技术、战术、身体训练三者有机地结合起来，强调身体训练、实战训练，特别强调要“积极、主动、快速、灵活”。1958～1960 年我国足球运动达到了一个崭新的时期。

2. *困惑发展期*

1964 年，国家体育、教育等部门联合召开了全国足球工作会议，会议总结了过去训练比赛中的经验和教训，提出了“三从一大”的原则，明确了足球运动的发展方向是快速、勇猛。训练的指导思想是“以我为主，全攻全守，勇猛顽强，积极主动”。1972 年 11 月的全国足球训练工作会议上，明确提出了训练指导思想：政治挂帅，苦练勤学；教学民主，群众路线；风格各异，百家争鸣；“三从一大”训练原则；“勇、快、全、准”的技战术发展方向。这一时期，由于受到“文化大革命”的干扰和影响，我国足球训练工作也受到了很大的阻碍，徘徊不前。

3. 探索期

1981 年 12 月的全国足球训练工作会议认为，我国足球运动水平与世界强队水平的差距明显拉大了。造成这个结果的原因是，足球人口不足，训练没有针对性，比赛的整体水平不高，技战术能力没有跟上世界足球发展的趋势。解决的方法是加强体制完善，加大训练基础建设，提高各省市代表队的训练质量。

1985 年 11 月 23～29 日的全国足球训练工作会议提出的训练方针是：严格训练，严格要求，勤学苦练基本功；训练的原则是：训练和比赛紧密地结合起来，在接近实战的条件下把技术、战术、身体和心理等要素整合训练；训练的指导思想是：振奋精神，勤学苦练，坚持“三从一大”，狠抓竞技中的技术，培养智勇双全、能攻能守的全面型运动员。

1988 年和 1989 年召开的训练工作会议指出，训练工作和提高运动员的整体素质两手都要抓；重申坚持“三从一大”训练方针的必要性。12 分钟跑和折返跑的体能测试制度就是在这次会议上提出的，即运动员体能测验标准不及格者取消比赛资格的制度。

1990 年全国足球训练工作会议指出，一要爱国，二要发扬艰苦奋斗精神；中国足球运动的发展最终靠足球界自己的努力。也提到当前中国足球运动的主要矛盾是我国足球训练水平与世界足球水平的快速发展不相适应的矛盾，而矛盾的主要方面是管理和教育。

4. 稳定期

1994 年的全国足球训练工作会议分析了世界足球的发展趋势，也总结了我国和其他国家成功的经验，再次提出了“三从一大”的足球训练指导思想，管理严格、训练科学、高质高效的训练方针。

2002 年的全国足球训练工作会议提出足球工作的指导思想是，全面科学贯彻“三从一大”训练原则，结合实战加强训练，强化体能和作风，加强联赛及各梯队建设，增强国际竞争能力，提高我国足球运动员的技战术水平，努力赶超世界足球强国的水平，改变我国足球的落后现状。

综上所述，在我国不同历史时期形成了不同的足球训练指导思想。然而，在很长一段时期里我国足球运动的训练指导思想只局限于技战术方面，智能的欠缺是一个大问题。很多高级教练员曾指出：足球技战术的较量只是在低层面展开的，高水平球队的较量是脑力的较量。曾有记者问马拉多纳：“一场比赛后你哪儿最累?”马拉多纳回答：“脑袋最累。”专家学者也一再指出训练的指导思想对球队形成自己的技战术风格具有直接的影响。我国足球训练指导思想是“三从一大”，足球运动的训练方法、方式、途径只是照搬其他运动的训练方法，没有真正认识到足球运动的本质规律，从而在训练层面上没有自下而上源源不断的后备人才。足球运动训练的指导思想应基于对足球运动的本质、特点、趋势、策略及训练规律的了解与认识的基础，通过积极有效的训练来提高足球运动的水平和比赛成绩。基于我国足球运动水平不理想的实际情况，足球运动训练指导思想更应该符合世界足球运动发展的本质、特征、规律及趋势。

（三）国外足球运动训练理念的分析探讨

1. 训练与比赛的关系

（联邦德国）里德尔戈特著的《新足球学》中，德国足球专家认为：“比赛决定训练的形式、内容和负荷。”教学的目标是较快地收到学习效果，这就必须有能引起他们乐趣又能完成教学任务的形式和内容的组合。有针对性的近似的比赛既可以不违背练习的趣味性，又可以快速收到学习成效。“要让运动员从日常紧密联系比赛实际的练习方法中，掌握比赛和比赛动作的基本知识。”在训练的过程中，指导员给球员传授技战术方法时，要先结合简单的比赛情况，讲解示范后的练习则让他们发挥想象力，不受指导员和书本的牵绊，让他们在训练时就学习技术、学习如何比赛，在比赛中学习技术，在比赛中学习比赛，不去搞一套抽象的、公式化的练习。要求训练与比赛相结合，目的是快速取得学习成效。

（荷）B. 范林根在《足球训练》中指出：“球员应在真正的足球比赛中学习踢球。接受这一训练哲学的教练员也必须以这一方式来组织训练。”当代的足球训练内容依然是技术、战术、身体、心理等要素，但足球训练形式已经由单一要素一练到底的状况转变为各要素整合的比赛形式，每堂训练课都是通过比赛或近似比赛的途径来进行的。在足球运动中遇到的各种问题，球员在真正的比赛中才能去识别并解决，仅仅靠指导员的口授是无法解决多变的比赛场面所遇到的问题的，从中我们可以看出，训练结合比赛才能发展和提高足球运动技战术水平。

2. 训练指导思想

《亚洲足球教练员C级培训教程》中指出：“只有训练的环境和比赛的条件达到高度的统一，才能反映训练的重要性，达到由训练过渡到比赛的积极目的。”足球运动的特点之一是整体性，技术、战术、身体、心理等要素都包含在这一整体中，而接近实战的训练包括：队友、球、对手、攻守方向、跑动范围、目标、速度等，训练不能割裂足球要素的整体性。

（荷）B. 范林根在《足球训练》中指出：“真正的足球的构成因素为：球、队友、对手、场地（空间）、方向（球门）和规则。”因此，荷兰足协从孩子开始就不会使用固定化的训练思想，而是要求球员从小就在有对抗有竞争的训赛结合环境中掌握足球基本知识和技能。

《亚洲足球教练员C级培训教程》中还指出："真正有效的技术训练，必须结合场上判断和战术意识（对抗的意识）。这是决定队员技术水平高低的关键。"评价球员技战术水平高低的衡量标准是在具体的时空对抗中应用技术达到战术目的的能力，而不是无对抗、无对手、无压力的技术训练。这种强调对抗和训赛结合的训练指导思想应该引起我们的高度重视。

3. 训练指导方法

（联邦德国）里德尔戈特在《新足球学》中对教练员在训练教学上分成三个阶段："第一，教练员示范，确定目的和组织形式。第二，学员自行消化、琢磨，积极练习，通过实践积累经验。第三，纠正错误。"这与我国的三段式教学模式差别不大，讲解示范、学生练习、教师纠错。中外的差别就在教师组织的练习形式和学生自行练习的态度上，学生通过实践积累的经验丰富程度不同，也造成了训练成效的不同。

（英）查尔斯·休斯在《足球战术与技巧》中指出："在比赛条件下的训练有五个基本方法，训练控制、练习条件、冻结练习、重建与排练、预先思考。"其中"冻结练习"强调两点："①应预先约定信号，如两声短哨，表明队友各自被'冻结'在哨音响起时的位置上。②队员必须停在原位并保持静立，即使徘徊2～3码，整个画面也将被扭曲。"这就要求指导员有较强的阅读比赛的能力，能够识别不同的场面，对队员该做什么迅速地做出自己的判断，"冻结"局面，犹豫不决将导致场景的变化。重建与排练，应用比较多的是手持球的篮球战术练习，可以让队员自己较好地控制球，使复杂的场面可以重建和演示，指导员也可指出更好的位置选择和场面发展情况。预先思考，是教练员指导球员自己事先预想推测的一种方法，它对训练的重建和演练是非常有帮助的。

（荷）B. 范林根在《足球训练》中指出："采用以下方式影响和教育球员：停止训练、讲解说明、提出问题、鼓励提问、举例演示。"

足球强国这些循序渐进、注重实践应用的教学训练方法，无疑是非常有益于我国足球运动发展的，也是我国教练员需要学习和提高的重要方面。

4. 身体训练方法

（联邦德国）里德尔戈特在《新足球学》中指出："身体素质的训练方法必须在训练的最科学知识的基础上同足球运动的专门要求及运动员的身体状况结合起来，同时进行身体素质训练时也离不开足球。"足球运动的身体训练是自发的积极的综合的训练，单调的机械往复的专项训练并不符合足球运动对抗性和多变性的特点，多种身体训练方法要结合足球的技战术训练，这样既符合球员的胃口，又提高了身体训练的效果。

（荷）B. 范林根在《足球训练》中指出：“身体训练是足球训练，足球训练是身体训练。”“身体训练应该能系统地提高球员的比赛质量。”在实践中，教练员要掌握大量的提高球员速度、力量、耐力、灵敏等素质的训练方法的知识，借助这些身体训练知识指导训练和比赛，通过竞争性比赛来提高足球竞技能力。教练员要设法创造一些场景，把足球比赛与身体训练有机结合起来。这不仅能激发球员做出更佳的足球动作，更能激励球员不畏艰辛地进行身体训练。

身体训练的最终目的是为比赛服务，身体训练就是足球训练，足球运动员的身体训练不是田径身体素质练习，更不是单纯的体能训练，要结合足球运动专项，才能训练出符合比赛要求的身体素质与技能。

5. 运动员的创造性

20 世纪 80 年代中期，前荷兰国家队主教练米歇尔斯在分析荷兰足球滑坡原因时曾指出：“在荷兰街头足球消失了，取而代之的是有组织的足球训练，一同消失的还有充满创造力和个性的球员，这就是我们目前主要存在的问题。有组织的足球训练课不能弥补天分，在街头踢足球的孩子们唯一目的是从踢球中得到快乐，他准备使出自己全身的力量，通过诚实的劳动获取快乐。因此一次次付出都是他们心甘情愿的。”这种情况也正是我们遇到的状况，没有人教孩子们怎么踢球，要学习就得进到专门的足球学校里，单调枯燥的练习方式一方面抹杀了孩子的学习兴趣，一方面抹杀了孩子的创造性。而足球的多变性、选择性要求球员自己分析、自己尝试、自己学习、自己解决。足球比赛没有完全相同的场面，这就要求有绝对不雷同的球员，每个球员通过训赛结合的练习方式塑造自己，寻找并发现自己的创造性。

他还说道：“当然我们不可能回到街头足球原来的形式上去，但是重新回到街头足球未来球星个性形成的原则和方向上来是可能的，也是必需的。我们现有的有组织的儿童足球训练体系中有相当多的内容需要改变。”

（荷）B. 范林根在《足球训练》中指出：“将街头足球中最有价值的部分融入青少年球员的训练计划，使‘典型的足球行动’成为每堂课的主要内容。只有通过这一途径，球员才能逐渐习惯于面对并解决足球比赛中存在的各种问题，才能学会在真正的比赛中识别这些比赛局面。”在我国不论是青少年训练，还是成年队专业训练，都必须紧跟世界先进的足球训练方法和途径，学习他们的足球训练理念，提高我们球员的创造性。

综上，现代足球训练必须紧密结合比赛形式，练习方法、训练方式都要具有足球运动的鲜明特点，训练指导要循序渐进，要以训赛结合教学训练为主，注重小场地比赛的价值；身体训练应以结合球的练习为主；接近足球比赛的练习是提高运动员创造性的主要途径。

四、中外足球运动训练理念的差距与原因

（一）中外足球运动训练理念的差距表现

在分析和总结了欧美足球强国足球训练理念的基础上，针对我国足球训练理念的不足与缺陷，笔者调查访问了许多受访者。他们也指出，我国足球训练理念与欧美足球强国相比较差距是明显的，主要体现在以下几个方面。

1. 足球理论与实践的结合不足

我国体育界多年以来一直强调和坚决贯彻“三从一大”的训练理念，“三从一大”中“一大”就是大运动量的训练，“三从”就是“从难、从严、从实战出发”。然而，不同的运动项目有其自身的竞赛特点和训练的特殊性，对大运动量的掌握和调控，需要理论联系实践加以研究与总结。如近几年的中超联赛、亚冠联赛、各种杯赛，赛事时间增多了，训练时间却变少了。真正在球队训练中做到有效的大运动量训练也不多见了，更多的是跑圈训练。怎么在“从实战出发”中贯彻“从严”“从难”也就显得既没有理论可循，又没有训练资料参考。从实战出发是训练的基本要求，“从难”和“从严”要满足从实战出发的需要。教练员在执行“从难”“从严”时经常会困惑，何为“难”，何为“严”，他们的量化标准是什么，如何在训练中贯彻“难”与“严”？这些都需要训练理论与实践的互动来解决。欧美足球训练也强调大运动量和高强度训练，并把大运动量和高强度训练与技战术运用的对抗性紧密结合，在真实对抗训练中仍注重足球训练的趣味性与实用性，在技术训练中，更重视实用性而非观赏性；也强调严格训练，“严”在实处，“难”在细节与技术运用的实效上；通过增减人数加强对抗，结合比赛增加训练的难度，进而提高训练的效果。因此，我国足球运动训练应在理论指导实践的同时，不断地结合实践修正理论。唯有理论与实践的紧密结合才会推动我国足球运动训练的发展与进步。

2. 运动训练的科学化程度不够

训练科学化，是指对训练过程的科学控制，是训练科学、理论、方法和技术在运动训练中全面、广泛地运用。其实质就是不断加大对训练过程科研的投入，提高其科学含量。调查显示，目前，我国足球训练绝大多数仍停留在传统的经验

性的“师徒”训练模式，科学化程度不高。欧美足球强国都十分重视训练的科学性，对训练过程讲究数据量化控制。例如，据有关文献报告，欧美足球运动员在赛场上能始终保持旺盛的体力、超强的对抗，合理地运用技战术以充分发挥自身的优势与能力。一方面，可以说是先天的身体素质突出，另一方面又与欧美足球科学化的训练水平有很大的关系，主要表现为他们更重视训练方法的实效性，训练组织安排的系统性、连贯性，训练内容十分注意练赛结合。另外，非常注重对训练的“量化”监控，对每个练习方法、手段都有具体的练习要求和量化标准，十分注意对训练中及训练后的心率、血红蛋白、血乳酸、血糖、尿蛋白、白细胞计数等一系列生理生化指标的监控，及时通过训练数据的反馈，防止伤病与过度训练，进行科学化训练。反之，我国一些教练员和运动员往往只重视训练，认为只要做到了苦练就会出成绩，因此，将“夏练三伏，冬练三九”奉为至理名言，甚至鼓励带伤训练。训练中及训练后，对运动员的生理生化指标的监控缺乏基本的认识和必要的方法；科技支持的程度不足与教练员对科学技术知识的缺乏有密切关系，这也使得教练员只能凭感性认识来指导训练，缺乏对训练经验的理性解释能力，影响了教练员训练水平的提高和足球运动训练理念的提升。

3. 教练员缺乏足球哲学

足球是世界第一运动，是集体项目中人数最多、所占运动场地最大的项目，我国要从体育大国走向体育强国必须大力发展集体项目，而足球首当其冲。足球的魅力就在于时间、环境、条件的多因素不确定性，不到最后一分钟不知道比赛结果，是非常有悬念的一项运动。作为教练必须把这种理念传授给队员，让他们有强烈的求胜欲望以及胜不骄、败不馁的信念。教练员的责任不仅仅是训练队员的技术、战术、身体，还应该教会队员足球意识、足球理念。中国足球必须学会发展这种哲学，无论对球员还是教练员来说都是如此。我国多数足球教练员缺少对中国足球哲学的实质性研究和理论创新，缺乏以先进的训练理念和训练哲学来指导训练。

在欧美足球训练理念中，十分重视教练员足球哲学的修养与广泛运用，这从某种角度反映了他们足球教练员的专业素养和对足球本质特征的理解程度与深度。如梅诺蒂提出了一种独特的足球哲学，坚决捍卫一种风格。他的足球哲学的核心是，把精妙的足球技术与本能的勇敢精神相结合，强调运球、传球技术和最大程度地发挥进攻性足球的活力。他发表的文章里大力宣传了自己的这种主张，他认为他的任务就是恢复阿根廷足球强国的地位，恢复阿根廷人的自豪。梅诺蒂将这种思想贯穿在训练的全过程，技战术训练要求非常严格，一丝不苟。一名合格的足球教练员必须同时具备两方面的因素：一是要有丰富的足球运动和执教经验，二是要有系统的足球理论知识。教练员只有具备了这两点，才能在执教时如鱼得水，轻松驾驭球队，这对一名优秀的足球教练员至关重要。其次教练员要学习足球理论知识，充分地理解足球理论，并致力于开拓足球训练的理念，学会如何组织、训练一支球队，这样才能对不同条件的运动员采用不同的训练方法，取得最佳的训练效果和最优秀的比赛成绩。

事实上，哲学是在足球教练员的头脑中存在的，是他们长期运动经历成功与失败的经验教训以及对运动的感悟，是他们自身不断学习所获得的观念与思想。而我国大部分教练员，都是做运动员退役后再做助理教练然后做到主教练。尽管他们有着丰富的运动经验，对足球运动也有着深刻的认识，但是，他们的文化知识结构还是不够完善，有待提高。这也许就是我国足球教练员缺少足球哲学的缘故吧。

（二）中外足球运动训练理念差距的形成原因

1. 中外社会不同的文化背景

2013年3月，《人物周刊》记者问里皮："你和你的团队已经来中国有大半年时间了，到现在为止，你发现中国足球最大问题是什么？怎么解决呢?"

里皮说："最大的问题是，中国足球没有足够长远、足够丰富的文化，比如在欧洲、在巴西，街上随处可见踢球的小孩，但是在中国，你很少能看到小孩在路边踢球。接触足球的小孩比较少，足球文化作为一个传统在中国还没有发展到相当高的程度。足球文化最好的建立方式是让小孩在小的时候多接触足球，小孩在学校里应该获得更多的踢足球机会。意大利是一个很小的国家，但是遍地是小的足球学校。这是发展足球的好方式。"

中国传统文化是以儒家、道家、佛家、法家、墨家为代表的思想集合，其中以儒家的"仁、义、礼、智、信"思想为内核，通过各种行为文化方式表达出来，在体育上表现出来是重仁重智、好谋略，但轻视身体锻炼、鄙视身体竞争，中国古人最擅长的体育项目是围棋就体现了这点。但现代竞技运动的根本特点就是竞争，没有竞争，运动项目就没有发展。中国乒乓球运动近几十年来快速发展就得益于欧亚国家的竞争及自己内部的竞争。创新也来源于竞争，欧洲足球长期领先世界足球，就是竞争的结果，欧洲区的世界杯预选赛是最惨烈的，没有哪支球队说一定可以在自己的小组顺利出线，这也是欧洲杯的精彩仅次于世界杯的原因。但中国传统文化思想中以儒家为代表的处世哲学却与欧美体育竞争思想相反，提倡中庸、主"静"不主"动"、重视文化修为轻视体力劳动等，阻碍了中国体育运动中竞争意识的发展。特别是从汉武帝独尊儒术之后，竞争精神和很多运动项目被儒家视为不入流的举动，被传统思想文化界所鄙视。这些特点与足球运动项目竞争与合作的要求格格不入，相去甚远，在一定程度上给中国足球的发展造成了不良的影响。与中国传统文化思想不同的是，欧洲社会自文艺复兴之后，大兴民主与自由之风，提倡竞争、公平、创造。在这种文化精神的影响下，欧美人在足球运动上敢于大胆创造，不断推陈出新，将这种崇尚人性自由、竞争的哲学思想在足球运动中发挥得淋漓尽致。通过观看欧美职业足球联赛，我们可以看到，他们的足球技战术创新成分远远多于继承的成分。这与他们创新求异、富于挑战的竞争哲学思想是分不开的。他们的文化中非常崇尚个人英雄主义，追求人与人、人与自然的正面冲突。足球场上注重个性展示，把足球场当作自我表演的舞台与实现自我价值的场所，他们对胜利的渴望也更为直接和外露。因此，欧美足球技术、战术长期处于世界领先地位，与他们崇尚竞争与创新的思想分不开。

2. 专项训练理论研究的相对滞后

从我国训练理论研究和训练实践的发展过程来看，我国一般训练理论的研究还处于或接近世界先进水平，田麦久、过家兴等迅速地把国外训练学的研究成果引进我国，并在此基础上又进行了有益的探索。如田麦久的《运动训练科学化探索》《运动训练学》、过家兴的《运动训练学》，这些著作为我国的一般训练学奠定了坚实的基础。但是，我国在专项运动训练理论的研究上则显得相对滞后，除乒乓球和羽毛球等少数有优势的项目外，其他项目还没有被专业人士认可和在实践中有明确指导意义的专项训练理论著作，在同场对抗球类集体项目专项理论研究方面更为落后。田麦久的项群训练理论在一定程度上拉近了一般训练理论与专项训练理论的距离，但对各项群中具体运动项目竞技特征和训练规律的探索还远没有达到服务于实践的水平，对同场对抗球类集体项目的研究还处于初级探索阶段。足球运动的落后是训练的落后，也是指导思想的落后，更是足球专项理论的落后。因此，建立科学系统的专项训练理论体系是当前我国同场对抗球类集体项目的迫切需要，亦是足球运动训练的迫切需要。

3. 足球理论研究的程度不同

时至今日，我国足球理论研究虽然取得了长足进步，但我们也必须看到存在的不足。中国知网大多数的足球文献只是对某一规律做一般性的探讨，仅仅停留在对表面现象的感性认识或经验总结上，并没有系统地对足球规律进行深入研究，多数是偏重于教学、训练原则的探讨，对足球规律系统深入的研究还是略显不足。此外，还缺乏如哲学、系统论、信息论、社会学等多学科的综合深入的研究。而足球强国鼓励教练员的足球创新观念，他们通过对训练及比赛实践的总结，形成自己独特的足球理念。他们强调对抗，强调技术的实战性，注重攻守整体平衡，这也正是他们对足球运动规律深入研究与认识的结果。以上仅是从一个侧面体现出我国足球理论研究的现状与不足。足球理论研究的欠缺影响了我国足球运动训练理念的形成，阻碍了运动水平的提高。

4. 教练员水平制约了其对训练理念的认识

足球训练理念的建立与发展在一定程度上与教练员的文化素养、运动经历和执教阅历相关。目前在我国高水平的专业队伍中，90%以上的教练员是运动员退役后直接留队执教，文化基础有限，运动经历与执教阅历不协调，在很大程度上造成了教练员施教方法单一、思路雷同，学习发展能力不足，在训练中缺乏创意，也就留下了中国教练员施教能力先天不足的弊端。教练员在运动项目的发展过程中起着重要的作用，一名优秀的教练员能使一支球队的技战术水平发生质的飞跃，例如，袁伟民对于我国的女子排球，金昶伯对于我国的女子曲棍球。同时，一名优秀的教练员甚至可能带出一批好的教练员，使该项目的整体水平有所提高。长期以来，我国对抗类项目教练员对现代训练发展的认识和综合能力制约了其对训练理念的认识，在训练理念上主要表现为缺乏继承性和创新性。因此，长期以来我国训练理念的认识一直处于停滞的状态。其次，我国的训练理念主要来自国外的先进训练理念，但在应用中缺乏对国外训练理念的消化吸收和发展创新，在实践中往往是学习、训练、落后、再学习的低水平循环，始终处于国外训练理论的滞后状态。理论水平的落后必然会影响我国教练员对现代足球运动发展的认识和对新训练知识、新训练理论的理解和把握。目前我国对抗类项目的训练还是沿用20世纪七八十年代的旧路，没有新的突破。足球、篮球、手球及曲棍球等项目外籍教练员的引入已让我们清楚地看到我国对抗类项目训练理念和方法的落后，本土教练员自身水平不高的问题已严重阻碍了我国对抗类项目的发展。

第四节　我国足球训练理念构建的举措

一、我国足球训练理念的重构要点

（一）把握我国足球运动员的培养规律

1. 足球运动员成才的“金字塔”规律

无论什么样的培训体系，最终只有少数人能进入“金字塔”的顶端，大多数足球运动员会在训练过程中被逐渐淘汰。“金字塔”的成才规律与现代足球运动员复杂的竞技能力结构有着重要的关系。高校足球运动员不但要具备比赛需要的各种全面复杂的技战术能力，还要具备对抗日益激烈、赛事越发频繁的体能要求，稳定的心理状态等一系列内隐因素。前者要求队员要具备学习和运用各种技战术的天赋，后者要求队员在诸多影响因素中能沿着正确的发展道路达到高峰。同时要注意，在训练过程中年轻运动员还会受到伤病、家庭、教练员、经济环境等其他因素的影响。

首先，在足球训练体系中，"金字塔"式的成才规律是残酷的，教练员也注定要把重点放在天才队员身上。但是，教练员不应该忽视其他大多数运动员，即使他们没有成为职业球员的机会，也要让他们在这项运动中体会到乐趣，培养他们对足球的热情，通过训练和比赛培养他们的沟通能力、团队意识以及责任感，为他们走入教练员、教师等职业奠定基础。这些队员是足球运动最热情的支持者，是天才运动员的主要来源。

其次，不要过早地对运动员的天赋下结论。每个人对技战术的掌握情况都不同，尤其是智力的发育水平不同，不能让大器晚成的运动员失去机会。

最后，对少数天才运动员要有针对性的训练策略。要根据他们的实际情况去制定有针对性的训练方案，如提前进入下个阶段的训练、掌握更复杂的技术、和高年龄的队员比赛等，充分挖掘他们的足球天赋，但要注意负荷承受能力，防止过度训练，拔苗助长。

2. 运动员竞技能力形成的时间阶段性规律

足球训练可以视为一个生产线，下了生产线才是足球运动员训练的最终产品。其中任何阶段都是生产过程中的未成品，因此，对其中的一个阶段进行比较意义不大，这也是在足球比赛中要重视队员的发展空间、不要过分追求成绩的主要原因。足球训练要从学生特有的学习和能力条件出发，要与各年龄段的学生发育过程中可能出现的心理和生理变化相适应。在训练目的、内容及方法上，训练应该有利于学生的成长发育，促进各种能力的培养和不断提高他们对足球运动的兴趣。为了能满足这些要求，就必须掌握有关训练的科学知识，特别是关于各年龄段学生的发育及能力特点的知识。

为了使足球运动员的竞技能力得到逐步提高，需要及早地参加训练，根据不同阶段的训练任务，完成不同阶段的训练内容，达到不同阶段的训练目标。学生在进入下一个训练阶段前，应掌握相应的足球技术、运动技能和相关足球知识。有些天才运动员在相应的年龄阶段，用较短的时间就达到了这个阶段的训练目标，教练员可以根据训练实际情况提前进入下一阶段。但是，切忌在未达到训练阶段的目标和任务时打破训练次序，提前进行下个阶段的训练。无论是训练内容还是训练负荷超过运动员的接受能力，必然影响到训练的质量，破坏下个阶段的训练结构。即使短期能取得一定的比赛成绩，最终也是以损害运动员长期发展的空间为代价的。

（二）重视运动员人文素质培养的教育观

人文素质是指人们通过对一定的人文知识（政治的、法律的、宗教的、道德的、语言的、文学的、艺术的、哲学的和历史的知识）的学习，理解人文思想（民族色彩、个性色彩和鲜明的意识形态），遵循人文精神而形成的相对稳定的高尚品质，并表现为行为倾向、品德情操、文化修养和审美情趣等。它也是对“人”的全面发展的要求。而我国足球运动训练中轻视对运动员人文素质的培养，导致运动员在激烈的比赛中显得鲁莽有余、智慧不足。与国外的运动员相比，综合素质差，最为突出的就是人文素质，其主要原因就是在运动训练中运动员缺乏创造性的发挥及人文素质的培养。

对足球运动员而言，文化学习和智力开发是密不可分的。提升足球运动员的文化素质首先能够为个人的发展提供有利条件，还能够有效促进竞技水平与战术水平的提高；不仅能够提高运动员对教练员指导意图的理解能力，还能够显著提升运动员的思想道德水准，特别是创新能力。

（三）突出运动项目的本质特点及训练的科学化

足球运动是一项身体对抗非常激烈的运动。构建足球运动的训练理念一定要以足球运动训练相关理论知识为背景，以哲学思维、科学知识为基础，结合世界足球运动的发展趋势，并立足于我国的实际情况，提出先进的足球训练理念。

据官方统计，中国正式开始足球运动职业化几十年，我国国家足球队的FIFA排名总体呈现下降的趋势，在这个总体下降的过程中，主教练能起到的作用是有限的。主教练的主要作用是挑选队员组成最有潜力的球队，并把球队的潜力最大限度地发挥出来。所以，当中国足球的整体水平越来越低的时候，无论什么样的好教练，都只能接受越来越不理想的比赛成绩，因为队员的潜力越来越有限。导致中国足球水平下降的原因有很多，但深层次的原因是足球训练不够科学化。而所谓科学的训练，就是要有正确的目标，有达到这些训练目标的正确的手段，以及一套定量鉴别训练进度的科学方法。我们看德国的足球训练教材，非常的科学化条理化，每一个训练可达到的目的都描述得十分清楚，训练的方式也非常清晰而讲究效率。而国内的许多教练却依然使用传统的训练方式，虽然有一定的效果，但是在定量描述或者指标上十分缺乏，这会让训练的队员难以清楚地把握训练的要求和目的，这在个人技术及战术训练上都是如此。

另外，运动训练水平提高的过程，是一个对项目及项目规律的认识不断深入的过程，是项目运动训练科学化不断深化的过程。世界各国的足球从业者，都在充分利用现代的高科技手段，创造出最新的、最有效的训练方法来挖掘人体运动潜能，这些科学技术实践活动使运动训练的科学化程度不断加强。

（四）构建运动员足球训练的核心价值体系

根据社会发展理论，人生活在社会中，其本质特征是整体性和社会性。从这个角度出发，中国高校足球运动也要在社会中实现。学生是足球发展的未来和希望，因此，在构建足球训练理念时，一定要为其建立一定的核心价值体系。这种核心价值体系是指导学生全面健康发展的基础，是促进以人为本的足球运动发展的要求，同时也是构建社会主义核心价值体系中必不可少的一环。从大的角度着眼，我国的社会主义核心价值体系强调的是爱国主义和改革创新，特别是党的十七大提出的科学发展观以及党的十八大提出的全面建成小康社会，都为高校足球训练建立核心价值体系提供了理论支撑。建立起高校足球训练核心价值体系是发展中国足球运动的根本所在。

我国目前需要建立起来的高校足球训练核心价值体系，是要能够体现时代发展观的综合理念体系，是以人为本以促进大学生全面发展为基本依据的价值体系，是通过培养大学生爱国主义的精神力量来提高高校足球运动员民族自豪感和国家荣誉感的价值体系。同时，这一价值体系还强调以改革创新为核心的足球改革发展观，以及在规范足球职业化和商业化发展的过程中坚持民主法治、公平正义的内涵。总之，中国的足球训练核心价值体系是以先进文化为核心的、以促进人的全面发展为目的的、以爱国主义和改革创新为基本要求的理念精髓。

现代足球训练理念的发展突出了激烈对抗中技术的全面发展，重视技战术、体能和智能的综合性训练。足球训练理念一定要建立在大学生足球运动培养规律的基础上，重视运动员人文素质培养，突出运动项目的本质特点及规律，强调运动训练过程的科学观以及构建大学生训练的核心价值体系。

二、我国足球训练理念的重构方法

（一）构建“以人为本”的训练理念

1. 培养大学生对足球的兴趣

兴趣是最好的老师。组织大学生训练时，从一开始就应让他们学会将足球视为一种快乐游戏去体验和享受，培养他们的兴趣，让他们在没有任何外力强迫的情况下踢球；提高训练手段的趣味性，强化他们的内部动机，只有这样足球运动员才会全身心地投入训练，才能充分调动训练积极性，从而达到发挥潜能、激发创造性的目的。

2. 按照学生的自主意志安排训练

在对大学生进行足球训练时，应按照如下原则进行：

——自己的足球，自己的规则。

——没有太多的教练的影响。

——不要家长告诉该做什么。

——与自己希望的步调一致。

——与自身能力匹配的水平。

——以小组为单位。

只有通过这种方式，踢足球才会成为学生们的快乐体验。

3. 树立球员第一、球队第二的训练理念

如果说乐趣和享受是大学生参与足球运动的两个主要原因，那么教练越能让他们积极地体验足球就越好。让球员们担心和焦虑的一个主要原因是他们经常想到取胜的重要性，在竞赛中如此，在训练中亦是如此。在大学生运动生涯的成长过程中最需要的首先是自信心，这是众所周知的道理。德国国家队主教练克林斯曼甚至表示："自信心是足球的基础。"我们时常把不好的比赛结果归结为缺少自信心，不愿冒险，没有创新精神。我们经常听到这样的话："失败摧毁了我们的自信心。""我们必须重树自信心。"……反之，我们也喜欢把胜利归结为"坚定的自信"。因此自信是足球比赛取得成功的前提。由于失败在所难免，我们的自信心时常会发生动摇。

当然不是所有球员的心情都会随着比赛的胜负而大起大落，在这方面自我意识起了一定的作用。自我意识的基础是相信自己的能力。一个对自我有正确认识的人内心平静，即使身处困境也能设法找到满意的解决方法。如果大学生在比赛失利时认为自己就是失败的，那么他们可能很快会产生一种消极的心理；如果这种情况继续存在，那么他们可能会有更多的担心，并且无法继续艰苦的训练任务。从本质上说这将严重削弱他们的发展，同时将抑制球员的创造性，使他们无法在比赛中抓住机会，也不会让他们从竞争的过程中获得满足感；相反，他们的满足感只来源于成绩（亦即比赛结果）。教练员应该鼓励队员自我提高，而不是强调取胜的重要性。如果球员害怕犯错误，那么他们的学习和发展速度就会减慢。如果鼓励球员们把注意力集中在个人水平的提高上而不是单纯的赢得比赛上，那他们就更有可能带着乐趣去踢球，提高的速度也会更快。这样做并不意味着打消队员们争取赢得比赛的念头，只意味着为了球员的发展改变重心而已。如果获胜仅仅是打败对手，那么球员将永远面对挫折和失望，这将增加他们退出足球运动的机会。因此，要形成这样一种理念——球员个人能力的提高比获胜更重要。

4. 树立为大学生长远发展精心规划的理念

对于大学生来说，训练的基本理念就是按照他们的兴趣和需要组织训练。所以对任何一个执教大学生训练的人来说，首要任务便是用人数较少的小场地比赛提供简单的、有吸引力的场景来激发他们对足球的主动和喜爱，整个大学生训练期应始终贯彻的一项指导原则就是“游戏足球”。另一方面，足球训练不应只是让学生玩。参加俱乐部训练的大学生都想学会正确的踢球方法，对任何有天赋的大学生实施训练的目标是要培养水平尽可能高的成人球员。当前面谈到的前提都具备了，高水平或者说最高水平的表现也只有在一开始就进行系统训练的情况下才能实现。只有队员表现出持续稳定的提高才具备通向顶级足球运动的基础。

（二）构建知识、技战术、足球意识和职业素质“四位一体”的训练理念

第一，文化学习与足球训练有机结合。中国现在的训练体制，足球也好，其他体育项目也好，国家在资金上的投入是相当大的。然而，尽管现在全国踢足球的人也不少，为什么成绩还是上不去呢？这是有原因的，那就是忽视了对文化知识的学习。文化学习不够，不仅会影响到他们今后的前途，同时也会影响他们对足球运动的理解能力和分析能力。足球是体能型以及智商型的运动项目，踢球是需要动脑子的，是需要智商的。如果没有一定的文化素养与智能的积累，不重视对文化知识的学习，势必会导致在训练和比赛时分析和理解能力受到一定的限制。

进行体育训练也是一个不断学习的过程，对于大学生而言，仅仅学习足球运动的知识是远远不够的。如果足球训练的目的仅仅是用知识培养优秀的足球“运动员”，那这样的教育即便达到了目的，也是失败的。这种足球训练的理念也是不完善、不可取的。我们需要的是优秀的足球“人才”，这里的“人才”不单指技术优秀，还要有完善的知识结构。学习的内容是内涵丰富的，既有专项基本理论内容，又有一般科学知识内容，还包括道德修养等诸多方面。一个优秀的运动员必然是德才兼备的。为此，为提高中国球员整体文化素质水平，中国足协呼吁各级足协、俱乐部和足球学校要重视、加强足球运动员的文化学习。所以在大学

时期，既要加强文化课的学习，又要加强学生的自身修养，不断提高综合素质。

文化的学习会让学生的素质不断提高，高素质的人往往才可能成为优秀的球员，高素质球队的训练的过程也才会变得简单、易操作。训练的过程不仅仅是身体上的训练，也是思维、智能等方面的训练。足球训练会让球员学会学习，锻炼学习的能力，同时会提高学习文化课的能力。

第二，重视实战背景下基本技能与足球思维能力的训练。在足球训练这一领域，我国足球界认为技术第一，历来重视基本功的强化训练，足球运动员的基本训练思想中就包括“勤学苦练基本功”。在以往的训练中，基本训练模式就是进行大量分解动作训练和分项训练。这种训练模式没有能够有效体现足球运动中的对抗性这一固有特性，使得许多球员对基本技术可以烂熟于心且个个动作灵活，但是在实际比赛当中却显得球技生涩、动作僵硬。所以，实际训练当中，要重视实战背景下的基本技能的训练，更加强调训练的对抗性尤其是实战性，要求动作简单、精确并且实用。

现代足球理念认为，足球竞技能力中的技术是一种工具和完成动作的手段，身体遵从足球意识。技术和体能要靠肌肉运动，肌肉不会思考，要靠大脑来支配，技术的掌握和运用以及身体的支配要靠大脑来指挥，要靠足球意识来调动。因此，足球意识就是足球竞技要素中最重要的因素，是隐蔽的、基础的因素，是起决定作用的因素。在训练中应以培养球员的足球意识为主，而足球意识只有在比赛的环境中才能真正得到提高和发展。因此，就必须运用近似比赛的攻守对抗的训练方式，以培养球员的足球意识为前提，技术和体能协调发展，才能提高球员综合的、全面的竞技能力。

现代足球运动的趋势是快速、整体的对抗，而决定这种能力的主要因素是我们的思维，是在高速中观察判断的能力，是在有限的时空条件下快速做出决策的能力。训练中要重视战术思维训练，球场上各种信息进入运动员大脑后，需要运动员自己立即做出判断。还要加强观摩能力的培养。观摩能力是形成足球意识的前提，因此必须重视观察习惯和观察能力的培养，特别是用眼睛的余光观察的能力。90 分钟的比赛大多数时间是在进行判断，只有判断准确，才能采取适当的技术战术行动。因此，要重视战术思维的训练，要求运动员开动脑筋，勤于思考，想练结合，这是形成足球意识的重要训练手段。同时，要把基本技战术训练与足球意识的培养结合起来，在基本技战术训练中，不是孤立地去练习技战术，而是贯穿足球意识的内容，把基本技战术训练与足球意识的培养有机地结合起来，这有助于运动员不断提高技战术的运用能力，加快足球意识的培养。

第三，职业素质与技战术发展的统一性规律。任何成功的运动员都应具备良好的职业素质与修养。他们首先要取得教练员的信任，使之相信他们的技战术能力和比赛的投入精神。其次，要获得队友的支持和依赖，否则个人技战术的发挥就无从谈起。最后，要得到公众的支持。舆论在现代社会起到越来越重要的作用，如果时常出现个人的负面报道，势必与俱乐部文化建设相违背，影响运动员的职业生涯。

职业素质的核心是对足球运动的热爱。尽管有不少天才球员取得职业生涯的成功后，生活中或多或少会出现问题，但他们对足球热爱的程度往往超过一般运动员。对足球的热爱，使他们全身心投入训练，享受足球给他们带来的乐趣。足球的乐趣使他们能承受长期高负荷的训练和比赛，并且在训练和比赛中积极主动地发挥他们的聪明才智，最后掌握了高水平技能。其次是责任感与交流能力。取得队友信任的最好方式是在比赛中敢于承担责任，在队友困难时能够提供有力支持，在比赛中相互沟通。只有依靠团体力量，运动员的个人能力才能得到淋漓尽致的发挥。最后是自律。许多天才球员在取得成功后往往对自己降低了要求，这种球员职业生涯往往较短暂，在短暂的辉煌后就快速趋于平淡。而在生活与训练中能够严格要求自己的运动员往往有着较长的运动寿命，保持最佳竞技能力的时间也会更长。因此，职业素质的培养也应作为一项重要内容贯穿于高校足球运动员的训练中。

总之，要成为一名优秀的足球运动员，首先要从自身的素质抓起，要有良好的训练意识，培养全面的竞技能力。作为教练员，要运用知识、技战术、足球意识、职业素质“四位一体”的训练理念，培养出时代所需要的优秀足球人才。

（三）树立及时反馈的训练理念

反馈一词出自控制论。控制论创始人维纳认为：反馈是输出信息的一部分，而这一部分的输出信息，又返回到输入信息中去，通过伺服机构的调整，使再次输出的信息更为精确。通俗来讲，反馈就是效应器在反应过程中产生信息又传回控制部分，并影响控制部位的功能。反馈具有三种基本机能，即提供信息、强化和激发动机。美国心理学家阿塔姆斯认为，反馈的主要作用是提供信息而不是强化，其对利用反馈信息提高动作质量的看法是：最初是固有的或非固有的反馈，经过伺服机构调整以后，产生了一个新的信息，然后再通过新的信息去纠正错误动作，从而提高了动作质量，导致学习者做出正确的应答。

美国心理学家茹莎和塞德恩塔浦认为：反馈在学习运动技能时还有强化作用。这种强化作用可以是阳性的，也可以是阴性的。阳性强化是通过一些鼓励性的语言或措施，最后达到增强或提高效果的作用。反之，阴性强化是通过一些批评性的语言或措施达到减弱或压抑的作用。除提供信息和强化作用，反馈还起着激发动机的作用，在训练和比赛中通过反馈可以激发运动员的情绪，或增强运动员的必胜信心。教练员的重要任务之一，就是根据不同的情况，科学地运用反馈原则来提高训练效果。例如，用非固有的反馈改善学生的技术，用语言的反馈给学生以必要的暗示，用同步的反馈在练习时给以不断地强化，使学生善于体会本体感受的反馈信息和善于利用综合的反馈信息等，教师应学会在反馈原理的指导下，去创造行之有效的教法，与此同时要教会学生发展有效的反馈。

训练中运用及时反馈理念的要求：教练员应要求球员在进行某一练习之前先想一下，完成该练习的主要环节是什么（反馈），启发球员积极思维，让球员自己讲述如何去完成这个动作（强化），从而加深对动作或战术的理解。教练员应教会球员养成在不同对抗形式下完成技术动作等习惯，从而产生反馈信息，强化和激发成功完成动作的动机，增强完成动作的自信。在学习和运用技能的粗略阶段，教练员应充分利用视觉的反馈作用，加强示范与想象练习，不断强化视觉与本体感觉之间的沟通，但应注意不要过多地抓动作细节。在学习和运用技能的提高阶段，应多运用语言反馈信息，扩大球员的注意力去适应环境，强化动作与思维的沟通，发展球员自如运用个人能力。训练中对学生应当经常给予阳性的反馈信息（即肯定其对的或正确的一面）；对高水平运动员可直接指正其错误，其好处是直接提示他们应关注的问题。利用音像方法，多次重复正确、精艺的画面，让球员与自己的表现进行对比分析、想象，可以发展球员创造性运用技术的能力。在训练中发现问题后立即叫停，保持当时的情景去指出问题所在，告诉球员如何选择技战术形式，示范后再让球员重复一遍，加深印象。

（四）树立与时俱进的先进足球训练理念

1. 注重先进理念的引进

2015 年，国务院下发了《中国足球改革总体方案》，成立足球改革领导小组，这一举措给我国足球的发展带来了新的契机。从中国足协去行政化到完善联赛体系，从国家队建设到校园足球的培养，足球改革的领域可谓系统而全面，然而，中国足球的改革依旧任重而道远。在足球改革推进过程中，有必要参考世界足球强国的成功经验，尤其是要虚心学习、借鉴国外的先进足球训练理念，注重先进理念的引进。管理阶层要认识到先进理念的重要性，通过对外交流，让我国的一部分教练员掌握国外先进的足球理念，验证训练效果，然后逐步进行全面的推广。比如选派部分优秀足球教练员到足球强国学习交流，回国后进行巡讲、集体讨论与分析，争取提取出真正适合我国足球训练的理念，从而达到全国范围内的普及和统一。先进的训练理念是完善和改进我国足球训练，尤其是校园足球训练必不可少的，也是势在必行的。没有对比，就不会知道差异，学会拿进来并且吸收掉，我们才会进步，然后才能赶超。

2. 树立强化对抗的训练理念

对抗是足球运动的本质特征，也是贯穿足球比赛始终的最基本表现形式，那些在非对抗局面下掌握了精湛技术的队员，当进行有同伴与对手的对抗练习时未必同样出色。中国足球队员之所以每逢比赛便表现出技术不过硬、不合理甚至不会比赛，非常清楚地说明了“非对抗情况下练习技术”和“在非对抗情况下练习的技术能转移到实际比赛中去”，不符合足球实战需要。从另一个侧面说明了符合足球实战需要的训练，从一开始就应该在近似比赛的竞争条件下、在对抗环境中学习、掌握技术。对抗性是保证球员的训练符合实战需要的最基本最有效的途径，运用对抗原则应注意以下几点。

（1）要让教练员、运动员明确理解对抗训练的意义和方式，并将此贯穿安排于运动员多年系统训练的始终。在足球训练的初期，首先要让运动员适应对抗性练习的形式，让他们充分享受这种游戏性活动的乐趣，以此为契机，调动他们训练的积极性、主动性，并鼓励他们自由发挥，以最大限度地发挥他们的想象力、创造力。

（2）教练员的指导要耐心，循序渐进，不应急于让运动员掌握规范的技术动作，避免让这一活动成为工作式的为训练而训练的枯燥、痛苦的体验。

（3）紧密联系比赛实际是对抗训练的核心。对抗训练必须最大限度地包括比赛过程中出现的所有因素，让运动员从紧密联系比赛实际的练习方法中掌握比赛和比赛技能的基本知识。

（4）对抗训练中练习的技巧，要经受比赛的检验。在比赛中发现的问题，应回到训练中去改进和提高，经过提高和改进再回到比赛中，在实战中成功运用，如此循环往复。对抗训练要求教练员、运动员有良好的分析、判断、预测、提出问题、发现问题的思辨意识和习惯，并能在对抗训练中提高、发展和完善。如果没有集中精力查找本队比赛中的问题，就不会存在根据问题进行针对性训练的可能，就等于失去了以比赛反馈到训练实践中去的重要环节，球员的洞察能力和应变能力也得不到发展，这既是球员运动智能的根本，也是当前我国足球训练中被广泛忽视的问题。

3. 树立集体控球重于个人控球的战术理念

在足球比赛中，双方控球时间是用来衡量掌握比赛主动性与否的重要指标，所谓集体控球就是指球员之间利用默契的配合、巧妙的传球，使球在同伴队员之间来回传递，从而掌握控球权。个人控球则是某个球员凭借自己娴熟的球技控制球权，无论是集体控球还是个人控球，控球时间长的队通常是掌握比赛主动权的队，而且进攻次数与控球时间成正比。众所周知，欧洲球队（特别是以意大利、法国、葡萄牙为代表）注重集体配合，利用传球转移攻击点和转移对手注意力，突出集体控球时间，而以南美球队巴西、阿根廷等为代表的球队突出个人技术，个人单刀突破是他们的强项，因此个人控球时间远比欧洲球队长。这两种足球界的典型技术特征各有特色，欧洲球队和南美球队都曾在世界杯足球赛上取得过骄人的成绩。但是随着当代足球的商业化、国际化趋势，集体控球时间已经成为现代足球比赛的重要优势指标，无论比赛胜负本身、还是观看足球比赛的观众都更青睐集体控球的打法，因为集体控球时间长表示传球配合更加默契，从而使比赛更加精彩。同时，现代足球比赛的节奏较过去快了许多，而集体控球有利于加快比赛节奏，因而能更好地适应现代足球比赛的要求。

增加集体控球时间是现代足球训练的重要战术理念，因为它最好地体现了现代国际化、商业化足球比赛的要求，也是所有比赛优胜队的共同特点。一方面，商业化的足球比赛要求比赛精彩，节奏明快，这样才能很好地满足观众的要求，吸引更多的眼球。因此，无论是普通观众还是赞助商都希望比赛中大量地体现传球配合，频繁地将球在前后、左右场调传，从而使比赛看上去更加活跃和扣人心弦。另一方面，国际化的足球表现在球员转会的国际化，一个球员从南美可以转会到欧洲，或者从欧洲转会到亚洲。一个优秀的球员，其真正的价值不仅在于他本身高超的技术水平，而且在于他有着很好的足球战术意识，因此转会过程中，他可以将他本身甚至他所在球队的战术思想和意识带到要转去的球队，这也就是一名优秀球员的转会费高得惊人的真正原因。一个核心球员的转会往往会导致一个球队战术打法的较大改变。因此，对于我国高校足球训练来说，我们也要结合时代以及当代足球的竞技特点，适时调整传统的训练理念。在足球战术训练中，也要有针对性地树立集体控球重于个人控球的战术理念，让其养成集体配合的战术意识，突出集体控球时间。

竞技成绩的落后必然伴有训练理念的落后。构建先进的训练理念是改变我国足球项目落后局面的重要途径。我国足球训练理念更强调球员在比赛中获胜，而不是注重球员的表现，因此球员在成长过程中对成功的概念没有正确的认识，形成的是以获胜为目标的自信理念。中国足球要发展就必须发展学生足球，发展大学生足球就必须要有先进的足球训练理念作为指导，在足球训练中树立“以人为本”的训练理念，以培养球员兴趣为中心，淡化球队成绩追求，强化球员个人能力培养，为大学生的长远发展精心规划，依据大学生的年龄特点安排训练内容，及时反馈，全面提高教练员的综合素质，并学习足球强国的先进理念，学习世界足球发达国家后备人才的培养，制定详细、系统的大学生足球人才培养体系和训练远景规划，为培养后备人才创造必要条件。

第二章　高校足球训练计划的科学化制订

足球训练是一个复杂的、系统的、有目的地对从事足球比赛的个人、小组和全队施加影响进而提高能力的过程。训练的系统性及其效果在训练计划中体现得极其明显。训练计划不仅包括训练内容和训练方法，还包括以此进行评价的训练目标。本章将对我国大学生足球训练计划的基本理论、足球训练计划的制定、足球训练计划的目标等问题进行探讨。

第一节　高校足球训练计划基本理论

一、制订训练计划的意义

足球训练是一项系统工程，是一种分层次、分时段、有组织、有目的、有步骤、有控制的训练活动，是充分挖掘队员机体潜能、全面提高竞技能力的教育过程。训练计划是实现训练目标的基本蓝图，是针对训练实践的预先理论设计。其意义包括：便于把训练目标具体化，并将不同时空的训练活动有机联系起来；有利于建立实现训练目标的模式，对分级训练目标进行有效的监控和调整。

二、计划制订的基本内容

训练计划的制订主要包括以下几个方面：

（1）实施最初分析。分析球队中队员个体和全队的竞技能力表现、现有的训练条件和训练环境。

（2）确定训练目标。训练目标是确定训练内容、选择训练方法手段的出发点，是评价训练过程科学性、有效性的依据，没有明确具体的训练目标，就没有针对性的训练方法与手段。

（3）制订详细计划。确定总体框架，安排训练内容，确定训练方法和手段（包括全队和个人的训练安排），确定训练的负荷水平。

（4）实施课的训练。按照计划的安排进行全队和个人的训练（及时进行评价）。

（5）比赛检验。通过比赛检验训练效果，并针对出现的问题准备新的训练（训练评价）。

三、制订训练计划的依据

在制订训练计划之前，教练员需要尽快了解本队的情况、训练目标和条件，以及其他方面的问题。教练员只有充分了解球队的客观情况，才能使训练计划更具科学性与针对性。

为了制订切合实际的训练计划，教练员必须充分了解本队的现实情况，了解的内容主要包括以下几个方面。

（一）本队的情况

（1）队伍正处于训练的哪个阶段，本阶段训练的目标是什么？

（2）此前承受了什么样的比赛或训练负荷？

（3）以后需要面临什么样的比赛或训练负荷？

（4）上次训练的重点是什么？

（5）最近的训练或比赛反映了哪些技术、战术和身体素质方面的弱点？

（6）队员/球队在哪些方面没有达到训练要求？为什么？

（7）有没有队员需要增加负荷或进行特殊的训练？

（8）球队的意志和纪律如何？队员能否集中精力踢球？

（9）球队目前的竞技状态如何？

（10）球队现在是超水平发挥，还是没有达到应有的水平？

（11）球队积极性、创造性和配合能力如何？

（12）队员的精神状态如何？有没有自信心？哪些队员需要教练员的鼓励？

（二）训练目的、内容和条件

（1）训练目的是什么？哪些地方需要完善、巩固或提高？

（2）训练的内容是什么？训练强度有多大？

（3）是借助简单的练习，还是通过全面的、重点突出的练习来达到训练目的？

（4）将有多少运动员参加训练？

（5）有几名守门员？

（6）需要其他教练员协助训练工作吗？

（7）训练小组多大才是最佳？2 人、3 人、4 人还是 5 人 1 组？

(8) 训练是否需要教练员的指导?

(三) 其他因素

(1) 天气怎么样?
(2) 场地怎么样(干燥、潮湿、泥泞、结冰)?
(3) 可以使用整个足球场还是半场?如果是冬天恶劣天气,有无训练场可用?
(4) 可以使用哪些训练器械?
(5) 根据训练重点安排什么样的热身活动?
(6) 用什么样的训练形式和方法才能达到最佳的训练目的?
(7) 具体的训练时间怎样安排?
(8) 负荷与恢复之间能达到平衡吗?在训练过程中怎样增加负荷?
(9) 训练中会出现哪些问题?应该怎样解决?
(10) 本训练单元的内容能满足运动员的要求吗?
(11) 运动员能保持对训练的兴趣吗?

第二节　高校足球训练计划的制订

为完成足球课的训练任务而制订的指导性文件,就是足球训练计划。它对于足球运动训练工作起着积极的指导、调控作用。按照计划实施的时间长短,可以将训练计划分为五种类型。即多年训练计划、年度训练计划、阶段训练计划、周训练计划、课时训练计划(见图 2-1)。

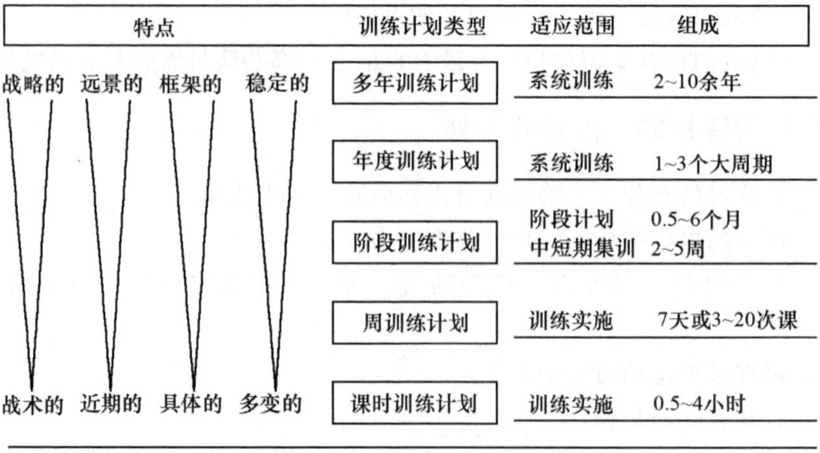

图 2-1　足球训练计划的分类

制订训练计划是以确定计划为目标的预测方法。马尔科姆·库克在所著《足球训练与球队管理》中写道："要使球队成功，教练员必须精心安排高质量、高强度和富有创造性的训练计划，使球队的训练运作高度有效。"周密的计划可以避免训练的盲目性、随意性和片面性。

一、多年训练计划

（一）多年训练计划的概念与特点

多年训练计划是为完成组队的预期目标而制订的长远总体规划，对球队的长期训练有非常积极的指导作用，多年训练计划要求体现目标明确、步骤合理、时间切实、能反映多年训练发展的总体思路。年度计划和阶段计划的制订都要以多年训练计划为主要依据。多年计划年限的确定，都是以球队性质和预期目标为主要依据的。通常情况下，多年计划的训练周期为两年、三年、四年。

多年训练计划是对球队在多年训练的年限内全面训练工作所做的长期性的总体规划，是具有全局意义的战略性框架式最上位的计划。

（二）制订多年训练计划的基本步骤

在制订多年训练计划时，可以按照以下步骤进行。

（1）对全队现状进行客观、全面的分析。通过对队员进行全面的观察和了解，对全队构成、技战术水平、身体素质状况、文化程度、年龄结构及其思想作风等基本情况进行认真、细致地分析，对全队做出客观的现状评价。

（2）将训练的指导思想及预期的训练目标任务明确下来并提出。首先，根据足球的基本发展情况、队员本身的实际情况以及训练的任务和目标，将训练指导思想确定下来；其次，要遵循"从实战需要出发"这一核心原则，建立科学、客观、合理的足球训练目标和任务。

（3）将训练分段以及将各训练阶段的主要任务与重点内容确定下来。多年训练计划可以分为全程性多年训练计划和区间性多年训练计划两种。训练分段及其主要任务和重点内容在这两种形式中的不同阶段得到了充分的体现。足球全程性多年训练通常可以分为三个阶段：一般包括基础训练阶段、专项提高阶段、创新阶段，这三个阶段的训练任务和内容都有一定的区别（见表 2-1）。区间性多年训练计划，也应依此按年度反映。

表 2-1 全程性训练计划阶段任务

训练阶段	阶段任务	年限/年	训练重点内容和顺序
基础阶段	发展一般竞技能力	4～6	协调能力、基本运动能力
			多项基本技术
			一般心理品质
			基本运动素质
提高阶段	提高专项竞技能力	5～7	专项运动素质
			专项技术战术
			专项心理品质
			训练理论知识
创新阶段	保持发展竞技能力	7～15	训练比赛的稳定性
			足球实战技术、战术
			足球实战技能
			比赛交流能力

（4）对足球运动训练负荷与比赛序列进行科学、合理的安排。在全程性多年训练中，不同的训练阶段对训练负荷的要求也不一样。比如，基础训练阶段中，要循序渐进地安排训练负荷，注意训练负荷不要过大；在专项提高阶段，应该以一年为单位逐渐增加训练负荷，并不断向负荷极限逼近，使负荷在高水平区间起伏；在创新阶段，足球运动的训练负荷应该保持强度、适当减量，并进行适当的创新。对区间性多年训练计划负荷的安排，主要有两种形式，一种是以一年为周期，在周期内和周期间波浪式地增加训练负荷；另一种是在专项提高阶段的区间性多年训练阶段采用逐年增加负荷的安排。

（5）将计划完成情况的检查措施进行初步的拟定。这方面的检查措施可以结合考评制度、奖罚措施与达标进度等方面来进行选择。

二、年度训练计划

（一）年度训练的概念与特点

将多年训练计划细化为以年为单位周期的训练计划，就是所谓的年度训练计划。年度训练计划的制订是需要以多年训练计划中规定的任务、内容和要求，以及上一年度训练结果的实际情况为主要依据进行的。它也属于战略性框架式上位计划。

年度训练计划是较为具体的理论方案和操作蓝本。为保证全年训练的系统化，教练员必须周密地制定年度训练计划（见表 2-2）。

表 2-2　全年训练计划

月份周期	1	2	3	4	5	6	7	8	9	10	11	12
	准备期		比赛期			过渡期	准备期		比赛期			过渡期
训练时数 训练次数 训练任务												
各项训练所占比例 一般身体训练 专项身体训练 技术训练 战术训练 足球比赛												

训练计划作为一种设计方案付诸实践时，会与实际训练间产生一定的矛盾，教练员要视情况作相应调整，但变更时不应改变原文件，以便通过对前后计划文件的比较分析，找出问题症结。在执行计划过程中，教练员还应养成收集资料和数据的习惯，以便不断地积累经验，提高预见和运筹能力。

（二）制订年度训练计划的基本步骤

（1）对全队情况进行一个全面的分析。需要对全队初始状况或上一年度训练的进展情况以及存在的问题有个较为全面的了解和认识，并且对目前球队在技战术、身体、思想作风等方面的实际状况进行较为细致的分析。

（2）对科学合理的训练指导思想和当年的奋斗目标进行确定并提出。要以我国足球训练方针为前提，提出科学合理的本队训练指导思想。在确定奋斗目标时，要充分考虑到的因素主要包括：当年力争达到的训练效果、能力水平和比赛成绩等。

（3）使训练的任务内容和主要手段更加明确。在确定训练任务时，要充分考虑到身体素质发展、技战术能力以及作风培养等方面，并且将这些方面的主要内容详细列出，另外，训练任务的确定还要充分反映本年度的训练特点。对于训练手段的确定，一是要符合任务内容，二是要求实效性要强。

（4）合理划分训练阶段并使阶段任务内容得到科学合理的安排。进行训练阶段的划分时，要根据全年拟参加的 1～2 个主要比赛确定 1～2 个训练周期，并且将每个周期分为三个阶段，即准备阶段、竞赛阶段和过渡阶段，各个阶段具体的实践要根据实际需要确定。

在训练阶段划分完之后，要将各项内容分别在各阶段中列出，具体包括：阶段所处月份、训练时数和课数、主要训练任务、各项训练内容百分比，以及负荷量和强度水平指标等。

(5) 使训练效果检测与保证措施得到有效制订。可以通过考核、测评和统计等措施来制订效果检测，需要注意的是，内容、项目和指标都应在训练计划中列出。保证措施的制订主要是从有利于完成年度任务的角度多方面综合考虑而进行的。

三、阶段训练计划

(一) 阶段训练计划的概念和特点

阶段训练计划的制订是以全年训练计划为主要依据的，阶段训练计划要在各个训练阶段，科学合理地安排足球训练的任务、内容、进度、负荷、要求等方面的具体内容。在足球运动训练领域，对阶段训练计划的引用主要体现为：准备期、冬训、夏训、比赛期、重要赛事集训等。这一训练计划具有时间跨度较小的特点，因此，通常可按训练周期或逐月制订。

阶段训练计划是全年训练计划中特定时段的计划，一般为5～6个月。它包括中周期和短期集训两种计划形式。阶段训练计划有以下两个特点。

(1) 整体性。阶段训练是由若干小周期组合而成的。各小周期训练既有区别又有联系，前者是后者的准备，后者是前者的延续，两者相互联结和融合，可以逐步增大阶段训练的整体效益。

(2) 内部结构的相对独立性和联系性。为完成阶段训练的特定任务，实现全年训练的总目标，需要制订有不同训练任务的阶段训练计划，各训练阶段既相对独立，又相互联系。如加量阶段计划、加强度阶段计划、比赛阶段计划、发展力量阶段计划和调整阶段计划。每个阶段计划都由几个相对独立的小周期训练计划构成，又与下一阶段小周期训练过程密切关联。加量阶段的训练是为加强度阶段的训练奠定基础，加强度阶段的训练既是前者的延续，又是比赛阶段训练的开始，这些联结形成了实现全年训练计划目标的系统训练。

(二) 制订阶段训练计划的基本步骤

(1) 使本阶段训练目标与任务明确并被提出。阶段训练计划是以年度的训练任务与不同训练阶段的特点为主要依据而制订的。该训练计划的目标和任务具有较为显著的针对性和可操作性特点。

（2）使本阶段训练时间与时数得到确定。确定训练时间周数的主要依据是周期特点（全年单周期、双周期或短期集训）与周期的阶段性质（准备、竞赛、过渡）。但是，需要注意的是，一个阶段的时间最短不应低于两周。其中，准备期的训练时间可稍长一些；竞赛阶段的训练时间要以竞赛的实际需要为主要依据来确定；过渡阶段的训练时间则通常定为 4 周。每课训练时数的总和，就是阶段训练总时数。

（3）对训练内容与训练比重进行科学合理的分配。各阶段的训练内容基本上都会包括身体素质、技战术和比赛这几方面内容，但是，由于各个阶段的训练任务不同，这就在很大程度上决定了各个阶段所选择的训练内容以及比重会有一定的差异性，应该有针对性地进行选择和分配。

（4）对训练负荷进行科学合理的安排。由于各个阶段的训练任务和内容都有一定的差别，因此，各个阶段所采用的训练负荷特点也不相同，应有所侧重地进行合理的安排。一般情况下准备阶段中第一小段的负荷量和强度都逐渐增大，以量的增长为主；第二小段则应该减少负荷量，增大负荷强度。竞赛阶段训练的负荷量和强度基本上都是在本阶段内呈波浪形变动的。休整阶段的训练负荷量和强度都是呈下降趋势的。

（5）将所需要的检查措施详细地列出来。通常情况下，技术测验、身体测验、教学比赛或练习比赛中的技战术统计等是经常使用的检查措施。在运用这些措施时，需要将其具体项目以及应达到的指标详细列出来。另外，生理、生化的指标也可以运用到检查工作中，但由于对检查的要求较高，很少被采用。

四、周训练计划

（一）周训练计划的概念和特点

为进行一周的训练而制订的训练计划，即为周训练计划。该周训练任务、内容和负荷等方面是以阶段训练计划为主要依据而确定的，根据周的主要任务可分为训练周、比赛周、过渡周、恢复周等类型。周训练计划属于具体的实施性计划。

训练周是以训练为主要任务而设计的，而运动负荷的安排多见于量和强度的交错叠加，即加量降强度，降量加强度（见表 2-3）。

表 2-3　某优秀足球队周训练计划表样

周计划	早上	上午	下午	负荷	训练任务	训练手段
周一	休息	基本技术	基本战术	中	以 2～4 人练习为主，技术练习由慢到快，战术练习以消极防守为主，熟悉套路	提高技术动作的熟练性和稳定性，提高队员合理运用技术于战术中的能力
周二	灵敏柔韧	基本技术	基本技术	小		
周三	球性	战术练习	教学比赛	大		
周四	休息	基本技术	专项速度	中		
周五	球性	基础战术	技、战术	小		
周六	休息	队会	比赛	大		
周日	休息	比赛小结	休息			

比赛周以保证良好的竞技状态为首要任务来制订计划。如果是隔日赛，在赛后第二天，要分析总结上一场比赛，并研究下一场比赛的任务和方案，然后制定赛前安排。如果仅有一场比赛，就应根据球队和对手的实情，有针对性地安排训练内容，合理控制训练负荷，采用有效的恢复措施，保证赛前最佳竞技状态的形成（见图 2-2）。

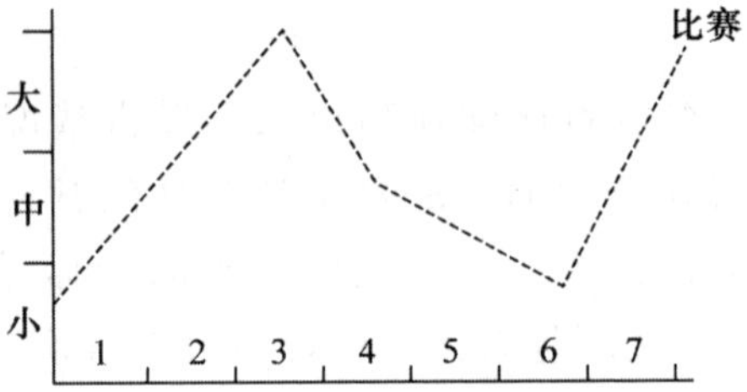

图 2-2　比赛周训练负荷曲线图

过渡周的主要任务是保证前后周训练在运动负荷、训练任务、训练内容等方面的衔接，多见于由加量转入加强度、由训练转入比赛等情况。主要目的是使队员逐步适应下阶段的任务。

恢复周的主要任务是消除队员的生理和心理疲劳。计划安排应降低运动负荷和采取各种恢复性措施，负荷强度要明显降低，负荷量虽大幅度降低，但仍应保持一定水平。恢复周的时间及负荷安排主要取决于队员的疲劳程度、所处阶段的特点及面临的任务等。

（二）制订周训练计划的基本步骤

（1）将训练任务明确下来。在不同的训练阶段，每周的训练任务都是不一样的，而且即使是在同阶段的一周中，训练内容也是具有延续性和递进性特点的，因此，应该将具体的训练任务明确下来。

（2）将训练次数与时间确定下来。每周训练次数要以运动员的实际水平为依据来确定。通常情况下，5～9 岁处于基础训练阶段，训练次数可定为每周 3～5 次；9～13 岁属于提高阶段，训练次数可定为每周 5～8 次；13～17 岁属于高水平阶段，训练次数可定为每周 8～12 次；18 岁以上属于最高水平的训练，训练次数可定为每周 8～20 次。周训练的时间要落实到每次课训练时数。

（3）将训练内容确定下来。在周训练内容中应将技战术、身体、心智等训练内容进行科学合理的安排，具体可以根据实际需要，侧重于某一方面的内容。

（4）将运动负荷确定下来。周训练负荷的合理安排，主要是指应大、中、小有机结合，使负荷量与负荷强度呈波浪式变化。

（5）将训练手段与方法确定下来。训练手段和方法的科学选择，应以所安排的训练内容及负荷要求为主要依据。并且保证通过相应的训练手段和方法完成训练任务。

（三）制订周训练计划的注意事项

1. 计划内容安排

高水平队员的计划安排，比赛内容比例要大，训练手段应强调实用性、系统性，在系统中注意变化；低水平队员训练内容应全面，手段要多变，在变化中保持系统。

2. 身体素质训练

在身体状态良好的情况下，身体素质训练内容的安排顺序是协调性训练——灵敏性训练——速度训练——力量训练。同时注意与有球练习紧密结合。

3. 运动负荷安排

运动负荷的安排，要考虑恢复与负荷的交替，不同负荷强度的恢复时间应有区别，特别是比赛周的负荷安排，应保证机体赛前竞技状态的形成和赛中竞技状态的保持。

五、课训练计划

（一）课时训练计划的概念和特点

依据周计划制订的每次训练课的具体安排，就是所谓的课时训练计划。它所包括的内容有很多，大致分为三大类：一类是训练课的任务、结构、时间、负荷以及训练方法、手段和组织；一类是恢复措施；还有一类则是场地器材、设备等课时训练计划。它是最具体、最详细的实施计划。

(二) 制订课时训练计划的基本步骤

(1) 将训练课的任务确定下来。通常，训练课的任务包括很多方面的内容，比如身体素质、心理素质、技战术、比赛等，而足球训练课的任务则是比较灵活的，单一也可，综合也可。一般情况下，都会只确定1～2个主要任务，其他则主要围绕这一个任务进行，具体来说，还要以学习、掌握、巩固、改进、提高和发展等性质为主要依据进行有针对性地选择。

(2) 以课的结构为主要依据来对练习内容和时间进行科学合理的安排。从理论上来说，训练课的结构大致由四个阶段构成，即开始、准备、基本和结束阶段；在实践运用中，通常将开始和准备合并起来运用，就成了三段式结构。准备部分的内容主要包括例行课堂常规及一般性和专门性热身的准备活动，时间可以根据个人情况和实际需要而定，通过这部分的准备，能够达到为足球运动员进入基本部分的训练做好身体和心理上的准备的目的。基本部分是完成本课任务的主要环节，其主要的训练内容包括技术、战术、身体素质几个方面，这部分训练的时间应以15～30分钟为宜，占全课时间的80%。结束部分主要是通过有效的整理活动达到消除疲劳的目的，主要内容包括：全身性伸展、放松慢跑、深呼吸运动及专门性放松活动（如抖动肌肉、按摩等），时间通常为5分钟左右。

(3) 确定科学的训练课组织形式。训练课组织形式的确定，应该以本次训练课的任务和队员的技术能力、位置、实战需要等情况为主要依据，另外，一个科学合理的训练课组织形式，还要符合充分发挥教练员的指导才能与作用、能尽量利用场地器材和本次课的时间的要求。只有符合以上几方面要求的组织形式，才能够取得较为理想的课堂训练效果。

(4) 对课的运动负荷进行科学合理的预计。全课运动负荷应该以周训练计划的负荷为主要依据，结合足球运动员体能恢复实际情况来进行预计。在预计本堂课的运动负荷时，应该充分考虑到这些影响因素：全课的负荷量变化曲线、平均负荷、大负荷高峰出现的次数和时间及持续时间、课中的调整与恢复，以及结束部分的放松和恢复。

对于训练任务不同的训练课，应根据其主要特点来对运动负荷进行较为准确的预计与选择。比如，在以对抗为主的综合性大负荷的足球训练课中，其运动负荷应该接近于正常比赛的负荷。

(5) 对于所需的场地和器材要做好积极的准备和计划。首先要对足球训练课的内容、手段与方法进行较为充分的了解，并以此为依据，做好场地画线、需用球门、标志物、号码衣等器材品种、数量的准备与布置等。

（6）将检评方法拟定出来。在训练课中，要对场地进行记录与统计，并对训练课的时间、技术动作次数以及运动距离等着重进行定量检查。除此之外，还要定性评价对抗活动的激烈程度与效果等，这样，往往能够达到有效控制足球训练课的目的。

（7）完成课后小结。在训练课结束后，要对本次课程的内容进行必要的总结。在此对总结内容将不做具体陈述。

第三节　高校足球训练计划的目标

青少年足球训练是一个由易到难、发现人才、培养人才的训练过程。其最高目标是培养优秀的足球运动员，这一目标的实现必然要求青少年的训练要保持系统化、科学化。系统科学的训练就是目标具体化的一个过程，训练目标在这一过程中起着导向作用。

一、总体目标

我国青少年足球后备人才的培养目标是建立适应我国“举国体制”和“市场经济体制”并存发展的科学完善的青少年训练体系，走以技术为核心的发展道路；培养热爱足球事业、具有先进技战术能力和专项心理能力、德才兼备、遵纪守法的青年足球运动员。

二、技术训练目标

技术训练是青少年训练的核心。技术训练的主要目标就是要在青少年时期循序渐进地掌握全面的足球技术，使各种技术能力协调发展，甚至能够形成特长技术。青少年技术训练的目标主要包括以下几项。

（一）运球

（1）运球和过人。运球和过人是密切联系在一起的，运动员应掌握运球和过人的组合技术，使运球技术和过人技术衔接自如。

（2）双脚运球。现代足球要求运动员双脚都能熟练地运球，以便在比赛中对复杂情况做出正确的应答。

（3）观察。运球技术的正确运用是建立在对比赛情况准确分析判断基础上的，因此要重视培养运动员在运球中良好的观察能力。

（4）变速。掌握运球过程中的急停和急起技术，在运球过程中具有随时改变运球速度的能力。

（5）灵敏。提高运动员的灵敏性，使运动员能够在狭小空间通过快速和灵活的动作从对手的紧逼防守中摆脱出来。

（6）快速的腿部动作。运球速度和节奏与运动员腿部动作的速率有着重要关系，快速的腿部动作能把球准确地控制在脚上。

（二）过人和射门

要掌握正确的过人和射门技术必须达到以下目标：

（1）正确的跑动技术。在过人和射门中正确的跑动技术能使运动员保持身体的平衡，保持技术的稳定性。

（2）对抗能力。比赛中过人和射门一般发生在高对抗的情境下，因此，在训练中应充分体现对抗的特征，让运动员能在对抗的情况下准确完成过人和射门的技术动作。

（3）多样性。掌握不同距离和不同角度的射门动作，具备长距离和短距离运球后进行射门的能力。

（4）准确性。追求在高速度和高对抗的情况下保持动作的精确性。

（5）高难技术。掌握铲球抢断、倒勾射门、鱼跃头球等高难度技术。

（6）全面性。学习并巩固所有的过人和射门技巧，包括不同部位的运球和多种脚法的射门技术。

（三）头顶球

掌握正确的头顶球技术需要达到以下目标：

（1）责任感。运动员要克服恐惧心理，对每个头顶球的机会都要努力拼争。

（2）头顶球进攻。各种直接射门和反弹头顶球射门技术。

（3）头顶球防守。在防守时头顶球传给同伴，或头顶球解围技术。

（4）方向性。能准确地处理不同方向来球，将球顶向各种方向。

（四）假动作

学习不同的假动作并能在训练和比赛中灵活运用，在进行假动作练习时应该达到以下目标：

（1）逼真。逼真的假动作才能有效地摆脱防守。

（2）多次假动作。掌握不同的假动作，并且能连续使用才能有效地诱使防守队员重心偏离。

（3）变化。能灵活地变换不同的假动作，使防守队员无法正确判断进攻意图。

（4）射门动作。通过有效的假动作创造射门空间。

（5）创造空间。通过假动作摆脱防守压迫，创造进攻空间。

（6）变速。在实施假动作过程中改变速度。

（五）传球

传球训练要充分考虑运动员的力量素质，低年龄段运动员力量弱，应以短距离传球为练习的主要内容。长距离传球不但难以掌握，也不易控制，而且随着运动员力量的增长，传球的技术结构还有可能遭到破坏。正确的练习方法是随着运动员力量的增长，不断拉长传球的距离。

良好的传球技术应具有以下特征：

（1）准确性。应能准确地将球传给同伴。

（2）预见性。传球不只是传给固定目标，还应对同伴队员的跑动进行预见性的判断，准确地传向同伴队员的预定位置。

（3）全面的传球技术。熟练掌握各种传球脚法，并且在比赛中根据实际情况灵活运用。

（4）连贯性。做好传、停、运等技术的衔接，能用最快的时间把球传到指定位置。

（5）对抗性。在有对抗的情况下正确地运用传球技术，保持传球的精确度。

（6）一脚传球。在不停球的情况下，准确地传球。

三、战术目标

战术训练的目标就是要运动员掌握先进的战术知识，具备全面的战术能力。青少年的战术训练也要遵循由局部到整体、由简单到复杂的渐进过程。战术训练目标要与运动员的年龄阶段相适应。

U7～U12 的战术训练是以培养运动员的足球兴趣、掌握基本的个人战术能力为主要目标。在这个年龄阶段应以 4 对 4 为主要的战术训练方式，并落实到具体的周训练计划之中。U7～U10 年龄段的训练组织方式一般采用 1/2 球场，教练员主要负责观察和组织，在必要情况下对运动员进行指导。4 对 4 是小场地对抗训练，在训练过程中所有的技术元素应尽量扩展和强化。在训练中应学习多种配合方式，培养运动员的创造能力、进攻和防守的组织以及集体精神等。在小场地比赛中教练员要掌握每个运动员的具体情况，有针对性地提高他们的个人技战术能力，使运动员体会到比赛中战术运用的创造性和整体性特点。

11 人制的比赛对 U12～U14 运动员来说仍然有一定的困难，这个年龄段的运动员运用半个足球场的 7 对 7 战术训练方式更为适合。要求该年龄段的运动员掌握一定的位置技术，在有对抗的情况下能正确合理地运用技战术，以及能较熟练地进行局部配合。7 对 7 的战术训练也适用于 U14～U18 年龄阶段。在训练中全队战术和位置技术可以得到有针对性的强化。7 对 7 可以采用 1—3—3 阵型配备方式。要求每个运动员承担起进攻和防守两方面的职责，除了后场的自由人外，其他队员都要参加 1 对 1 的盯人防守，要求掌握在 1 对 1 的情况下正确处理球的方式和攻防技巧。要求运动员结合场上的各种情况，做出快速准确的反应，通过与其他队员配合，实现战术目标。在训练中要充分利用场地的宽度，注意三条线以及边中路的结合。

U15～U18 年龄段可以采用全场 11 人制的比赛。U15 年龄组的大场地比赛也应与 7 对 7 半场比赛相结合，同样也不应对运动员提出过高的要求。U15～U18 在 11 人制的战术训练中可以采用减少人数和设计固定战术的方式，来提高运动员对位置技术的理解和运用，增强基本战术能力。训练应以 3 名前锋、3 名前卫、3 名后卫加 1 名自由中卫的配置为主，然后演化到其他阵型。战术训练要与运动员的体能水平相适应，避免过度训练。

四、体能目标

体能训练目标要紧紧围绕足球运动的专项特征来制定，运动员不但要具备良好的有氧能力，还需要具备良好的无氧能力。青少年时期的训练重点是发展运动员的协调、灵敏、速度等素质。速度训练不但要求运动员具有良好的起动速度，还要具备反复多次高速冲刺跑的能力。力量训练是以发展运动员的快速力量为主。研究表明，青少年时期是协调能力发展最快的阶段，过了协调性训练的敏感期，成年后很难再得到提高，因此要抓住协调性训练的敏感阶段。体能的各项因素都有其发展的最佳年龄段，前面章节中已经进行了详细论述，在此不再赘述。

五、心理目标

建立运动员的自信心，培养自我控制能力和注意力的稳定性是心理训练的主要目标。此外，意志力、竞争意识、良好的沟通能力、角色的定位和责任感同样不可缺少。心理能力与竞技能力是密切结合在一起的，脱离足球训练的心理训练很难在比赛中取得实际效果，因此应将运动员的心理训练融合到体能以及技战术的训练中去。

六、思想品德目标

青少年是世界观和人生观形成的重要时期，因此，良好训练环境的营造和团队文化氛围的构建在青少年思想品德教育中具有重要的现实意义。对青少年运动员的思想品德教育，要坚持以理想信念教育为核心，进行广泛深入的世界观、人生观和价值观教育。教育并引导他们牢固树立起中国特色社会主义的理想信念，要坚持以爱国主义为重点，在青少年运动员中大力弘扬和培育民族精神和爱国情怀。引导青少年运动员树立科学发展和和谐发展的思想观念，正确处理自己与他人、个人与集体、个人与社会的关系。要坚持以基本道德规范为基础，积极开展道德实践活动，培养青少年运动员良好的道德品质和文明行为，促进青少年运动员全面和谐发展。

第三章　高校足球技术训练的科学化指导

第一节　足球技术训练基本理论

一、足球运动技术的基本理论

（一）足球运动技术的定义

足球技术是指运动员在足球比赛中所采用的合理动作的总称。它在比赛中有着特殊的地位，是完成战术配合、决定战术效果的基本前提和保证，是在足球比赛实践中逐步形成、发展和完善起来的。

随着足球运动的快速发展，足球运动技术在内容上更加丰富的同时，在动作难度上也有了很大提高。在现代足球比赛中，对运动员提出了更高的要求，他们要在快速运动和激烈对抗的条件下，准确地完成踢、顶、运、抢、截以及起动、转身、快跑和急跳等技术动作。因此，足球运动员必须熟练地掌握足球技术，才能在比赛中有目的地采取行动和正确地处理球，才能达到战术上的要求。

足球技术是完成战术配合的基础，随着足球战术的不断发展，其对技术提出了更高的要求，这是足球技术不断发展和提高的重要促进因素。这就要求在足球运动的教学与训练中，不仅要注重对足球技术的全面掌握和提高，还要对运动员的战术、战斗作风和身体素质的训练和培养有一定的要求，二者都不能忽视。只有这样，才能真正地推动我国高校足球运动技术水平的迅速提高。

（二）足球运动技术的分类

足球运动是一项技术动作复杂的运动项目，运动员在学习中，不仅需要掌握支配球、争抢球的技术动作，还要根据比赛场上队员的位置分工和技术特点，将这些技术动作运用到足球比赛中去。根据球员在场上的位置，足球技术可分为锋卫队员技术和守门员技术两大部分。但是，不论是锋卫队员还是守门员，在比赛中不仅需要完成结合球的技术动作，还要完成许多无球的技术动作。因此，总体上来看，足球技术又可分为有球技术和无球技术两大类（见图3-1）。

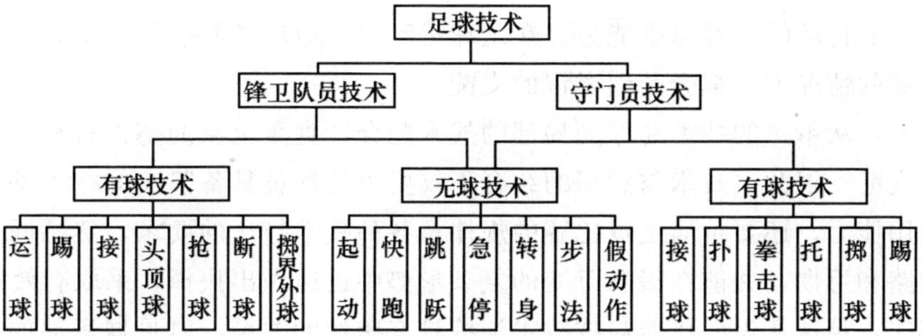

图 3-1　足球技术的分类

（三）足球运动技术的特征

1. 足球技术与目的性

各项足球技术的运用都离不开其目的性，对于初学者来说，运用足球技术的盲目性比较大。随着足球技术水平的不断提高，盲目性越来越小，目的性越来越强。因此，从某种意义上来说，足球运动技术水平与比赛技巧的提高过程，就是减少盲目性、提高目的性的过程。

我们知道，足球属于一项竞技性运动，足球比赛的目标是将球攻入对方球门而防护住己方球门。而要实现这一目标，必须牢牢地掌握住控球权，各项技术的运用也将围绕着这一目标而展开。因此，控球并获胜是足球比赛的根本目的。要做到技术运用的目的性，运动员不仅要具备全面、坚实的技术基础，还要做到熟练地运用各项技术，并要在技术的实用性上多下功夫。

2. 足球技术与速度

现代足球运动正朝着高速度、强对抗的方向发展，赛场上给予运动员完成各项技、战术动作的时间越来越短，空间越来越小。因此，运动员要想适应现代足球激烈的对抗，速度就是其中最重要的因素，尤其是在快速奔跑中运用技术的能力、完成技术动作的速度和各技术动作之间的衔接等。在足球赛场上，运动员如果没有较好的速度素质，即使技术掌握得再好，在实际比赛中也派不上用场，难以取得优异成绩。

3. 足球技术与意识支配

在足球技术、战术和运动员身体素质日益完美的今天，深入发掘运动员的智慧潜力，使运动员的意识和技术有机结合，将会避免技术运用的不合理性和盲目性，能更有效地发挥技术的水平。

意识是指运动员对足球比赛规律的认识，并能根据临场变化而适时地采取合理而有效的行动的一种思维能力。在足球运动中，运动员的一举一动，不管在有球和无球的情况下，都会受到意识的支配。

首先，从单一的技术动作到局部的战术配合，直至全队的整体打法，都受着意识的支配。因此，技术与意识的结合不仅要求运动员具备坚实的技术基础和娴熟的运用能力，还要精通足球比赛的规律及各种战术打法的要求，熟悉同伴与对手的球路和习惯，并能在瞬息万变的复杂形势中迅速做出抉择，采取有效行动。

其次，足球意识的培养与技战术训练具有密切的关系。对足球运动的初学者而言，要始终把意识的培养与足球技战术训练结合起来，并将意识贯穿于一切技术行动之中，使它们同步存在与发展。

第三，意识属于人的思维范畴，它的发展受到文化素质、理论水平、思维逻辑、外界条件等多方面因素的影响。但需要注意的是，因为每个人的天赋不同，所以在足球运动训练中，除了要加强意识培养和训练外，还应尽可能挖掘和培养那些意识天赋较好的运动员。

4. 足球技术与位置分工

当前，足球技术正朝着全面、快速、娴熟、简练、强对抗的方向发展，自1974年第10届世界杯赛后，足球运动对运动员的全面性提出了更高的要求。每名队员都身负攻守双重任务，必须掌握攻守的技术才能适应战术的变化和比赛的需要。近年来，全面型的整体和全面型的个人都在不断发展和提高。但是场上仍有位置分工，不同位置均有不同特点。这就要求运动员在掌握全面技术的基础上，还应根据个人的特长和位置的需要发展专长技术，使自己既是足球场上的多面手，又是具有个人特点的某个位置上的专家。

5. 足球技术与意志品质

在足球运动中，意志品质是必不可少的重要素质之一，尤其是在一些重要的足球比赛中，意志品质起着举足轻重的作用。

足球运动员的意志品质基本上体现在以下三个方面：勇敢顽强的拼搏作风；自我控制情绪的能力；敢于冒险的无畏精神。

足球是一项勇敢者的运动项目，这是由其特点决定的。随着现代足球比赛争夺的日趋激烈，对运动员的意志品质也提出了更全面、更突出、更明确的要求。运动员如果没有良好的意志品质，技战术能力再好也得不到正常发挥，因此，只有将两者结合才能使运动员在足球比赛中如虎添翼。

6. 足球技术与即兴发挥

足球比赛经常出现一些令人难以预测的变化与结果，这表明足球比赛的不可预知性，足球比赛中以弱胜强的事例时常发生。特别是随着足球技战术水平的全面提高与发展，比赛中运动员处理球的时间越来越少、空间越来越小。这就需要有某些超常的技术才能满足比赛的要求，而这些超常的技术运用多是在已经掌握技战术基础上的即兴发挥。

即兴发挥，是指根据赛场上瞬间即变的环境及突发的情况，随机采取应急手段，打破原有技术动作的结构，达到出奇制胜的目的。

随着现代足球运动的快速发展，运动员的即兴发挥将会运用得越来越广泛，水平也越来越高。首先，它要求运动员必须具有良好的身体素质，具有全面而娴熟的技术、突出的意识、敢于冒险的精神、机敏冷静的头脑和迅速的应变能力，并且这些都要在一刹那的时间内快速地体现出来。

(四) 足球运动技术的发展趋势

根据以上对足球运动技术特征的研究，然后结合足球比赛的实践，可以从足球运动进攻技术和防守技术两方面分析其发展的基本趋势。

1. 足球运动进攻技术的发展趋势

(1) 运球。

现代足球运球技术正朝着简练、娴熟和实用的方向发展。因此，运动员在运球时要掌握的技术和具备的能力如下：快速带球奔跑以利用前方空间的技术；快速变向、掩护和抬头观察同伴位置的技术，尤其是在对方腹地时要敢于运球和突破；运球和突破在于创造射、传机会或利用人数优势；要掌握在对手贴身紧逼下迅速扩大视野角度的控球转身技术；运用身体护球、控球的能力。

(2) 传球。

传球技术的发展趋势要求运动员双脚都能娴熟地进行短、中、长距离的传球，把握效率。传球的落点选择依次是防守方身后、向前传同伴脚下、转移传球，最后选择是回传或横传。

(3) 射门。

在运用射门技术时，应遵循以下基本原则：能直接射则不间接射，能空中射则不落地射，宁可射偏也不射高，并要掌握争顶技术、鱼跃顶射、远射和补射技术等。此外，还要根据角度、距离和守门员的位置，把握好射门的力量与准确性，以给对方球门施加压力。

2. 足球运动防守技术的发展趋势

现代足球运动防守技术呈现出越来越突出稳定性的发展趋势，球员在不能断球时可采用抢球，不能抢球时则可利用封堵，不能随便就失掉自己的防守重心和位置，要依据球的位置选择与对手的距离，既要注意追盯和换位呼应，还要注意位置职责与队形。下面主要从断球和抢球来进行分析。

（1）断球。

断球技术的发展越来越注重观察对方的动作、隐蔽断球意图，待时机成熟时，以恰当的角度迅速、果断地上前断球。

（2）抢球。

抢球技术的发展越来越注重抢球的角度，球员要对着持球队员，尽量采用站立式抢球，在持球者带球直线突进或在位于球门附近的边线和底线时，可考虑运用倒地铲球的技术。进行抢球时，侧向站立、盯住对方的控球并运用佯抢虚晃的方式对持球者施压，选准时机快速出击，要注意符合规则，以免产生不良后果。

在不能用断球或抢球时，可以运用封堵技术。注意堵的角度要迫使持球队员向内、向外或横向活动，离持球者近则使其侧传，远则给对手前传角度，在封堵时既要有耐心又要适当地对其施压，迫使对手无法从容地抬头观察，看中抢夺时机，果断快速出击，在破坏球时，应力求击球远、高并选择两侧方向。但一定要始终站于对手与内侧球门中点连线上。

二、足球技术训练的原则

在足球运动中，最重要和起决定性作用的是技术，技术是一切阵型与战术取得成效的基础，实战中发挥技术的能力就是实力。在足球训练工作中要突出技术训练的重要性，足球运动员技术训练应遵循以下原则。

（一）直观性原则

1. 训练目的应明确、针对性强

直观性训练原则要求足球训练的目的要明确、针对性强。足球技术训练要针对每个学生和某个技术动作而采取相应的直观手段。如某个学生运球时总低头看球，没有抬头观察的意识，教师可先模仿其错误动作，然后再示范正确动作，让学生从正误两方面的动作中领悟动作要领，从而加以改进。

2. 合理运用各种直观训练手段

在足球训练中，教练员应合理运用各种直观训练手段，以促使运动员更快了解和掌握各项技术动作。足球技术训练除采用示范和语言提示等手段外，也应尽可能地采用图表、幻灯、电影、录像等直观教具及组织观摩比赛，使学生在短时间内能建立对技术动作的印象，了解技术动作的主要特征，以及动作的时间、空间关系。

3. 训练手段应符合学生的自身特点和思维习惯

在足球训练时，教练员应根据学生的年龄、运动经历长短等实际情况加以区别。对于理解能力较差或运动经历较短、水平较低的学生应多采用示范、图像等直观的手段，而对于具有一定运动经历、水平较高的学生可多采用形象化的语言提示。

各种直观性训练手段必须调动学生进行积极思维，可以在教学中采用分析、比较、提问等方法启发学生的思维活动。

（二）循序渐进原则

1. 足球训练的手段应由简到繁

足球训练的手段应遵循由简到繁的训练原则。例如学习正脚背踢球，开始可做原地模仿练习，然后踢固定球，再过渡到两人对踢，距离也由近至远。

2. 足球训练的内容应由易到难

足球运动不同技术的训练方法有多种，足球训练内容应遵循由易到难的训练原则。例如接球技术训练，对于足球初学者来说，应首先学习接地滚球，在此基础上再学习接空中球、反弹球等。在接球部位上，宜先学习脚内侧部位接球，然后再学其他方法接球。

3. 足球训练的人数应由少到多

足球训练的人数应遵循由少到多的原则。例如，传球训练，参与技术练习人数的增多，对传球时间、对象、方法、跑位、支援接应等方面会提出更高的要求。其活动范围也由小到大，随着人数的逐渐增加，由单一的基本技术练习向实战方面升级。

4. 足球心理的对抗程度应由小到大

足球心理的对抗程度也需要遵循由小到大的训练原则。足球运动的每项技术练习总是经历非对抗到弱对抗再到强对抗的过程，应逐步增加难度，适应实战需要。

(三) 实战性原则

1. 对抗性

激烈的对抗是足球比赛的核心，技术训练如果失去对抗性也就失去了其应有的实用价值。对抗的程度可根据运动员对技术掌握的熟练程度及适应程度等，逐步加大。

2. 接近比赛状态的训练

长期艰苦的训练是运动员在足球比赛中取得胜利的重要保障，但是训练与比赛二者不能相互替代，训练要取得成效，必须力求在接近比赛的状况下进行技术练习。如争顶头球、抢球或铲球、直接射门等技术训练，都应在局部接近比赛状态下进行训练，以适应实战的要求。

(四) 综合性原则

1. 技术与技术组合训练

在足球训练和比赛中，足球运动员不能只运用单个技术动作，而应综合运用各种足球技术，才能更好地促进技术的提高。所以在足球训练中应根据比赛中经常出现的情况，将诸多技术组合起来安排训练。

2. 技术与速度结合训练

技术与速度结合是足球运动战术训练时应重视的训练要点。随着足球比赛向高速度、强对抗方向发展，赛场上给予运动员完成技战术动作的时间越来越短、空间越来越小。时间与空间的利用与争夺是足球技术发展的趋势，足球运动员在高速奔跑中完成技术的能力（质量）和完成技术动作的速率，其主要决定因素是技术与速度的结合。在足球训练中，狠抓技术与速度的结合显得尤为重要。

3. 技术与身体素质同步训练

良好的身体素质是足球运动员充分发挥技术水平的重要支撑，身体素质对足球技术的发挥有着十分重要的作用，因此技术训练也必须与足球运动员持续工作能力的训练结合起来。合理安排技术练习的组数、时间、距离，练习的密度与强度，注重在快速中完成技术动作，促进技术与身体素质同步提高。

三、足球技术训练的要求

足球运动员在训练过程中，需要注意以下几个方面的要求。

（一）技术动作应简练、快速、实用、有效

足球技术训练应力求简练、快速、实用、有效。足球技术训练中应重点训练较为实用的技术动作，不断提高足球运动员技术动作的准确率，以利于顺利达到足球技术训练的理想效果。

（二）技术动作应结合实战进行

足球运动员在进行足球技术动作训练时，还需要与实战相结合。赛场上激烈的比赛不仅有利于提高足球运动员的技战术水平，还能够锻炼足球运动员的心理素质，经过长时间比赛的磨炼，足球运动员在赛场上的实战能力也会不断提升。

（三）做技术动作前应提前观察

足球运动员在技术训练中应养成提前观察的习惯，以便为实施下一步动作做好准备。

（四）进行适当的心理训练

足球运动员应培养自己从心理上能胜任要求的能力，加强心理素质训练。心理训练常采用的方法主要有放松训练、集中注意力训练、自我暗示训练、念动训练、模拟训练等。适当的心理训练有利于足球运动员增强比赛的信心。

对足球技术训练的总要求是简练、快速和实用，能够与实战相结合，并将技术练习中的错误减少到最低限度。提高心理素质是完成比赛任务的重要保证。

第二节　足球无球技术训练方法指导

无球技术，是指运动员在比赛中不控制球时所采用的合理行动和动作。在足球比赛中，运动员绝大部分时间处于无球状态，这时就需要通过观察和判断场上的情势合理采用无球技术，使自己始终处于进攻或防守的有利局面。

一、足球无球技术

（一）起动

1. 原地起动

原地起动指运动员在一次激烈对抗后、进入体能调整时，根据场上情况使自

己的身体进入下一轮的跑动中。起动时，头和肩迅速领先伸出，蹬地并跟随短小步幅跑；前几步保持低重心，用力摆动两臂。

2. 运动中起动

运动中起动指运动员在身体处于位移的过程中（主要是走或慢跑），根据场上情况，使自己的身体快速进入比赛节奏所要求的跑动中。起动时，随时观察场上情况，脚步处于预动状态；要用力蹬地并跟随短小步幅跑，使距离加大、加快步幅和步频。在接触对手时要保持低重心。动作过程中要自然摆动两臂。

（二）跑动

足球比赛中的“跑”，要求运动员必须随时能够起动、急跑、急停或减速，并通过扭转虚晃身体来及时改变运动方向。足球比赛中的跑需要随时改变速度和方向，必须使身体重心降低并使脚接近地面；双臂的摆动应比正常冲刺跑的幅度小，这样有助于身体平衡及敏捷地调整步法。

1. 快跑与中速跑

进行快跑与中速跑时，应依据比赛场上的即时情境：在制造“空当”时，应采取中速跑；在插入对方防守“空当”时，应快跑甚至是冲刺跑。在快跑或中速跑时，除了正确的身体动作之外，应保持身体重心的稳定，降低前腿及膝的高度，两臂摆动要适度、自然；注意腿的动作速度，避免腾空时间过长。

2. 冲刺跑

在足球运动中，冲刺跑多用于后场截球后的反击，无球队员此时应选择进攻的最佳空间，快速冲刺到最合理的位置，接应同伴的传球，给对手致命一击。冲刺跑时身体向前的动力来自于蹬地，队员应保持身体的放松，头部不要晃动，摆臂有力但不要紧握双拳，以免引起全身肌肉的紧张。

（三）晃动

上身侧倾及以身体垂直轴为中心的扭转便是晃动。多数晃动动作用以欺骗对手的重心向一侧移动从而失去平衡，达到突破对方防守的目的。无球状态下摆脱对手紧盯时也要和有球一样，以肩、腿、髋和臂的虚晃达到欺骗对手的目的。晃动效果在很大限度上取决于急停、起动和转身这些无球技术的熟练程度。稳定性是保证完成上身最大幅度虚晃动作的基础。若稳定性差，假动作的逼真性和多样性就会受到限制。

(四) 跳跃

1. 双足跳

把身体重量均匀地分布于前脚掌，两脚基本与肩同宽，身体稍向前倾，头不要向前伸得太远，有力地向上甩臂，寻求最佳的屈膝角度以跳得更高。

2. 单足跳

起跳时起跳腿置于身体前且脚跟先着地，身体稍后倾以协助制动，起跳腿屈膝以便用力蹬地，后腿随屈膝动作摆起，同时两臂用力前上摆，力求全力向上，避免向前。

(五) 保护

1. 倒地保护

倒地时不要硬撑，而要迅速团身转体顺势滚动，然后迅速站起。

2. 跳起落地倒地保护

落地时身体失去平衡倒地，不要用手硬撑，而要迅速屈膝、团身、转体、顺势滚动，然后迅速站起。

二、足球无球技术训练

(一) 跳跃训练

在足球训练中，运动员经常会采用以下几种训练方法进行练习。

(1) 足球运动员采取背向教练员坐或蹲的姿势，当教练员从背后掷出球后，足球运动员立即起动追赶球。

(2) 采取头、脚、左侧身、右侧身等姿势的朝向起跑方向的俯卧姿势做好准备，看到教练员视觉信号后，迅速起动疾跑 25～30 米。训练的间歇时间由原来的 5 分钟逐渐递减为 30 秒，每次缩短时间为 10 秒。

(3) 足球运动员在看到教练员发出的视觉信号后，开始做面向、背向、侧向起跑方向的滚翻动作，疾跑距离为 25～30 米，训练间歇时间由原来的 5 分钟逐渐减递为 30 秒，每次缩短时间为 10 秒。

(4) 足球运动员进行 25～30 米的沙地或锯末地、泥泞地的疾跑训练。

(5) 进行 5°～10°的站立式上坡跑训练，或 25～30 米的斜坡跑训练。足球运动员在起动时应以教练员发出的视觉信号为准。间歇时间应逐渐递减。

(6) 足球运动员在队长带领下，进行 5×10 米的模仿跑训练。训练的间歇时间为 180 秒。

(7) 足球运动员在 300～500 米的场地上进行变速跑训练。并根据教练员的指示不断进行变速训练。

(8) 足球运动员在 15 米×15 米的场地上进行一人追、一人摆脱的游戏训练。训练以两人每隔 6 分钟实行交换跑的方式进行。

(9) 足球运动员进行 30 米的绕立杆跑训练，立杆最短不低于 1.5 米，训练的间距为 2.5～1.5 米。立杆自前向后的间距应逐渐缩短。

(二) 变向变速训练

(1) 足球运动员进行 15 米全力跑训练，并训练在一个固定目标急停。

(2) 足球运动员看教练员手势在 10～20 米内实行突然起动训练，并进行向左和向右转身 90°、180°或 360°的下蹲训练，以及跳跃等训练。

(3) 足球运动员依据教练员手势在 20 米×20 米场地内做与教练员手势方向相反的全力跑训练。

(4) 两名足球运动员背向足球墙呈坐或俯卧、仰卧、下蹲等姿势，然后在听到教练员将球踢向足球墙的响声后进行立即起动追球的训练。

(5) 在中圈内，一名足球运动员跟随另一名运动员做突然起动、起跳、急停以及卧倒等训练。

(6) 足球运动员全力做沿 3 米长的正方形边线进行绕圈跑的训练。

(7) 足球运动员做 30 米的“折回跑”训练。可以以两人竞赛的形式进行训练，还可以采取定时、定间歇的训练形式。

(8) 两名足球运动员做绕立柱追逐跑的训练。训练的距离为 50 米，间距为 2.5 米。

(三) 起跳训练

(1) 足球运动员进行“蛙跳”的追逐训练。

(2) 足球运动员采取定距离或定时的“袋鼠跳”训练。定距为 50～80 米，定时为 120～180 秒。

(3) 足球运动员做跑动中连续顶吊球的训练。跑道长为 30～50 米，每隔 5 米则悬挂一个吊球。

(4) 足球运动员做体操凳“跛脚跑”的训练。4～5 个体操凳呈直线连接。在跑动过程中，要求足球运动员一脚踏在体操凳上，而另一脚要求踏在地面上。

（5）足球运动员进行150～200次的体操凳上下跳或跨越跳训练，共练习3～5组，训练的间歇时间为5～10分钟。

（6）足球运动员在体操桌上进行30～50次的双脚连续跳训练。起跳训练的时间不宜过长，起跳训练最好是放在运动员处于兴奋性高潮期进行，同时还应做好安全防护工作。

（四）假动作训练

（1）在训练场的中圈内可无规则设置8～12根立杆，足球运动员在中圈内进行快速曲线跑的训练。

（2）足球运动员进行两脚交替跨跳的训练。在训练场上画一条1～1.5米的折线，并在拐弯处画一圆圈，足球运动员尽量做左右两脚交替跳入圈内前进的训练。在跨跳时，足球运动员应尽量保持低重心，起跳的角度尽量要小。

（3）足球运动员间隔3～4米进行排列，处在队尾的足球运动员尽力进行全速自后向前并从两名队员中间穿插跑过的训练。

（4）足球运动员在罚球区半场内进行一人追逐三人的训练。被追逐的足球运动员利用各种假动作进行躲闪，但是不能跑到训练场地外。被抓到的足球运动员接着担负起追逐的任务。

第三节　足球有球技术训练方法指导

一、接球技术及其训练

接球是指运动员有目的地用身体的合理部位把运行中的球接下来，控制在所需要的范围内，以便更好地衔接下一个技术动作。接球是为下一个动作服务的，接球质量的好坏直接影响下一个动作的顺利完成。比赛中来球性质、状态不同，所以接球应根据不同情况，采用不同的动作方法。

（一）接球技术

1. 脚内侧接空中球

根据来球及时移动到位。抛物线较小的平空球应该根据临场的实际情况选择适当高度的接球点，将接球腿抬起，使脚内侧部位对准来球的方向并前迎，脚在接触球的一瞬间后下撤，并将球接在所需的位置上（见图3-2）。

图 3-2 脚内侧接空中球

2. 脚背外侧接反弹球

根据来球的落点及时移动到位，支撑脚站在来球落点的侧后方，除触球部位外，其他环节均和脚背外侧接地滚球相同。

3. 脚背正面接抛物线来球

根据球的落点移动到位，脚背正面上迎下落的球，当球和脚面接触的一瞬间，接球脚和球下落的速度同步下撤，此时大腿膝关节、踝关节、脚趾都保持适度的紧张，脚尖微翘将球接到需要的地方（见图 3-3）。

图 3-3 脚背正面接抛物线来球

4. 大腿接抛物线较大的高空球

面对来球方向，根据球的落点迅速移动到位，接球腿大腿抬起，当球和大腿接触的瞬间大腿下撤将球接到需要的位置上（见图 3-4）。

图 3-4 大腿接抛物线较大的高空球

5. 挺胸式接球

图 3-5　挺胸式接球

面对来球，两脚左右或前后开立，两膝微屈，重心置于支撑面内，上体后仰，下颌微收，两臂自然张开，维持身体平衡。接触球的瞬间，膝关节伸直，两脚蹬地，胸部轻托球的下部使球微微弹起于胸前上方（见图 3-5）。

6. 头部接球

根据球的运行路线，面对来球，用前额正面接触球的中下部，下颌微抬，两臂自然张开，提踵伸膝，触球瞬间全脚掌着地，屈膝、塌腰、缩颈，全身保持上述姿势下撤将球接在附近。

（二）接球技术训练

接球训练应采用适合现代足球发展的训练方法，从青少年开始就要通过训练方法设置难题，逐步发展运动员接球前的观察和选择传球目标的意识与能力，使他们在活动、快速、对抗以及接近实战的情况下，提高各种接球技术运用的能力和水平。

（1）抛接球训练。两人一组对面站立，相距 5 米左右，一人用手抛球，另一人练习接各种空中球（如大腿、腹部、胸部、头部），可逐渐加大距离、加大力量（或增加旋转）以适应各种变化的来球。

（2）跑动中传接球训练。两人一组一球，在一定范围的跑动中练习，要求接球时尽量使用多种方法，传球时可传出各种性质的球。距离近时以地滚球为主，距离远时以空中球为主，以提高接球能力。

（3）3 人一组接球转身训练。每人相距 10 米站成一条直线，甲传球给中间的乙（正对接球人传，或传到接球人附近），乙迎上来接球转身，传给另一端的丙，丙迎上接球然后再回传给乙，乙接球转身传给甲，如此循环往复。中间位置的人可轮流交换，也可采用这种方法训练接反弹球与空中球，并要适当地加大距离。这种形式也可用来交叉训练接地滚球、反弹球与空中球，若甲传给距离 20 米外的丙（越过乙的头顶），丙就可练习接反弹球与空中球，再传地滚球给乙，乙练习接地滚球转身后再传给甲，甲接地滚球后再传给乙。乙的位置可轮流交换，甲、乙位置和传出的球也可变换。

（4）对抗中的接停球训练。如图 3-6 所示，将练习者分为 4 人一组，传接球队员相距 15 米左右。防守队员△与接球队员①相距 1 米，接球队员②回撤几步后突然摆脱向前跑动插上，接从身后④传来过顶球，将球控制在自己控制的范围内及跑动方向上，并将球传给另一端的无球队员③，然后与防守队员交换练习角色，向反方向练习。练习一段时间后，中间队员与两端的传球队员交换练习。

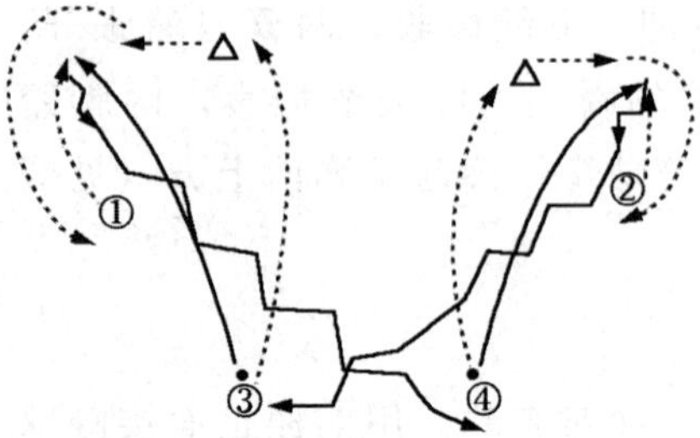

图 3-6　对抗中的接停球训练

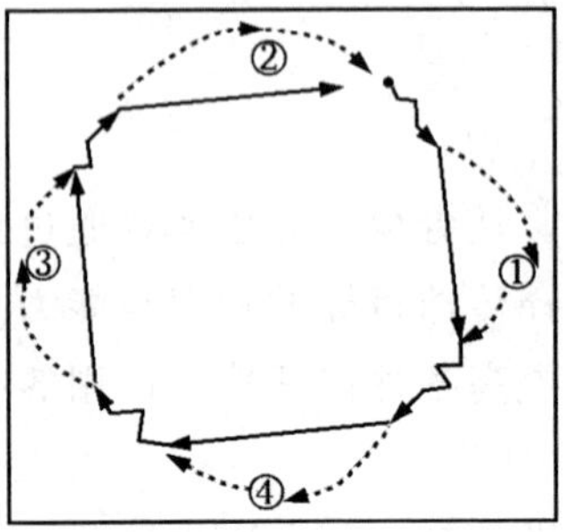

图 3-7　接控球训练

（5）接控球训练。4 人一组，成正方形站位，距离 20 米左右。①②③④队员分别站在各边线的中点附近。②号控球开始练习时，①沿边线向前切入，②从其身后传斜线地滚球，队员①用同侧脚背外侧接球，向前运球，到边角附近。此时，另一队员④沿边线切入，①斜线传球给④。依次轮转训练，练习一段时间后改变跑动方向（见图 3-7）。

二、踢球技术及其训练

（一）踢球技术

踢球指运动员有目的地用脚把球击向预定目标的技术。踢球是足球技术中最重要的技术，主要用于传球和射门。

1. 脚背正面踢球

脚背正面踢球又称正脚背踢球，由于其解剖特点，摆幅相对较大加之用脚背踢球接触面（与球）相对较大，因而踢球力量也大，准确性也较高。但受以上的因素影响，出球的方向及性质相对变化也较小。在比赛中经常使用脚背正面踢定位球、地滚球、空中球、反弹球及倒勾球。球的性质多为不旋转的直线球，但也可用来踢抽击性前旋球。

（1）脚背正面踢定位球。

直线助跑，最后一步要稍大些。支撑脚积极着地支撑，在球的侧面 10～12

厘米处。膝关节微屈，小腿屈曲，脚尖正对出球方向。踢球腿随跑动向后摆动，支撑的同时以髋关节为轴，大腿带动小腿由后向前摆动，当膝关节摆至接近球的正上方时，小腿做爆发式的摆动，脚趾屈，以脚背正面部位击球的后中部。击球后身体和踢球腿随球前移（见图 3-8）。

图 3-8 脚背正面踢定位球

（2）脚背正面踢地滚球。

直线助跑，最后一步稍大。支撑脚积极着地，踏在球的侧方约 10～15 厘米处，脚尖正对出球方向，膝微屈。同时踢球脚向后摆起，膝弯曲。在支持脚着地的同时，以髋关节为轴，大腿带动小腿由后向前摆。当膝盖摆至接近球的垂直上方的刹那，小腿加速前摆，脚背绷直，脚趾扣紧，以脚背正面击球的后中部。踢球后，身体要有随前动作并跨出一两步。

（3）脚背正面踢体侧凌空球。

如图 3-9 所示，根据来球，先判断好球的运行路线和确立好击球点。身体侧对出球方向，上体向支撑脚一侧倾斜。当球落到髋部高度时，踢球腿的大腿高抬，接近与地面平行。以大腿带动小腿急速挥摆，用脚背正面踢球中部。

图 3-9 脚背正面踢体侧凌空球

（4）脚背正面踢反弹球。

根据来球的速度和轨迹，判断好球的落点、落地时间和反弹起来的路线。身体要正对来球反弹方向，支撑脚要踏在球的侧方。当球要落地时，踢球腿的小腿急速前摆。在球刚刚反弹离地时，以脚背正面击球的后中部。

（5）脚背正面凌空踢倒勾球。

如图 3-10 所示，根据来球的速度、运行轨迹等，选好击球点，及时移动到位。

以踢球腿为起跳腿蹬地起跳，同时另一腿上摆，眼睛注视来球，身体后仰腾空。蹬地腿离地后迅速上摆的同时，另一腿则向下摆动（以相向运动来保证身体在空中的平衡），以脚背正面击球的后部。踢球后，两臂微屈，手掌向下，手指指向头部相反方向着地，屈肘，然后背、腰、臀部依次滚动式着地。

图 3-10　脚背正面凌空踢倒勾球

2. 脚背内侧踢球

脚背内侧踢球又称内脚背踢球，这是一种用第一跖骨及跖趾关节部位触击球的踢球方法。其技术结构与前两类踢球方法相同，但技术细节则有所区别。

（1）脚背内侧踢定位球。

斜线助跑，助跑的方向和出球的方向约成 45°，最后一步要稍大。支撑脚底积极着地，脚尖指向出球方向，距球内侧后方约 20～25 厘米，膝关节微屈。在支撑同时，踢球腿已完成后摆，并且开始以髋关节为轴大腿带动小腿由后向前摆动。当大腿摆至支撑腿接近同一平面时，小腿做爆发式摆动，此时脚背绷直、脚尖外转，以脚背内侧部位触击球的后中部。击球后踢球腿及身体继续随球向前（见图 3-11）。

图 3-11　脚背内侧踢定位球

（2）脚背内侧踢各种方向来的地滚球。

根据来球的速度、运行轨迹，选好击球时的位置并及时移动到位。在选择支撑点时应考虑到来球的情况和摆腿的速度，以保证脚触球的瞬间，球与脚的相对位置仍能保持规格要求。

（3）脚背内侧踢反弹球。

根据来球的落点及时移动到位，在球离地（反弹）的瞬间踢球，其他的动作要求与踢定位球相同。这种踢球方法多用于踢侧方或侧前方来的空中下落的球。

（4）脚背内侧踢空中球。

根据来球速度、运行轨迹，选好击球点及时移动到位。身体侧对出球方向，用来球方向的异侧脚支撑，支撑脚脚尖指向出球方向，身体向支撑脚一侧倾斜，展腹。支撑脚站位后，大腿带动小腿由后向前摆动。当大腿摆至接近和击球点成一直线时，小腿做爆发式摆动，用脚背内侧击球的后中部。同时，身体向出球方向扭转，眼睛始终注视球。击球后，踢球腿顺势前摆以维持身体的平衡。

（5）脚背内侧削踢定位球。

脚背内侧部位击球的后中部，摆腿的方向不通过球心，沿弧线前摆。击球的瞬间，踝关节用力向内转，使球侧旋沿弧线运行。

3. 脚内侧踢球

脚内侧踢球又称脚弓踢球，是脚内侧部位（跖趾关节、舟骨、跟骨等所形成的平面）踢球的一种方法。其特点是脚与球接触面积大，出球准确平稳，且易于掌握。但由于踢球时要求大腿前摆到一定程度时要外展且屈膝，故大腿与小腿的摆动都受到限制，因此出球力量相对较小。

（1）脚内侧踢定位球。

如图 3-12 所示，直线助跑，支撑前的最后一步稍微大些。支撑脚站在球的侧面约 15 厘米处，脚尖正对着出球方向，支撑腿膝关节微屈。在支撑脚着地时，踢球腿大腿带动小腿由后向前摆动，在前摆的过程中大腿外展。当膝关节的摆动接近球的正上方时，小腿做爆发式摆动，在触球前将脚跟送出，使得脚内侧部位所形成的平面与出球方向垂直。踢球脚脚底与地面平行，脚尖微微翘起，踝关节功能性地紧张使脚型固定，触（击）球后身体跟随移动，髋关节向前送。

图 3-12 脚内侧踢定位球

（2）脚内侧踢地滚球。

迎球支撑脚踏在预计踢球的侧方约 15 厘米处。膝盖微出，踢球脚以髋关节为轴，稍向后摆。前摆时，膝外转，脚迅速外转 90°，脚尖稍翘起，脚掌与地面平行。踢球时脚腕用力绷紧，脚内侧触球的后中部。踢球后，脚随球前摆，但不宜过大。

（3）脚内侧踢反弹球。

支撑脚的站位与球的落点应保持踢定位球时的相对位置。根据来球落点及时移动到位。踢球腿摆动与踢定位球时相同。在球着地后刚弹离地面的瞬间用脚内侧击球的中部。

4. 脚背外侧踢球

脚背外侧踢球又称外脚背踢球，它是用第三、四、五跖骨部位接触球的一种方法。由于踢这种球的脚踝灵活性较大，摆腿方向多，且助跑时又是正常的跑动姿势，故其出球隐蔽性较强，足球比赛中踢各种距离的弧线球及非弧线球均可使用。

（1）脚背外侧踢定位球。

助跑、支撑脚站位及踢球腿摆动均与脚背正面踢球技术的三个环节相同，脚触球是用脚背外侧部位。此时要求膝关节和脚尖内转，脚背绷紧，脚趾紧屈并提膝，触（击）球后身体随踢球腿的摆动前移。

（2）脚背外侧踢地滚球。

可用于踢前方、侧前方及正侧方、侧后方来的地滚球。踢球的动作规格要求与踢定位球相同，但支撑脚站位时应考虑球的滚动速度，以保证在脚触球的瞬间支撑脚与球的相对位置符合规格要求。

（3）脚背外侧踢反弹球。

与脚背正面踢反弹球的方法基本相同，只是接触球时用脚背外侧部位触（击）球。

（4）脚背外侧削踢定位球（又称香蕉球）。

用脚背外侧部位击球的后中部，摆腿的方向不通过球心，沿弧线前摆，使球侧旋沿弧线运行。

（5）脚背外侧弹踢球。

摆腿以膝关节为轴的小腿爆发式弹摆为主，摆动方向为前摆、侧前摆和侧摆。击球后踢球腿迅速收回，由于这种方法踢球腿摆幅小，并且是以小腿摆动为主，所以完成动作快、突然，而且隐蔽性强，多用于快速运球中的传球。

5. 脚跟踢球

是指用脚跟接触球的一种踢球方法，其踢球力量小，但出球方向有突变性和隐蔽性。

（1）脚跟踢内侧球。

踢球脚自然跨到球的前方，屈膝提腿，小腿突然而快速向后摆，脚尖翘起，用脚后跟击球前中部，将球向后踢出（见图 3-13）。

图 3-13　脚跟踢内侧球

（2）脚跟踢外侧球。

踢球脚先自然向前摆，当摆过支撑脚时，立即向支撑脚一侧交叉后摆，脚尖翘起，用脚后跟击球前中部，将球向后踢出（见图 3-14）。

图 3-14　脚跟踢外侧球

6. 脚尖踢球

脚尖踢球又称脚尖捅球，这是一种用脚尖部位接触球的方法，由于脚尖踢球时出球异常迅速，雨天场地泥泞时多使用这种踢法。这种方法可以借助踢球腿的最大长度，踢那些距离身体较远的用正常脚法无法踢到的球。具体方法是用支撑腿跳跃上步，踢球腿屈膝前跨，髋关节尽量前送，两臂上摆协助身体向前，小腿前伸，在踢球脚落地前用脚尖捅球的后中部。

（二）踢球技术训练

（1）无球模仿训练。在地面上设想有一目标，跨步上前做踢球动作，然后过渡到几步慢速助跑的踢球模仿动作练习，最后可做快速助跑踢球的模仿动作训练。训练中应注意要设想有球，尤其是设想触球一瞬间踢球脚踝关节的固定和脚背绷紧。

（2）踢固定球训练。一人把球踩在脚下，另一人用脚的不同部位踢球，体会脚的触球部位。

（3）对墙踢定位球训练。要求练习者面对墙，把球放在地上，然后跑上去轻轻用各种踢球技术动作对墙踢球（见图 3-15）。开始时，离墙不要太远（约 5 米为宜）；用力不宜太大，踢一次等球弹回来用手接住后，放定了再踢第二次。如此反复训练。熟练后可逐渐加大离墙的距离和增大踢球的力量。主要体会踢球的全过程，重点在脚触球部位的正确性。注意踢地滚球，击球的后中部。如果墙高，可由踢地滚球逐步过渡到踢半高球。熟练后可用各种脚法连续踢球。

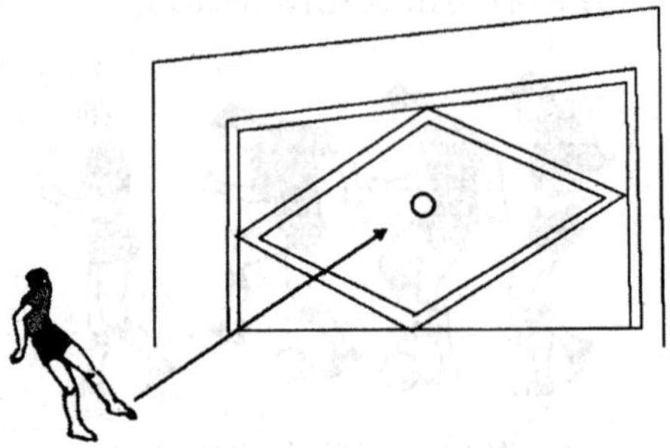

图 3-15　对墙踢定位球训练

图 3-16　射大球门训练

（4）射大球门训练。练习者站在罚球区线上，与门之间立两个小旗，踢定位球。先进行不规定射球门的方向，只要绕过小旗射中球门即可的训练。熟练后，再进行只准射球门的左（或右）半边，射球门的两个下角，最后再射球门的两个上角的训练。脚法不受限制（见图 3-16）。

（5）各种脚法的两人训练。不论是传球还是射门训练，都可两人进行，若两人训练踢定位球，则辅以接球练习；若进行踢活动球训练，则可相隔一定的距离进行不停顿的连续传球练习。

（6）踢地滚球训练。通过观察、判断来球的速度和方向，调整自身的控制能力，并根据出球目标选择支撑脚的位置。练习踢从正面、侧面或侧后方传来的球；可限定脚法，也可视来球任意选用脚法进行训练。

（7）利用足球墙和标杆做踢旋转球的训练。可将标杆插在踢球者与墙之间，标杆与人及墙的距离视需要而定，开始可大些，掌握技术后再逐步缩小。各种旋转球的训练都可以利用足球墙进行，特别是对初学者而言，使用足球墙既可充分利用训练时间增加练习次数，又能使练习者较好地集中注意力掌握技术规格。对于要求提高技术的练习者，足球墙同样是一个有力的帮手。

（8）突然变向后的踢球训练。两人一组，相距 40 米。在场地两端成斜线放两个标志物，两个标志物距离约 3 米，有球队员运球快速绕过标志物后迅速起脚完成踢球动作，将球传给对面队员，对面队员接球后也快速运球绕过标志物迅速完成踢球动作（见图 3-17）。

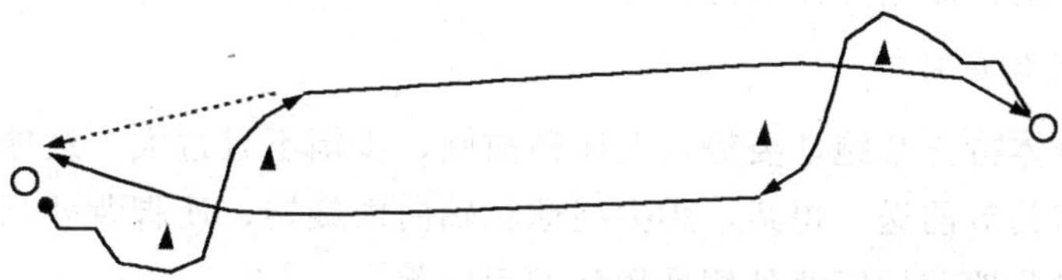

图 3-17　突然变向后的踢球训练

三、运球技术及其训练

（一）运球技术

运球技术从狭义上讲，仅是指运球的方法，即指用身体的某一部分触球，使球能随运球者一起运动；从广义上看，则不仅让球随人运动，还必须越过对方的防守，也就是说如何使用这些运球方法达到越过对方防守的目的。这里就包含了运球方法的运用问题。

1. 脚背正面运球

运球时身体持正常跑动姿势，上体稍前倾，步幅不宜过大，运球腿提起，膝关节稍屈，髋关节前送，提踵，脚尖下指，在着地前用脚背正面部位触球后中部将球推送前进。

由于脚背正面运球时身体持正常跑动姿势，故可以发挥出较快的速度，因而这种技术多用在运球前方一定距离内无对手阻拦时。

2. 脚背内侧运球

身体稍侧转并自然协调放松，步幅小，上体前倾，运球腿提起外展，膝微屈外转，提踵，脚尖外转，使脚背内侧正对运球方向，在运球脚落地前用脚背内侧推拨球，使球随身体前进。

脚背内侧运球由于身体稍侧转，不能采用正常跑动姿势，因而不适用于高速运球。但由于接触部位和支撑位置的特点，易于完成向支撑脚一侧的转动，故多用于向支撑脚一侧的转动变向运球。

3. 脚内侧运球

要求在运球前进时支撑脚始终领先于球，位于球的侧前方，肩部指向运球方向，支撑腿膝关节微屈，重心放在支撑腿上，另一条腿提起、屈膝，用脚内侧推球前进，然后运球脚着地。由于肩部指向运球方向，身体侧转，虽然移动速度较慢，但身体前倾有利于将对方与球隔开，因而这种技术多用在运球寻找配合传球时，或有对方阻拦需用身体做掩护时。

4. 脚背外侧运球

运球时身体持正常跑动姿势，上体稍前倾，步幅不宜过大，运球腿提起，膝关节稍屈，髋关节前送，提踵，脚尖绕球状轴向内旋转，使脚背外侧正对运球方向，在运球脚落地前用脚背外侧推拨球的后中部。

脚背外侧运球时，身体姿势与正常跑动时相同，因而可以发挥出较快的速度，故与脚背正面运球有相同的用途。另外，利用脚腕的动作可以很快改变脚背外侧面所正对的方向，故在运球脚一侧改变方向时也多采用这种运球方法。这种方法能用身体将对手与球隔开，故掩护时也常使用。

5. 运球过人

(1) 加快速度强行过人。持球者以突然的快速推拨球，并与快速的奔跑相结合越过对手的阻挡。

(2) 用身体做掩护强行过人。当持球者接近对手时双方速度减慢，持球者侧身用身体靠住对手以另一侧脚将球拨出，同时转身将对手倚在身后并随球越过对手。

(3) 变换速度运球过人。对手在持球者侧面，持球者用另一侧脚运球，利用运球速度的变化甩掉对手或越过对手。

(4) 人球分过。利用防守者注意力集中在球上，并且认为可以触到球的心理，达到过人的目的。当防守者出脚抢球时，运球者抢先将球推到前方，运球者迅速从防守的另一侧越过去控制球。

(5) 利用穿裆球过人。当运球者遇到对手从正面阻挡时，发现对手两脚之间开立较大，而且重心在两脚之间，运球者应侧身运球接近对手，抓住时机将球从对手两脚之间推过，身体也随着从防守者侧面越过并很好地控制住球。

(6) 恰当地组合推、拨、挑、扣、拉、颠等动作过人。单脚或双脚轮流选用以上动作，使组合起来的动作适时地变化运球的方向和速度，使对手难于判断过人的方向和时机，或造成对手重心出现错误的移动，运球者抓住其漏洞而越过对手。

(二) 运球技术训练

(1) 拨球训练。在一定范围内自由运球。听哨响后用一只脚做支撑，另一只脚用脚背内侧或外侧拨球绕支撑脚做圆周运球。两脚轮流进行训练。

(2) 跑动中运球训练。分两组进行，两队队员相距 12～15 米相对站立，每人 1 球。一队的第一名队员直线运球向前跑，当到达场地对面的边线时，另一队的第一名队员开始反向运球。为增加训练的难度，可要求队员在练习中使用左右脚运球，或提高速度，或延长运球的距离等（见图 3-18）。

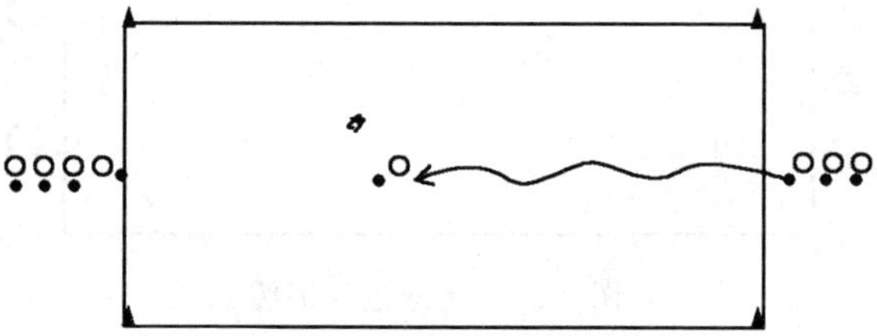

图 3-18　跑动中运球训练

（3）拉球训练。在一定范围内自由运球，听哨响后用一只脚做支撑脚，另一只脚用脚前掌触球顶部，拉球绕支撑脚做圆圈运动。一步一步拉球。

（4）扣拨组合训练。每人一球沿折线向前运球。运球中用右脚脚背内侧扣球，扣球后用右脚支撑，接着左脚脚背外侧立即向斜前方拨球；可继续运两步球（或不运球），然后右脚支撑，左脚脚背内侧向右斜前方扣球后成左脚支撑，接着用右脚脚背外侧向斜前方推拨球，依此进行。

（5）快速转身运球训练。分两组进行，两队队员相互之间保持一定距离并排站立，各队面前 10～15 米处放置一根旗杆。两队中最前面的两名队员同时运球跑向旗杆，到达旗杆后迅速转身绕过旗杆，然后将球运回交给本队中的下一名队员，如此反复进行（见图 3-19）。

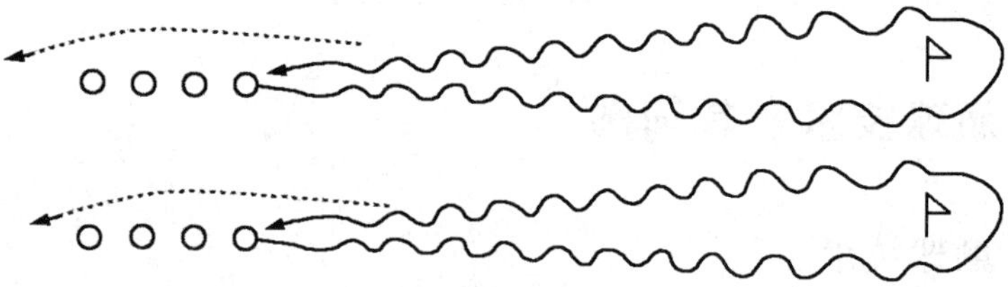

图 3-19　快速转身运球训练

（6）运球过人训练。如图 3-20 所示，画一个 20 米×30 米的长方形场地，将练习者分为人数相等的两队，分别站在两条对应的边线外。每组游戏由每队各选派一名练习者参加。游戏开始，两人分别站在相对应的边线上，一方持球。持球的队向对方的边线运球，并试图突破对方，以到达对方的边线。防守方利用抢截球技术阻止对方到达本方的边线。一旦断球成功双方角色迅速改变，防守方变成进攻方向对方的边线运球，直至有一方将球运到对方的边线，一组游戏结束，换下一组继续游戏，直至所有组完成游戏，获得胜利次数多的队取胜。

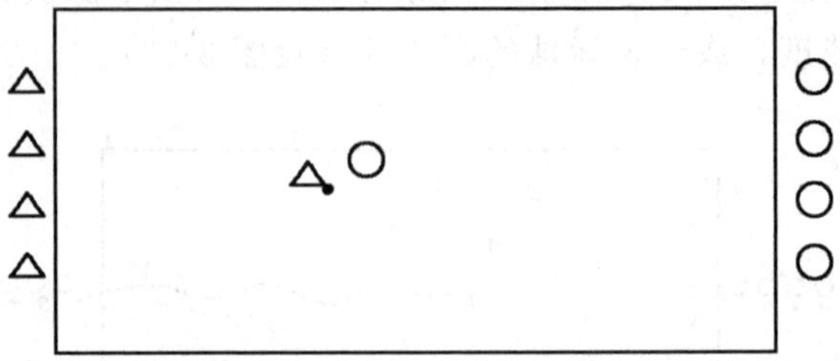

图 3-20　运球过人训练

(7) 运球变向训练。用圆锥形标志物标出一个边长为 20 米的正方形场地，共分 4 组进行，4 队队员站在 4 个角处。两支正对着的队列有一个球。持球队员带球跑向对方的队列，将球传给对方第一名队员后，然后跑到对角线上的队列中去，依次进行（见图 3-21）。

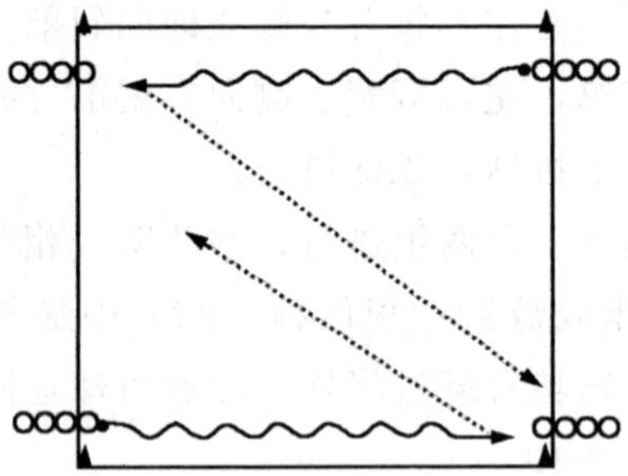

图 3-21　运球变向训练

四、颠球技术及其训练

（一）颠球技术

颠球是指运动员用身体的各个有效部位连续地触击球，并加以控制尽量使球不落地的技术动作。颠球是运动员熟悉球性的一种练习手段，以增强对球的弹性、重量、旋转及触球部位、击球时用力轻重的感觉。

1. 正脚背颠球

脚向上方摆动，用脚背击球，击球时踝关节固定，击球的下部。颠球时，两脚可交替击球，也可一只脚支撑，另一只脚连续击球。击球时用力均匀，使球始终控制在身体周围。

2. 脚内、外侧颠球

抬腿屈膝，身体重心移至支撑脚上，用脚的内侧或外侧向上摆动，击球的下部，两脚内侧或外侧交替击球，也可单脚连续击球，动作类似踢毽子。

3. 大腿颠球

抬腿屈膝，身体重心移至支撑脚上，用大腿的中前部位向上击球的下部，两腿可交替击球，也可一只脚支撑，用另一侧的大腿连续击球。

4. 肩部颠球

两臂自然下垂或微屈肘，两脚左右自然开立，身体重心移至两脚间。当球下落至接近颠球一侧肩部高度时，肩上耸，击球的下中部将球向上颠起。

5. 头部颠球

两脚开立，膝盖微屈，用前额部位连续顶球的下部。顶球时，两眼注视球，两臂自然张开，以维持身体平衡。

(二) 颠球技术训练

1. 一人一球颠球

(1) 原地颠球。每人一球，用某一部位颠球，或用多部位颠球（如脚背正面和脚内侧交替进行）。亦可安排高、低交替颠球，让练习者用某个部位颠几次球后，用力将球颠高，接着改颠低球，高高低低，反复交替进行。体会触球部位和力量，可增加难度，提高控球能力。

(2) 行进间颠球。每人一球颠球向前移动，保持稳定性，尽量使球不落地。可由慢到快逐步提高练习难度。

2. 两人一球颠球

用脚背、大腿、头部以及身体各有效部位触球，掌握好触球的力量，尽量不让球落地。每人可触球一次或多次后传给对方，连续进行。

3. 四五人一组颠球

(1) 四五人一组，围圈用两球颠球。可规定每人触球的次数与部位，也可自由掌握触球的次数和部位。颠传时要注意观察，避免将球传给正在颠球的队员。

(2) 四五人一组一球，围圈颠传抢。规定一人在中间进行抢截，周围颠球者可颠传给同伴，待抢截者触到球和颠球者球落地，二者即交换角色。

五、抢截球技术及其训练

(一) 抢截球技术

抢截球技术是指运动员在规定允许的范围内，使用身体的合理部位将对手的控球权夺过来或破坏掉。

1. 正面抢球

(1) 正面跨步堵抢。

图 3-22　正面跨步堵抢

准备用跨步堵抢时，抢球者两脚前后开立，迎着运球者而站，两膝微屈，身体重心下降并置于两脚间，当运球者与抢球者间的距离缩小到一定范围（即抢球者上前跨一大步可能触及球），运球者脚触球后即将落地或刚刚落地时，抢球者后脚用力蹬地并跨步向前，以脚内侧去堵截球，当已堵住球时，另一只脚应迅速上步。若抢球脚堵住球，两位对手也堵住球时，则抢球者应将另一只脚迅速前移做支撑脚，抢球脚在不脱离球的情况下迅速向上提拉，使球从对手脚面滚过，身体重心也迅速跟上并将球控制好（见图 3-22）。

(2) 正面铲球。

移动接近控球者，膝关节微屈，重心下降，当控球者触球脚触球后尚未落地时，抢球者双脚沿地面向球滑铲，随即用手扶地做向一侧的翻滚，并尽快起身。

2. 侧面抢球

(1) 异侧脚铲球。

当双方都不能用正常的动作触球时（指跑动中），防守者应根据与球的距离，同侧脚用力蹬地使身体跃出，异侧脚向前沿地面对着球滑出，脚底将球铲出，然后小腿外侧、大腿外侧、手依次着地。或铲出球后身体向铲球腿一侧翻转，手撑地后立即起身，使身体恢复到与下一动作衔接的状态和位置（见图 3-23）。

图 3-23　异侧脚铲球

（2）合理冲撞抢球。

当防守者并肩与运球者跑动追球时，防守者重心稍下降，靠近对手一侧的手臂紧贴身体，利用对方同侧脚离地的过程，用肘关节以上部位适当冲撞对手同样部位，使对手身体失去平衡。趁机将球控制住（见图 3-24）。

图 3-24　合理冲撞抢球

（二）抢截球技术训练

抢截球技术训练应与实战相结合，在激烈的对抗情况下进行训练，才能收到理想的效果。

（1）原地抢球训练。将球放在队员甲脚前，队员乙与其相距 2 米，队员乙上步做正面脚内侧堵抢训练，当队员乙触球瞬间队员甲也用脚内侧触球。让抢球队员乙体会上步动作及触球部位，两人可轮换做抢球训练。

（2）侧后追赶抢球训练。一人直线运球前进，另一队员由后赶至成并肩时伺机实施合理冲撞并控制球。训练时要求运球者能与抢球者配合，让抢球者得到训练，速度可以由慢速到中速循序进行。

（3）运动中抢球训练。甲、乙相对站立，甲运球跑向乙（慢速），乙选择好时机实施正面脚内侧堵抢技术。当甲、乙两人在训练中同时触球时，抢球队员乙立即提拉球，将球拉过甲的脚面并控制住球。经过一段训练后，可在触球瞬间两人同时提拉，体会掌握提拉的时机。

（4）慢跑合理冲撞训练。两人同方向慢跑，在跑的过程中两人可做适当的合理冲撞，体会冲撞的时机和冲撞的部位以及冲撞时如何用力等。

（5）争抢球训练。在两名队员前 5 米处放一球，听哨音后两人同时向球跑去。要求两人同时跑动，选择适当的位置和时机合理冲撞将球控制。经过一段训练后，可将静止球变为活动球，即教练员持球站立，两名队员站立在其两侧，当球沿地面抛出后两名队员同时起动追赶球，利用合理冲撞将球控制住。

（6）铲球训练。一人一球将球放在前面某一位置，练习者选择适当位置站立，原地蹬出做铲球动作训练。初步掌握铲球动作后，可将球沿地面缓慢抛出，自己追球将球铲掉，以体会如何对滚动的球实施铲球动作。熟练掌握铲球动作后，再用这一方法进行铲控、铲传训练。

六、头顶球技术及其训练

头顶球是指运动员有目的地用前额将球击向预定目标的动作。足球比赛中不仅要处理各种各样不同形式和不同性质的地滚球，同时也要处理各种空中球。当遇到胸以下部位不能触及或规则不允许触及的一些球时就需要用头部来处理，因为头是人体最高的一个部位，额骨的前面较为平坦，只要掌握顶球技术，顶出的球就会有力。现代足球比赛中对时间与空间的争夺异常激烈，头顶球技术的使用不仅使运动员占据空间，又能争取时间，所以头顶球是处理高空球的最重要手段。

使用头顶球技术，不仅可以进行传球、抢断球、高球射门，而且利用鱼跃头顶球可以扩大运动员的控制范围、防守时抢险。

（一）头顶球技术

1. 前额正面头顶球

（1）前额正面原地头顶球。

身体正对来球方向，两脚左右开立（或前后开立），膝关节微屈，重心置于两脚间的支撑面上（或后脚上），两臂自然张开。当球运行到将垂直于地面的垂线时，迅速向前摆体，两腿用力蹬地，微收下颌，在触球瞬间颈部做爆发式的振摆，用前额正面击球中部，上体随球前摆（见图 3-25）。

图 3-25　前额正面原地头顶球

（2）前额正面原地跳起头顶球。

两膝屈，重心下降，然后两脚用力蹬地起跳，同时两臂屈肘上摆，在身体上升阶段展腹挺胸，眼睛注视来球，两臂自然张开，身体自然成背弓。当球运行至身体额状面时，迅速收腹，上体前摆，触球瞬间颈部做爆发性振摆，用前额正面将球顶出。同时两腿向前做振摆，球顶出后两腿屈膝屈踝落地（见图 3-26）。

图 3-26 前额正面原地跳起头顶球

（3）前额正面鱼跃头顶球。

判断好来球的路线、选择好顶球点，以单脚或双脚用力向前蹬地，身体接近水平状态向前跃出，同时两臂微屈前伸，眼睛注视来球，手掌向下，利用身体向前跃出的冲力，前额正面顶球。顶球后，两手先着地，手指向前，以胸部、腹部和大腿依次着地（见图 3-27）。

图 3-27 前额正面鱼跃头顶球

（4）前额正面跑动跳起头顶球。

根据来球的速度、运行轨迹，选好起跳位置，及时跑到起跳点，起跳的前一步要稍微大些，起跳脚蹬地跳起。同时，另一腿屈膝上摆，两臂屈肘自然上提。其余各环节和原地跳起头顶球相同（见图 3-28）。

图 3-28 前额正面跑动跳起头顶球

2. 前额侧面头顶球

（1）前额侧面原地头顶球。

根据来球的运行速度、运行轨迹，及时移动到位。两脚前后开立（或左右开立），出球方向的异侧脚在前，重心逐渐过渡到前脚上，眼睛注视来球，前膝微屈，两臂侧前后自然张开，当球运行至体前上方时，用力蹬地，前脚掌并适度旋转，上体随着向出球方向扭摆，同时用力向击球方向甩头，以前额侧面击球的后中部。

（2）前额侧面跳起头顶球。

起跳动作及第一环节和前额正面跳起头顶球相同。在起跳后的身体上升阶段上体向出球的相反方向侧摆，在身体达到最高点时，上体急速向来球方向摆出，颈部扭摆甩头，用前额侧面击来球的后中部，将球击向预定的目标。落地时屈膝以缓冲落地力量并保持身体平衡（见图 3-29）。

图 3-29　前额侧面跳起头顶球

（3）前额侧面跑动头顶球。

跑动头顶球和原地额侧头顶球动作要领相同，不同的是此动作是在快速跑动中开始和完成的，而且注意完成动作后的身体平衡。

（二）头顶球技术训练

头顶球技术是运动员占据空间、控制制空权的主要手段。头顶球技术要求运动员在顶球前既要看球，又要兼顾防守对象；能够准确判断好球的运行速度和路线；掌握好与防守对象之间的合适距离；在球的运行轨迹中能够找到最佳的位置和顶球点。

1. 个人练习

（1）自己双手举球在头前，用前额正面或侧面去触击球。

（2）做各种头顶球的模仿动作练习。

（3）利用吊球进行练习。改变吊球架上足球的高度进行各种顶球的练习。

（4）自抛球由墙弹回时，进行各种顶球练习。

2. 两人练习

（1）两人一组一球，面对面站立，间隔10米，一人抛球，一人原地和跳起头顶球。

（2）两人一球，相距20米左右，甲脚传头顶球飞向乙，乙顶回给甲。数次后轮换传、顶球。

（3）鱼跃头顶球练习。先进行鱼跃落地动作练习，较好掌握落地动作后，一人抛球，一人在垫上进行鱼跃头顶球练习。

（4）顶球射门练习。顶球队员站在罚球弧附近，掷球队员站在球门内或球门侧面将球抛至罚球点附近，顶球队员跑上顶球射门。

3. 多人练习

（1）向后顶球。三人一组，每人相距6～8米，站成一路纵队。甲抛球给乙，乙向后顶给丙，丙再抛给乙。可做不跳起或助跑跳起地向后顶球，也可以踢远距离高球，做后顶球练习。

（2）争顶球练习。三人一组，一人传球，另两人与传球人相距20米以外。传球队员传出高球，两人争顶（一人防守，一人进攻）。可将练习移至门前，一人在侧面传高球（或踢角球），另两人在罚球点附近，其中一人向外顶球，另一人向球门里顶球。

七、掷界外球技术及其训练

由于掷界外球时接球人不受越位规则的约束，因此，其不仅用于恢复比赛，而且可以为进攻创造有利条件。尤其是在前场30米内掷界外球，将球直接掷入门前，可以给对方造成很大威胁。

（一）掷界外球技术

1. 原地掷界外球

面对出球方向，两脚前后或左右开立，每脚均应有一部分站立在边线上或边线外。膝关节弯曲，上体后仰成背弓，重心移到后脚上（左右开立时，重心在两脚间），两手自然张开，拇指相对，持球的侧后部，屈肘将球置于头后。掷球时，后脚用力蹬地（或两脚用力蹬地），两腿迅速伸直，身体重心由后脚移到前脚，收腹屈体，同时两臂急速前摆。当球摆到头上时用力甩腕将球掷入场内。掷球时，后脚可沿地面向前滑动，两脚均不得离地（见图3-30）。

1　　2

图 3-30　原地掷界外球

2. 助跑掷界外球

两手持球放在胸前，在助跑迈出最后一步时，上体后仰成背弓，同时将球上举至头后，掷球时的动作与原地掷界外球动作相同。将球掷出后，后脚可在地面上向前滑行，但不得离地。

(二) 掷界外球技术训练

(1) 两人一球，相距 15 米，原地互掷界外球。

(2) 两人一球，相距 25 米，两端设两条平行线，助跑互掷界外球。

第四节　足球守门员技术训练方法指导

一、守门员技术

(一) 接球

1. 上手接球

面对来球，两臂上伸，两手拇指相对呈八字形，其余四指微屈，手掌对球。在最高点手触球瞬间，手指、手腕适当用力，缓冲来球并将球接住，顺势转腕屈肘、下引将球抱于胸前。

2. 下手接球

(1) 直腿式下手接球。

面对来球，弯腰时两膝伸直，两腿分开，距离不得超过球的直径，两手掌心向上，前迎触球后将球抱于怀中。

(2) 跪撑式下手接球。

以接左侧球为例，左腿屈，右腿跪撑于左脚附近，距离不得超过球的直径，其余动作与直腿式接球相同。接右侧球时，动作相同，方向相反。

(二) 发球

1. 抛踢球

抛踢球有踢自抛的下落空中球和踢自抛的反弹球两种方法，踢自抛的下落空中球和踢自抛的反弹球的动作与脚背正面踢球基本相同。

2. 手掷球

(1) 单手肩上掷球。

两脚前后开立，两膝弯曲，单手持球，屈臂于肩上。掷球前，持球手臂后引，同时身体随之侧转，重心移到右脚上。掷球时，利用后脚用力蹬地、转体，用挥臂、甩腕的力量将球掷向预定的目标。

(2) 勾手掷球。

两脚前后开立，身体侧对出球方向，单手持球后引，臂微屈，同时重心移到后脚上。掷球时，后脚用力向后蹬地，同时转体，重心由后脚移向前脚。当持球手臂由后经体侧沿弧线摆至肩上时，手指和手腕用力将球掷向预定的目标。球出手后，掷球手臂继续前摆，上体前倾，后脚向前迈出，维持身体平衡。

(三) 托球

近球侧手臂伸出迎球。触球刹那，手腕后仰，用掌跟部顶推发力，将球向侧面或上面托出。

(四) 扑球

1. 倒地侧扑球

(1) 扑脚下球。

注视并判断对手将要起脚射门的方向，扑球时重心降低出击迎球，在对手起脚射门的刹那，快速倒地侧扑封堵球路，将球接住或挡出，随即做屈膝团身动作进行自我保护。

(2) 扑两侧球。

注视来球，身体重心置于两腿之间，两脚时刻准备蹬地，精力集中。扑球时，异侧脚内侧侧蹬发力，同侧脚屈膝迎球跨出，上体顺势压扑以加速重心的前移倒地，双臂同时迎出接球，腕关节稍内扣，用手掌挡压控球。触球后屈臂收球于胸前，并快速抱球起身。侧倒过程以小腿、大腿、臀部、肩和手臂外侧顺序缓冲着地。

2. 腾空跃起侧扑球

确定来球路线后，迅速降低重心，身体向球侧倾斜移动。同侧脚侧上步，用脚掌外侧蹬地发力，使身体呈水平状腾空，两手同时快速迎球，身体展开。接球手形成球窝状，靠压腕和手指用力将球控住。落地时，两手按球，随即屈肘，以前臂、肩部、上体侧面和下肢依次着地。注意屈膝团身护球，并顺势抱球起身。

（五）拳击球

1. 双拳击球

双拳击球时，两臂屈肘握拳于胸前，两拳相拢，拳心相对，当跳起接近最高点即将触球的一刹那，两拳同时快速冲击，以拳面将球击向预定的目标。

2. 单拳击球

单拳击球时，屈肘握拳于肩前，身体跳起接近来球，在击球前的一刹那，快速冲拳，以拳面将球击向预定的目标。

二、守门员技术训练

（一）接踢来球训练

接踢来球训练要求守门员从蹲伏于地的队员身上跃过，依此来练习接踢来球。接踢来球训练方法是足球守门员需要掌握的一项基本技术。

（二）扑接脚下球训练

扑接脚下球训练是队员运球直逼守门员，守门员选择最佳时机扑接脚下球的一种练习方法。对于足球守门员来说，扑接脚下球也是一项需要重点掌握的技术。

（三）扑低平球训练

如图 3-31 所示，在松软的草皮或沙地上放置一个活动球门，在球门的两侧前方分别用 2 个圆锥形标志物做一个 2 米宽的小球门。在正对小球门 12 米远处各放一个圆锥形标志物，2 名队员各准备数个足球站在 2 个圆锥形标志物旁边，守门员则站在球门的中间。2 名发球队员轮流朝面向自己的小球门踢出低平球，守门员运用滑步将球扑出，然后迅速站起来去扑另一侧的来球，如此反复进行训练。

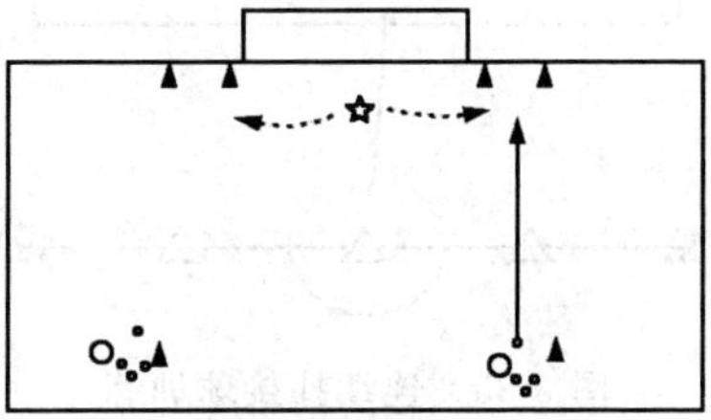

图 3-31　扑低平球训练

(四) 吊球训练

在吊球训练中，可由无人干扰到一人或多人干扰，再过渡到对抗中完成动作。

(五) 鱼跃扑高球训练

若干守门员站在蹲在地上的队员的左侧，教练员持球站在蹲地队员的前方 3 米处，并将球抛向蹲地队员的右侧，让守门员鱼跃过蹲地队员去扑球或拳击球（见图 3-32）。

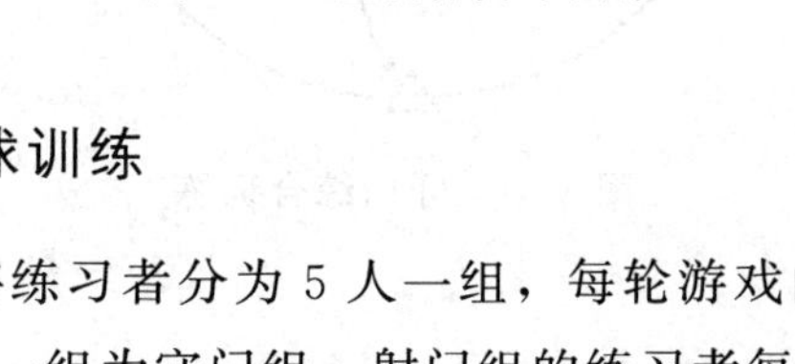

图 3-32　鱼跃扑高球训练

(六) 连续扑接球训练

如图 3-33 所示，将练习者分为 5 人一组，每轮游戏由两组学生参加。游戏开始，一组为射门组，一组为守门组。射门组的练习者每人持一球，将球平行摆放在罚球区的线上，完成连续 5 次射门。防守组每次选派一人站在球门内充当守门员，完成 5 次射门训练后双方交换角色。两组都完成射门和守门后，游戏结束，进球最多的一组获胜。

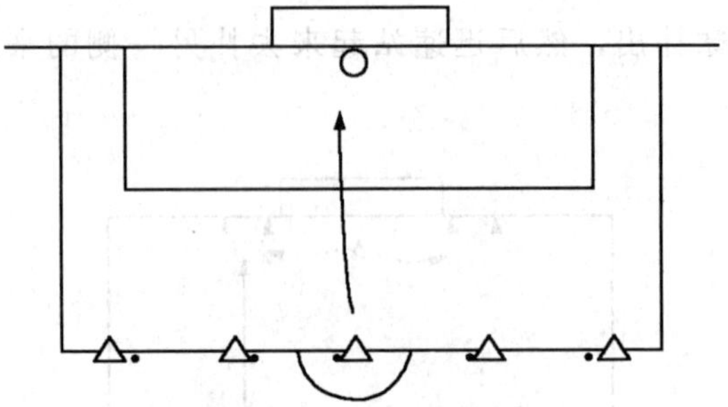

图 3-33　连续扑接球训练

（七）各种地滚球、平空球和高球训练

守门员接由 10 米外踢来的各种地滚、平空和高球。训练时可将踢球者增加至 2～4 人，从多方向踢出多种性质的球，提高守门员快速移动中处理球的能力。

（八）守门综合训练

如图 3-34 所示，练习者在五人制比赛场地中进行训练。每轮游戏由一人充当守门员，剩下的人负责射门。游戏开始前，守门员背对射门者，站在球门线上。射门者在点球点后排成一路纵队，轮流射门。游戏开始，射门者依次将球放在点球点上射向球门。在射门触球前，射门者必须大声呼喊守门员的名字，守门员迅速转身做出扑救动作。一轮游戏完成后，练习者交换角色，继续游戏，直至所有人都完成各个角色后结束。

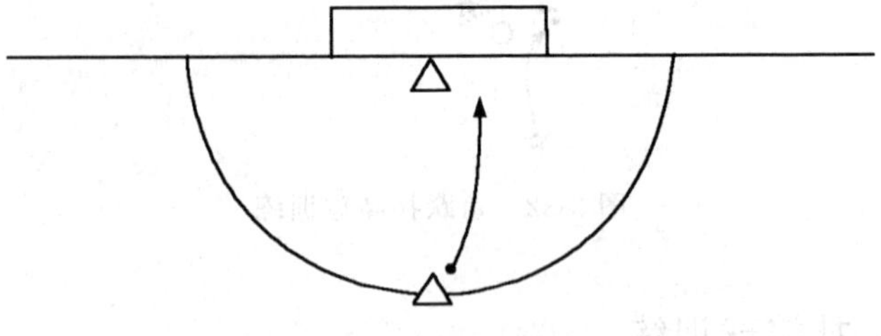

图 3-34　守门综合训练

第四章　高校足球战术训练的科学化指导

第一节　足球战术训练基本理论

一、足球战术概述

（一）足球战术的概念

足球战术是指在足球比赛时，运动员为了战胜对手根据实际情况所采取的个人或者集体配合的方法和策略。它与运动员的身心素质和技术能力紧密相关。足球战术的实质就是在比赛瞬息万变的局势下，根据自己掌握的知识、技能，适当有效地发挥自己身体的潜能，取得胜利。要想战胜对手必须要有较强的战术意识，它是运动员进行比赛时的自觉心理活动，是对比赛客观现实的有目的、自觉的反映，是运动员根据比赛场上的攻守态势，自觉选择与运用技战术行动的瞬时决断能力的体现。只有具备这些素质才能根据比赛中随时变化的情况，灵活机动地改变预定的战术方案，运用战术变化，最终达到预期的比赛目的。

（二）足球战术的分类

足球比赛是由攻守矛盾组成的，攻和守不断地转换组成了比赛的全过程。因此，足球战术可分为进攻和防守两大系统。进攻和防守中又分别包含着个人战术和集体战术两类。比赛实践证明，成功地组织战术和巧妙地运用战术是夺取比赛胜利的重要因素。足球战术的分类包括阵型、进攻战术、防守战术和定位球战术。

1. 阵型

阵型分为："五三二"阵型、"四四二"阵型、"四三三"阵型、"四五一"阵型、"三五二"阵型等。

2. 进攻战术

进攻战术包括：个人进攻战术、局部进攻战术、集体进攻战术。

（1）个人进攻战术：传球、射门、运球、过人、接球、掷球、摆脱、跑位等。

（2）局部进攻战术：传切二过一配合、交叉掩护二过一配合、三过二配合等。

（3）集体进攻战术：快攻战术、阵地进攻战术等。

3. 防守战术

防守战术分为个人防守战术、局部防守战术、集体防守战术。

（1）个人防守战术：盯人、选位、抢球等。

（2）局部防守战术：保护、补位、临近位置配合等。

（3）集体防守战术：区域盯人、混合盯人等。

4. 定位球战术

定位球战术可分为任意球进攻战术、角球攻守战术、界外球攻守战术。

（三）足球战术的特征

1. 足球战术的灵活性

全攻全守的战术打法在高校足球比赛中得到了极大的推广，这种战术思想需要技术较为全面化的运动员。单凭技术或只靠体力来进行比赛的运动员变得越来越少了，前场球员机械式的职责分工已经消失，除守门员和在战术要求下的后卫球员外，大部分球员的大范围跑位十分频繁，跑位也更加灵活。在战术要求下，边后卫甚至中后卫插上助攻甚至射门得分也是屡见不鲜。防守的时候本方前锋也适时地退居禁区弧顶位置积极协助防守，这些现象变得越来越常见。

全攻全守的先驱者——荷兰队教练米赫尔斯说："全面化的队员必须具备敏锐的机智，根据场上攻守情况，需要他到哪里起什么作用他都能承担，这样把所有的力量加起来才是总体战术。"因此，运动员在技术和战术意识、身体素质及心理品质等诸方面获得全面的发展是实现现代足球战术打法的基础。

当然，这里值得注意的是，队员位置机械性的职责分工的消失，并不等于比赛场上队员没有位置职责分工，而是这种灵活的位置要根据战术的需要，以战术作为依托才可以。比赛实践表明，技战术全面化的队员仍然有着自己熟悉的位置，并且是这一位置的"好手"，在这个基础上，才能是可以兼顾其他位置的"全面手"，根据比赛主客观实际，出色地、创造性地完成本队总体战术赋予他的各项任务。

2. 足球战术的快速性

足球比赛中战术的贯彻，需要争夺时间与空间。快速争夺时空主动权是足球比赛取胜的关键。时间是指进攻或防守队员在完成技、战术过程中在时机、速度、节奏变化方面具有时间性的特征。空间是指攻守双方在距离、方位、角度方面具有空间性的特征。总之，双方争夺时间空间主动权的目的是争夺对球的支配权。所以足球比赛的时间与空间都有其特定的含义，主要体现在以下方面。

（1）运动员在高速运动与激烈对抗中对球速与落点、对手与同伴的位移速度和方向的观察与判断。

（2）完成技术动作时对时间与空间掌握的程度。

（3）充分利用场地发挥本队技、战术水平，争取射门得分等。

争夺时空主动权，敏锐观察和准确判断是前提，足球意识和经验是基础，快速行动、高超的技术和同伴支援是保证。优秀选手最突出的特点就是视野开阔，时空判断能力强，能更早地预测将会出现的局面，快速争夺控球的主动权，以达到本队的战术目的。

3. 足球战术阵型的合理性

比赛队形是指比赛场上队员的位置分布，是球队攻守力量搭配和职责分工的形式，它是战术的一个组成部分。运用比赛队形的目的是使每名场上队员在明确基本位置和主要职责的前提下，充分发挥个人的智慧和全队的攻守特点，以克敌制胜。

队形是阵形在不同比赛场合下更具体、更严谨、更灵活的运用，需要周密组织、随机变化的人员组合。队形是一个队攻守战术效应的重要基础，凡不能保持良好队形的球队，进攻端必然感觉缺乏人员支持，防守端也必然感到漏洞较多。阵形与队形完美结合的核心要有利于创造和利用时空间，或控制和封锁时空间。

队形分为整体与局部两大类。优秀球队在比赛中的整体队形一直保持在一个完整的状态中，无论队形扩大还是压缩，左移还是右移，人与人的间隔以及前、中、后三条线的间距基本保持一致。一般一个队形的纵向长在 40 米左右，三条线脉络清晰；而在局部地区，队形则往往能够呈现出一个三角形的形状。合理的队形在进攻中有利于获得后场球员的支援，防守中有利于队友之间的互相补位和保护。

4. 足球战术的个体性

比赛的实践证明，只有训练有素的整体和出类拔萃的球星完美地结合，才能夺取更多的胜利。

足球比赛是集体运动项目，取胜需要发挥整体力量，即使是球星离开了同伴的支援，单枪匹马也难现光彩。但是，我们也要看清，球星的作用是巨大的。球队由若干队员组成，每名队员的竞技水平直接影响整体成绩。球星是球队的核心，拥有的特长或绝招比同伴高出一筹，在比赛中起到了别人无法替代的积极作用，教练员往往围绕球星制定攻防战术打法。

二、足球战术训练的原则

（一）足球进攻战术训练的原则

任何足球队在进行战术训练时，都必须要遵循一定的原则，才能保证在训练期间统一认识、统一行动。所要遵循的原则主要有以下几个。

1. 拉长纵深

在充分利用场地宽度的同时，要对场地的纵深进行拉长。让本方队员有意识地在不同方位上形成不同距离的纵深梯次，让对方防守队员处于混乱状态，伺机突破对方防线，向对方球门区快速推进，迅速地攻击对方球门。

因此，足球比赛由守转攻的瞬间首先应迅速创造和利用有效的进攻纵深，以最快的推进速度兵临对方球门，形成攻门之势。

2. 创造宽度

比赛中，当本方队员获得控球权时，应该充分利用场地空间向对方发动进攻。充分利用球场宽度，通过有意识地向场地两侧跑动散开或不停地交叉换位将防守者向两边拉开，目的是为了加大防守队员的防守面积，从而最大限度地瓦解对方防守队员之间的联系，为实施纵向的渗透突破、争取进攻的时间和空间创造条件。拉开的宽度应根据攻防双方队员的活动及位置的情况和场区的不同而异。

3. 不断渗透

在拉开对手防区的基础上，进攻队员必须通过传球、带球等技、战术手段渗透突破对方防线。无球队员在防守队员之间的频繁交叉互换、跑动，都必然会牵制防守队员的移位及跑动，一旦出现空当，要迅速地传球切入，进攻队员要迅速反应，加快进攻的速度，打乱对方的防守计划，达到利用进攻空当的战术目的。相邻位置的进攻队员在扯动、传球、切入等方面的默契配合是有效进行传切渗透的关键。

4. 灵活应变

机动灵活的原则要求进攻队员通过积极主动、快速多变的有球和无球活动，利用变化万千的进攻手段使对方防守队员顾此失彼、防不胜防。

灵活应变是足球运动员在比赛中充分发挥自己主动性的前提。足球比赛场上的情况瞬息万变，传统、刻板的战术打法在比赛中是很难奏效的。这就要求运动员在比赛中必须善于审时度势，根据比赛的实际情况，灵活机动地改变和调整战术行动实施方案，随机应变，以达到取得比赛胜利的最终目的。

（二）足球防守战术训练的原则

在足球比赛中，攻防转变的决定性因素是控球权，当本队掌握控球权时，即是进攻，反之则为防守。从实践中可以总结出防守战术的基本原则，主要有以下几个方面。

1. 延缓

快速回防，最大限度地延缓对方进攻速度是防守成功的重要因素。因此，当失去控球权后由攻转守的瞬间，有球区域的防守队员必须以最快的方法阻截、封锁对方向前传球或带球推进的路线，迫使对手横传或回传球，以延缓对方进攻队员前进的速度，粉碎其快攻的企图，为形成稳固的防守体系赢得宝贵时间。

2. 平衡

加强保护，争取防守力量平衡和局部优势是防守成功的基础。在阻碍对手进攻时，其他防守队员必须快速回防到位，尽快抢占对手与本方球门之间的防守要害区域及防守位置，力求防守人数多于或者等于对方进攻人数，创造稳固防守的有利局面。这样就可以大大提高防守队员之间的相互支援，尤其是对身后空间的保护。防守队员强烈的、整体的由攻转守角色意识和快速回防的奔跑能力是有效地运用这一原则的必然要求。

3. 纵深防守收缩

快速回位，形成防守板块，构成纵深的防守体系是防守成功的关键。在防守过程中，防守队员在横向与纵向之间合理的相互靠拢和收缩，能够有效缩小防区、集中兵力，也是防守力量对等平衡原则的有效运用。当离球最近的队员去抢截球时，队员要迅速边回位边随身紧盯其他进攻队员，迅速回缩，将本方防守队员纳入防守范围内，形成稳固的纵深防守体系。

4. 控制

控制原则主要是对于后场防守而言的，对于比赛中防守的界定，应该是从本方队员失去控球权的那一瞬间就开始了。要对对方控球期间的所有进攻路线、运球等进行控制，尤其是在后防线上，在保证避免犯规的情况下，采取人盯人的方法，紧盯逼牢，不给对方任何突破和射门的机会。同时，也应该随时注意保护本方球门的安全，当对手射门时，防守队员必须及时、果断地上前封堵其射门路线，并加强对守门员的保护。特别要对那些突如其来的门前来球做出及时反应和应急处理。

三、足球战术训练的要求

高校足球战术训练的要求主要有以下四个方面。

(一) 战术练习方法

练习方法要具有系统性；选择多种方式进行练习，避免单一；经常进行来自实际的对抗练习，小组或者局部的对抗训练，小型或者全队比赛的实战训练。

(二) 身体素质训练

进行科学训练，制定合理的训练计划，对因特殊情况（身体不适、有运动损伤史、女运动员经期等）身体素质不达标者，要详细了解情况后制定战术训练计划。

(三) 心理训练

通过训练改善球员的注意力、行为等，在每段练习后要适当放松，达到松紧结合；要发展球员的竞争意识，有竞争对手，有时间限制，联系实践，在比赛中自觉地培养竞争意识。

(四) 战术训练的目的与效果

在战术训练期间增加球员的战术意识，并形成具有球队特点的独特风格，同时增强个人与球队在比赛中的有效性，提升球员的集体责任感。

第二节　足球进攻战术训练方法指导

一、阵形

比赛阵形是指在比赛中对人员的布局和位置排列。比赛阵形的确定不是凭空想象出来的，更不可随意效仿，必须根据本队的打法特点、队员的能力及比赛对手方的相应情况，有选择地、有针对性地运用。

在足球运动发展的进程中，比赛阵形也随之不断地发生变革和创新，表明了比赛阵形有着鲜明的时代特征。

比赛阵形在比赛中也不是一成不变的，针对具体情况或需要，比赛阵形也可灵活机动地进行变换。如防守时采用5—3—2阵形，由守转攻时又可变为3—5—2阵形。

在整体、快速的全攻全守战术思想指导下，世界各国采用较多的比赛阵形大体有三种，即4—4—2、5—3—2、3—5—2。

（一）常用比赛阵形介绍

1. 4—4—2

4—4—2即指有四个后卫、四个前卫、两个前锋。其特点是针对足球“攻难守易”的特点，体现了中、后场的人数优势，防线较为稳固，中场攻、防兼顾，前锋虽只有两人，但是后场人员随时都可插上，不仅前锋有较大机动性，也大大增强了进攻的隐蔽性和突然性。中场四名前卫一般呈菱形站位，前面队员称为进攻前卫（前腰），拖后队员称为防守前卫（后腰），进可攻、退可守，承上启下。两名前锋可机动站位，根据情况可能站中间，也可偏向一侧、一边一中。4—4—2是世界上较为流行的阵形。

2. 5—3—2

5—3—2即指有五个后卫、三个前卫、两个前锋。其特点是以重兵加强防守，确保防线稳固，并在稳固防守的基础上打防守反击。由守转攻时，同样具有4—4—2阵形的功用。在球向前发展的异侧边后卫插上至中场，充当前卫职责。

应当注意的是，当边后卫上前时，临近中卫适当拉边，一方面兼顾由于边卫上前所留下的空位，另一方面保证各方位的平衡布局。也可以在由守转攻时，两侧边后卫都由边插至中场，形成3—5—2，加强中场控制。

3. 3—5—2

3—5—2即指有三个后卫、五个前卫、两个前锋。其特点是注重中场控制，加强进攻力量。三名后卫是针对对方采用两名前锋，且本方后卫人员个人防守能力特别强而设定的。防守上，在短时间内用两名后卫紧盯对方两名前锋，由另一后卫拖后进行保护，并等待前卫回撤支援。一般来说，由攻转守时，至少有一名前卫队员视球的发展情况，回撤到边路或中路，协助防守。也可回撤两名前卫，形成5—3—2阵形。

（二）各位置的战术要求及职责

尽管现代足球发展以来，比赛阵形在不断地变革，但基本上是按场区（后场、中场、前场）划分，进行不同的布局。我国习惯地将布局在后场的人员称为后卫，中场的人员称为前卫，前场的人员称为前锋。同一场区也有左、中、右之分。全攻全守、全面型打法的兴起，要求各个位置上的队员的打法要全面、多变，不受本身位置的局限。但在比赛中，每名队员都应有各自的主要职责分工，各个位置也有不同的战术要求。

1. 守门员

守门员的主要职责是守住本方球门，阻止对方一切可能进入本方球门的球。守门员应充分发挥在罚球区内可以用手处理球的优势，特别是争夺球门区附近的高球时。守门员还应扩大自己的活动范围，以起到协助后卫防守的作用。由守转攻时，守门员往往又是进攻的组织者或发动者，并由于处在全队的最后一线，能较清楚地观察全局，因而也应是场上的指挥者。

2. 后卫

后卫的职责是运用封堵、抢断、破坏等技术阻止对方的进攻。边后卫主要防守对方的边路进攻，同时要善于保护本方最危险的中路地区，当对方从边路发动进攻时异侧边后卫应适当内收，以保护中后卫身后区域。全面型打法要求，后卫应在由守转攻时积极投入进攻。由守转攻时，活动余地最大、最机动的当属边后卫，所以在进攻时边后卫可进入中场协助前卫，也可沿边路插上助攻，乃至沿边路下底传中或射门。进攻后应快速回位，不让对方有机可乘。

中后卫是防守的核心人物，主要是保护门前最危险的地区，阻止和封堵对方在中间地区起脚射门。盯人中卫要紧逼对方最有威胁的前锋，不让其有转身、突破或射门的机会。拖后中卫是防守的最后一关，要随时准确地向盯人中卫、边后卫补位保护，并应是全队防守的组织者和指挥者。由守转攻时，也可伺机插上助攻。中后卫助攻时须谨慎，上去则要起到作用，回防要及时。

3. 前卫

前卫的职责是控制中场，组织进攻，积极防守。前卫是后卫与前锋之间的桥梁，承上启下、前后接应，成为全队的枢纽。防守上应成为本方后卫线前沿的一道屏障，争取在中场就瓦解对方的进攻，阻止对方继续渗透，并在有威胁的地区封堵对方队员起脚射门。前卫还要随时向本方后防补位，特别是应注意补邻近的本方已助攻到中、前场的后卫的位置。中场往往是双方争夺的重要地区，前卫应做到对口盯人，围抢时，一抢全抢，互相支援；进攻时，前卫应是主要的组织者和参与者，应传球准确，转移及时，随时插上进攻，充当前锋。前卫应具备前锋的一切技术能力，如突破过人、射门和远距离射门的技术能力。

4. 前锋

前锋的主要职责是突破、射门、接应中场。前锋位于进攻的最前线，应成为全队的尖刀。在没有射门机会时应积极跑动，交叉换位，扰乱对方的防守阵线，为本队同伴创造射门机会。前锋应有较强的控制球能力，孤军作战时应将球控制好，不轻易丢球，以待本方同伴跟上时再组织新的进攻。

由攻转守时，应积极在前场进行反抢或堵截，形成全队防守的第一道防线。除此之外，前锋还应随对方进攻的推进，回防至中场，特别是本方前卫插上进攻较深暂未回位时，前锋应及时回防补位。

（三）比赛阵形练习

方法一：各个区域及位置的责任分区练习。

方法二：各个区域及位置相互靠拢、补位练习。

方法三：半场攻防练习。分别进行进攻和防守练习。

方法四：教学比赛。要求各个层次及区域的相应位置的队员，保持好板块的整体性。分别进行各种阵形演变练习。

二、个人进攻战术

个人进攻战术包括控制球时有目的、合理地运用技术，以及无球时具有战略意义的行动。个人战术的集合必将体现整体战术水平的高低。因此，提高个人战术水平对保证比赛的质量有着重要意义。

（一）个人进攻战术分析

1. 跑空当

突然起动，摆脱身边的防守者，向无人的空位上跑动接应。进攻队员 A 跑空当接应队员 B 的传球，跑位时可能同时存在几个空当，队员 A 可根据当时情况及防守队员的移动情况选择接应空当。队员 A 可向前接应，也可向后接应；可向左接应，也可向右接应。

在跑动接应中一旦发现有同伴已跑向同一空位时，应立即变向，选择另外空位接应。队员 A 跑空当接应但途中发现队员 C 也跑向该位时，立即变向再选位跑动，或是站在原地不动。

2. 跑第二空当（间接空当）

在对方紧逼的情况下，直接空当接应往往效果较差，此时需要跑第二空当。

当队员C跑位时将身边防守队员扯出，队员A即突然起动，摆脱防守，跑向由队员C扯出的空当；当队员C横向移动时，队员A跑向由队员C扯出的边路空当。

3. 交叉换位跑动

在跑动接应时，往往是一动全动。队员可根据同伴跑动的方向进行交叉换位跑动，使对方防守混乱，达到接应的目的。队员A可以与队员B横向交叉，也可以纵向交叉。

4. 持球队员行动准则

（1）在前场罚球区附近的持球队员首先选择射门。

（2）在前场的持球者面对只有一位防守者防守而又暂无本方队员接应时，应坚决进行一打一突破射门。

（3）在前场的持球队员面临较多防守者而又暂无本方队员接应时，应将球护好，以待本方队员接应、支援。

（4）在任何时候、任何地点，有同伴比自己位置更好、更能获得向前或射门机会时，要坚决传球。

（5）传球时应传出使同伴更容易接和更有利于进攻的球。

（6）能向前传时绝不横传或回传。

（7）能快传时绝不延误战机。

（8）所在区域防守队员密集时应长传转移。

（9）能直接传球或直接射门时尽量不调整传球、射门。

（10）主动迎球、接球，尽快接触球，绝不等球。

（二）个人进攻战术练习

方法一：移动接球。接应队员避开障碍物旗杆，向两边空当接同伴的传球。接球后再回传给同伴，再向另一边移动接球，以此重复练习。可定时交换练习。

方法二：一抢二练习。在长25米、宽15米的范围内进行一人抢球、二人传控的练习，控球一方的无球队员要积极选位接应。防守者抢到球即成为控球一方，由失误的队员担任防守者。可计时交换位置重复进行练习。

方法三：交叉换位。将人员分成两组，在前场进行交叉换位跑动，队员A与队员B交叉换位后接队员C的传球，再进行配合射门。

方法四：第二空当跑位。接应者队员A快速跑向由同伴队员B拉出的第二空当，接队员C的传球射门。

三、接应的技巧

接应持球队员的时候，要考虑到与持球队员的距离、角度，时刻保持呼应。

（一）接应的距离

接应的距离与接应时的场区、防守压力有密切关系。在前场，由于受时间、空间的限制，距离一般为4～5米，这样可随时提供即刻的接应和援助。在中场，由于有较大的空间，距离一般可在8～12米，这一区域通常为攻、防的过渡区，接应队员的位置，对及时的转移改变攻击方向能起到积极作用。在后场，由于对手的减少，争抢的压力要少于上述两个区域，接应者的距离可为10～25米，这样更有利于掌握好进攻面。接应距离多少最为适合，取决于场上防守压力和个人习惯。但掌握好接应距离，是做好接应的重要保证。同时，场地的条件对接应距离也会有影响。在不平的场地上比赛时，队员就需要稍多的时间来控好球，接应队员应处于稍远的位置。在球速慢、潮湿的场地比赛时，接应距离应比球速快、干燥的场地更近些。

（二）接应的角度

在制造进攻宽度的前提下，接应的角度一般应是靠内，这样会有以下好处。

（1）持球队员很容易看到接应者。

（2）便于持球者向接应者传球。

（3）传球范围大。

（4）场上视野广，有利于观察和控制场上情况。

（5）一旦持球者丢球，便于转换成防守者。

（6）当对手进行强强对抗紧逼时，接应队员应坚决前插，打对手的身后球或是进行区域渗透。

（三）接应时的呼应

接应时的呼应是接应技巧的组成部分，是与同伴联系的信号。比赛呼应用语要简练、洪亮。呼应不仅可为持球者提供信息和技术提示，也可增强同伴的信心和勇气。

四、局部进攻配合

局部战术是指场地范围不大，参与人数不多的攻、防配合行动。局部战术是整体攻、防战术的基础，在某些时候，也是直接结束战斗的重要手段。如在比赛中2名或3名队员通过运球、传球、跑位等配合，突破1名或2名防守队员等。局部进攻配合有二人配合和三人配合。

(一) 局部进攻配合战术分析

局部进攻战术是指进攻中两个或几个队员之间的配合方法。它是集体配合的基础。局部进攻战术的基本配合形式有：传切配合、交叉掩护配合和二过一配合。

1. 传切配合

传切配合是指控球队员将球传给切入的进攻队员的配合方法，是局部进攻战术中运用最多的方法。传切配合的形式有局部传切和转移长传切入。

(1) 局部传切配合。

按传切的线路可分为直传斜切、斜传直切（见图4-1)。

图4-1　局部传切配合

(2) 长传转移切入。

一侧进攻受阻，长传转移到另一侧，切入队员得球后展开进攻（见图4-2)。

图4-2　长传转移切入

（3）传切成功的要素。

①控球队员要把握准确的传球时机，并控制好传球的方向和力量。

②跑位队员要明确切入的方位和时间，起动突然、快速，并用身体掩护住球。

2. 交叉掩护配合

交叉掩护配合是指在局部地区两名进攻队员在运球交叉换位时，以自己的身体掩护同伴越过防守队员的配合方法（见图 4-3）。

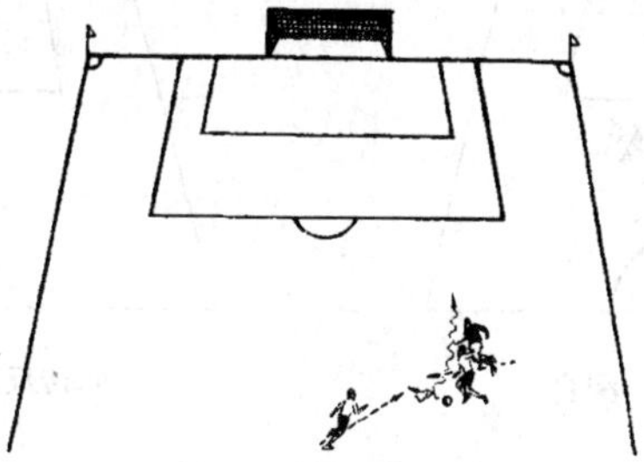

图 4-3　交叉掩护配合

交叉掩护配合成功的要素：

首先，运球队员必须用自己的身体护住球，并挡住两名防守队员，将球传给同伴后，要继续向前跑动。

其次，接球队员必须主动迎面跑向运球同伴，交叉距离贴近，接球后快速向前运球。

3. 二过一配合

二过一配合是指在局部地区两名进攻队员通过两次连续传球配合，越过一名防守队员的配合方法。根据传球和跑位的路线，二过一配合的形式有：斜传直插二过一、直传斜插二过一、斜传斜插二过一、回传反切二过一（见图 4-4）。

（1）斜传直插二过一配合。当防守队员身后有一定空当，防守队员距插入队员较近时，采用此种二过一配合效果较好。

（2）直传斜插二过一配合。当防守队员身后有较大空当或防守队员移向接应队员时，采用此种二过一配合效果较好。直传球力量要适当。

（3）斜传斜插二过一配合（踢墙式二过一）。当防守队员身后空隙较小或采用连续二过一时，采用此种二过一配合效果较好。

（4）回传反切二过一配合。当接应队员与控球队员有一定的纵深距离，而且防守队员贴身逼抢时，可主动向后扯动，拉出空当，采用此种二过一配合。

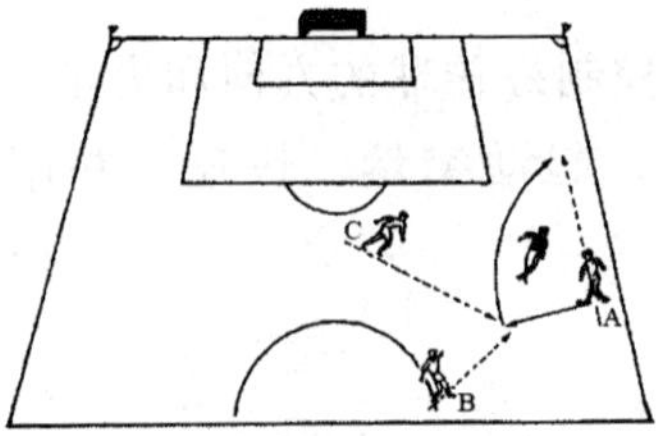

斜传直插二过一配合

直传斜插二过一配合

斜传斜插二过一配合

回传反切二过一配合

图 4-4　二过一配合

二过一配合的注意事项：

（1）二过一配合的传球脚法以脚内侧居多，因为二过一配合一般都是短距离传球，脚内侧出球准确、平稳。

（2）踢墙式二过一配合的“墙”不应是原地静止的，而应是在快速跑动中调整位置，直接传球，以达到最佳效果。

（3）二过一配合的控球队员要有运球突破的意识和行动，给防守方以压力，把防守的注意力吸引过来，不要过早暴露二过一配合的意图，这样才能创造出二过一配合的局面，打乱对方的防守队形。

（4）二过一配合机会瞬息即逝，所以要求传球的方向、力量、旋转要恰到好处。特别是踢墙式二过一配合，第一传的质量直接影响到第二传的效果。

（5）第二传的时机是二过一配合成功的关键，既要根据同伴的跑速和位置，又要考虑防守的位置和动向。

（6）二过一配合第一传后，可多人插上。传球的第一插上者被保护补位的防守队员封堵后，可利用第二、第三插上者打间接二过一配合。

（7）回传反切二过一配合要考虑纵深距离。传球队员和反切队员尽量不在同一纵轴线上传切，以免给传球和接球带来困难。

（二）局部战术练习示例

方法一：踢墙式二过一练习。

方法二：各种二对一射门练习。

方法三：在罚球区前 10 米×10 米范围内进行二过一配合射门练习。

方法四：在 10 米×20 米场地上设两个球门进行二对二练习防守，须有一人为守门员，在规定时间里相互展开攻守。

方法五：回拉接应反向切入射门练习。

方法六：间接二过一射门练习。

方法七：半场中路进行三对二射门练习，规定最多三次传球，必须射门。

五、创造和利用空间

为达到取胜目的，就必须制造和利用整个场地的空间，而无球跑位正是这种行动的具体体现。

（一）跑位的目的

（1）灵活机动的跑位可以在无人防守的情况下接球、控球。

（2）巧妙摆脱防守的同时，可帮助并策应本方有球队员。

（3）通过无球队员的积极跑动，可达到牵制防守一方，使有球队员获得利用所制造空当的机会。

（二）跑位的原则

根据比赛中攻防战术频繁转化过程中动、变、活的特点规律，确定跑位要以球为中心遵循以下三个原则（特殊情况例外）。

1. 以球的动向而动

比赛中球始终在快速运行，每名队员的位置也在不断移动，持球者受阻，处理球的意图随机改变，攻、守的双方也在不断互换。所以队员在临场时，一定要按球的动向而动。

2. 以近球者而动

近球者能尽快容易地得到球，也是对方紧盯看守的对象，所以近球者的及时策应跑动更易牵动对手，制造空当。因此，距离远的同伴必须根据近球者的行动而动。动的原则是：你左我右，你右我左；你反向我顺向，你顺向我反向；你拉我插，你插我拉。根据球的发展变化，不断改变近与远的关系，同时按照本队的战术意图、对方可能出现的漏洞机动灵活地跑动，以达到进攻的目的。

3. 以前者动而动

这是指球已发展到进攻方向的前面，跟冲挺进的锋、卫队员必须根据前者的动而动。动的原则是：前者跑到左面，后者就跑到右面；前者插到右方，后者就冲到左方；前者拉插到边线，后者就换位到中间。

(三) 跑位的特征

（1）跑位不仅可以为同伴制造空当，也可以为自己利用空当创造条件。

（2）跑位需要高度的整体配合意识，这一行动有效性需要同伴间的默契配合，同时也要求每名队员必须拥有良好的整体意识。

（3）跑位需要宽广的视野和突然性的起动。有宽广的视野才能及时制造和利用空当。而决策一旦做出，队员就必须有突然性的摆脱、起动，以捕捉有利的空当。特别是在防守严密的门前，机会常出现于瞬间。

（4）跑位必须有随时接球的准备。跑位的每一瞬间，除了对持球队员不失时机地传球有特别要求外，也需要跑位队员有在快速跑动中接好球的能力。

(四) 跑位的方式

跑位没有固定的路线，主要依据场上的即刻形势及同伴间的默契。常见的跑位方式主要有三种。

1. 套边跑

从持球队员的身后插入外侧的跑动，一般称套边跑。

（1）套边跑的特点。首先，位于持球队员的身后，具有全面观察前面局势的广阔视野，面对防守者的暂时疏忽或漏洞能迅速有力地插入。其次，无论是创造还是利用空间，都是一种无球的跑位方式。最后，一般由中路跑向边路，可利用场地宽度。套边跑并非局限接应者应用，任何场上队员都可利用。

（2）套边跑的运用。套边跑位具有很多优势，但必须根据具体情况选用而不可乱用。具体应注意：首先，跑动时机。这一般由球前防守者的站位所决定，早跑可能越位，晚跑，球有可能被防守者拿去。其次，跑动速度。一旦起动，须保持加速且快速跑到球的前面，即使在摆脱防守者之后，也需这样。最后，呼应联系。和持球队员应有呼应联系，以便寻找恰当的传球时机。

2. 身后跑

插入防守者身后的跑位称身后跑。

（1）身后跑的特点。首先，跑入防守者身后致使防守者很难观察进攻者的行动。其次，身后跑可吸引防守者横向移动追盯进攻者，因此，可瓦解防守的保护。再次，身后跑能通过跑入防守者很难保护的区域来利用空间。最后，身后跑也能通过守方保护队员的横向移动，创造第一防守者身后空间，为持球队员突破做准备。

(2) 身后跑的运用。首先，跑位队员与持球队员的呼应联系，应通过直观行动而不是口令。因身后跑易让持球队员看到，任何语言都能提醒防守者了解跑位队员动向。其次，身后跑应注意时机，越位规则常限制身后跑的成功率。最后，身后跑的角度取决于球前防守者、球前进攻者和球在场上的位置。

3. 斜线跑

近似球场对角线方向的跑位称斜线跑。

(1) 斜线跑的特点。首先，同其他跑位一样，通过斜线跑牵动防守者，创造或利用空间。其次，因横跨区域，对破区域盯人防守颇为有效。长距离斜线跑牵动区域更多，易使许多防守者卷入追盯该队员的行动，引起防守组织混乱。最后，斜线跑动适用于对方半场，越位规则也常限制这一跑动。

(2) 斜线跑的运用。首先，边路跑入中路。这种斜线路，可直接威胁门前要害区域。这种跑位多是利用空间，持球队员有可能渗透性传球给该队员，从而创造射门机会。其次，中路跑向边路。这种跑位通常是创造空间。因为进攻队员离开了要害区域，减少了对防守的威胁。如果防守者跟随，那么，另一边的进攻者可以利用该空当。如果向外跑，吸引保护队员也跟出，则可构成中路 1 对 1 局面。

4. 二次进攻跑位（利用空间）

二次进攻跑位通常指利用空间再夺门前机会的一种跑位。这种跑位在场上虽运用不很多（训练和比赛中都易被忽视），但实战中却是相当有效的一种进攻手段和得分法宝。二次进攻跑位有：

(1) 补射跑位。即同伴射门后跟进或射门队员自己跟进的一种跑位。根据英国《足球获胜公式》一书材料表明：每 4 个远门柱进球中，就有一个是补射而进。

(2) 再夺球跑位。据研究，高球从进攻三区由防守队员破坏顶出后，落点都有一定的规律。即中路顶出的角度一般为 30°，距离约 15 米，边路顶出的角度一般为 20°，距离约 10 米。再夺球跑位应注意这些区域，以便能直接远射或夺球后迅速发动进攻。这种反抢发动进攻的成功率也高于中区和防守三区（分别为 52.5%、29.7%、17.8%）。

(五) 跑位要求

依据跑位的原则及本队整体攻防战术的设想和特点，在训练、比赛中应严格要求如下。

1. 保持好整体队形

全队要有一个整体队形，前锋、前卫、后卫三条线的距离必须始终保持在纵深 40 米左右，横面 35 米左右，各位置互相之间的距离在 10 米左右，并要形成“锁链式”的三角形。互相配合，互相保护，一动全动，在进攻中要打乱对方的防守部署，防守中则要使对方无懈可击。保护队形的完整，关键在于能在快速的攻防转化过程中去完成。要达到此目的，每名队员必须具有整体的战术意识，高度的责任心、纪律性，顽强的意志和充沛的体力。

2. 敢于前插

进攻中前锋队员要敢于冲锋陷阵，体现在向前、向对方身后插为主。但要有拉有插（你拉我插，你插我拉，拉中有插，插中有拉），一拉多插，一插再插。有球区的插或反切更为重要，它能及时牵动对手，拉出空当，利于本方在局部地区打开局面。否则将被对方逼住，陷入困境，在对方封堵、夹击下失球。插要插得坚决、快狠、深透，迫使对方防线拉开拉长，有利于打转移二过一或间接二过一。拉插的时机要及时，做到突然摆脱对手，主动快速迎球接球。

3. 攻守平衡，机动灵活

在攻防转化过程中，三条线的各个位置必须根据球的动向，要攻中有守、守中带攻，要有前有后，有左有右，有挺有靠，有上有落，使之动中善变、机动灵活。

4. 射门必须有跟冲、包抄

养成射门包抄、跟冲的习惯。边路、球门线处传中必有冲插近门柱、包抄远门柱，要集中攻击点，控制攻击面。

5. 其他

（1）争顶高球必有插、有挺、有靠、有接、有补。

（2）两人同时接一球，前者反切、反插让后者。

（3）中、后卫得球必有接应，有保护。

（六）跑位训练应注意事项

（1）首先应了解跑位的方式、作用和特征，明确跑位区有合理的分布，一动全动，创造多个进攻点。

（2）跑位可在各种小组和分队训练中发展，训练应结合实例多讲多分析，突出意识的培养。

（3）注意有进攻方向，培养队员之间呼应的默契性。

(4) 侧重跑位技巧的训练可采用一些限制条件，如人盯人、限制触球次数、迫使队员又攻又守地跑动。

(5) 跑位与接控、接射、接传等技巧有机结合进行训练，培养队员在快速、紧逼情况下处理球的能力。

六、定位球的进攻

有关研究资料表明，有40%～50%的入球来自于定位球配合。特别是在许多关键性的比赛中，胜负常常是由任意球、角球、掷界外球配合后攻入的。这是因为定位球进攻与一般的配合进攻相比有以下五个方面的有利条件。

第一，球在罚出或掷出时处在死球状态下，不存在控球问题。

第二，除掷界外球外，对手都必须在距离球9.15米以外的位置，无法对罚球队员施加防守压力。

第三，投入的进攻人数较多，一般有8～9名队员，向前进入攻击位置。

第四，队员可以在预先设计的进攻点站位，以最大限度地发挥每个队员的作用。

第五，通过训练可达到很高水平的协同行动与把握时机的能力。

这五个有利条件的综合作用，使得防守队员对定位球的防守难度极大。若进攻队员在配合中投入得更多，防守定位球的难度会更加提高。教练员可以对罚球队员、接应队员、插上队员等进行针对性的安排与训练，这样往往会取得良好的效果。

(一) 定位球进攻战术分析

1. 角球战术

(1) 直接传中。

由传球技术较好的队员主罚角球，直接将球传向球门区附近，一般有三个威胁点：一是球门区近角，称为“近端”；二是球门区远角，称为“远端”；三是罚球点附近区域，称为“中间”。为便于与本方队员联系，可用某种信号予以代替，如出手指“1”表示“近端”，“2”表示“远端”等。由头顶球技术较好的队员对传中的球进行冲顶，其他进攻队员冲击包抄，以补射或“捡漏”。对传球三个点的选择，取决于攻、守双方的具体情况。若守方中路防守力量坚强，且有高大身材的队员，头顶球能力较强时，则应选择传“中间”，进行强攻。传向中路的球，其地点应是对方守门员出击比较困难、离球门又不是太远的位置，否则同伴即使顶到球也不能对对方守门员构成威胁。

（2）短传配合。

在队员主罚角球时，另一队友应快速跑上靠近主罚队员，接短传给自己的球，其中有两个目的：一是缩短再次传中的距离，以增强传中球的准确性；二是在小范围内进行“二打一”再下底线，逼迫对方有队员从中路扯出补位，以造成对方中路防守出现混乱，并即时传中，由中路进攻队员进行冲击射（顶）门。

2. 前场任意球战术

（1）直接射门。

直接射门可采用两种办法：一是获直接任意球时，根据规则允许，不经裁判员鸣哨，在对方还未组织好防守、未引起注意时，突然快速起脚射门；二是利用“人墙”的漏洞或守门员站位的不当，采用踢弧线球技术，绕过“人墙”射门。

（2）配合射门。

任意球配合射门的方法，可以设计多种。无论设计什么方法都应遵循以下两条原则：①路线简单，技术简练，传球次数不要过多，至多 2～3 次传递即完成射门；②声东击西，避实就虚，避开“人墙”或破坏“人墙”，创造射门机会。

（3）两侧斜传强攻。

当罚球点处于罚球区附近两侧时，可采取斜传冲击方法。斜传时一般传空中球，中路由身材高大、头顶球技术较好的进攻队员进行冲顶，其他进攻队员有层次地插上进行冲击，造成对方门前混战，以寻找得分机会。

3. 前场掷界外球战术

（1）大力掷球传中。

在靠近对方罚球区的边线掷界外球时，掷球队员助跑掷球，大力掷向对方的罚球区，其威胁和作用相当于一次罚角球进攻。

（2）向对方纵深掷球下底。

由于规则规定掷界外球时进攻一方直接接的界外球是没有越位的，所以接球队员可通过突然起动，摆脱跑位，或者通过同伴的扯动跑位下底接掷出的界外球，并直接传中或造成角球。

（二）定位球练习

方法一：定位多球射门。在罚球区附近的各个罚球点上，主罚队员进行多球射门练习，以提高直接射门的准确性。

方法二：角球直接传中。主罚队员进行多球传中练习，要求罚球落点（“近端”“中间”“远端”）准确，并对出球的弧线、速度提出不同的要求。

方法三：弧线球射门。在离罚球点 9.15 米处设立障碍物或“人墙”，主罚队员踢弧线球绕过障碍或“人墙”射门。

方法四：斜传球射（头顶）门。由主罚队员 A 在罚球区附近的两侧地点传空中球，中间插上队员 B 和 C 跑动射门或配合射门。在此基础上，插上队员可增加至 3～4 人。插上时须有层次，队员 B 先插，队员 C 稍后并交叉换位，队员 B 在跑动中接队员 A 的传球，可直接传（头顶）给后插上的队员 C，队员 C 射门。

方法五：一拨一射。在射门的罚球点上，由队员 A 短距离拨给队员 B，队员 B 在队员 A 传球前就应先期隐蔽移动，待队员 A 拨出球后，队员 B 正好到位射门。此练习主要训练有关配合人员对传球、跑动、射门时间上的默契和射门队员对踢地滚球的适应程度。在此基础上，局部参与人员还可增加至 3～4 人。

七、常见的进攻方法

（一）阵地进攻

当守方的队员都退回到自己的半场且占据防守位置时，攻方的进攻则成为阵地进攻。它的主要特点是守方没有大的空当，且攻防人数大体相等，此时要求进攻者用不断的跑动、穿插、策应来打破守方的防御体系，在局部地区造成以多打少的局面。

1. 边路传中

边路传中是指在对方半场两侧地区发动的进攻，通过传中创造射门机会。由于两侧地区防守队员相对较少，空隙较大，攻方在这一地区便于突破防线。

高校足球比赛中边路传中的区域主要有两个：一是在对方罚球区的延长线附近；二是在球门区延长线附近。前者多于后者。

边路传中的落点主要有三处：一是球门区与第一门柱之间，常称为前点；二是罚球点附近，这是进攻者攻门的最佳位置；三是第二门柱附近区域，俗称后点。

当今足球比赛传中技术已改过去弧度高、球速慢的踢法，普遍要求弧度低、球速快且带有明显的向内旋转。这对守门员及防守队员的判断、抢断有一定难度，而对进攻者的射门有利。在防守者面向自己球门跑动、阵脚未稳、尚未调整好位置时，传中最为有利。

边路传中主要有个人运球突破和传球配合两种方法。

（1）个人运球突破是进攻中的锐利武器，主要有利用速度突破、运用假动作突破及速度与假动作相结合的突破。

（2）传球配合在边路进攻中运用最多。如前锋的配合突破有前锋拉边、前卫套边、边后卫插上等。运用时中路包抄的队员应有较明确的分工，包括抢前点、夺后点、争中路、候外围等，使包抄有一定的层次，争取射门与补射的机会（见图 4-5）。

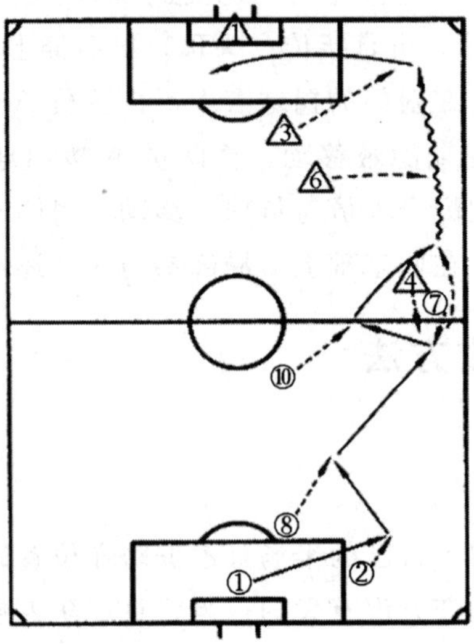

图 4-5　传球配合在边路进攻中的运用

2. 中路渗透

中路渗透一般有后场、中场、前场中路发动进攻三种形式。

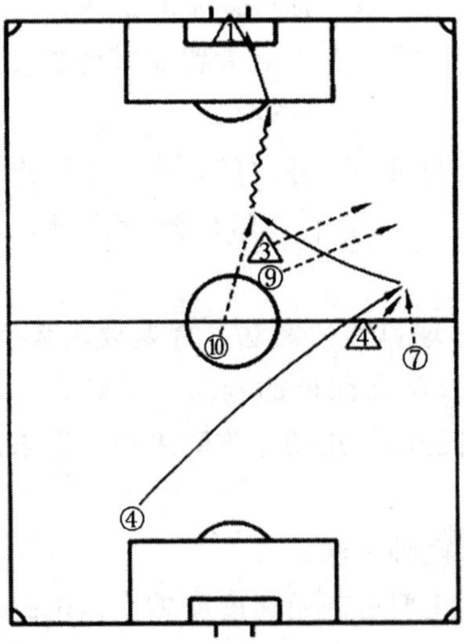

图 4-6　后场发动进攻

（1）后场发动进攻主要指守门员和后卫发动的进攻（见图 4-6）。

（2）中场发动进攻中前卫队员负担着组织进攻和插上进攻的重要角色。采用的方法是短传配合，以各种 2 打 1 来摆脱对方的防守。据研究，中场发动进攻创造射门数占 74%。

（3）前场发动进攻主要靠前锋回撤，在其身后形成的空当由其反切插入，或者由后排的前卫、后卫插入。在罚球区附近进行踢墙式 2 打 1 的配合，对突破对方密集防守往往有奇效。前场除了组织进攻外，采取断抢、捡漏等反攻的方法，有时也可获得意外的成功。

3. 中边转移

由于比赛中中路聚集着大量的兵力，有时单一的中路渗透往往不能奏效，因此一旦中路进攻受阻，应及时往边路转移。当防守的力量偏重在某一侧时，也可以由一侧向另一侧的边路转移进攻。总之，转移进攻可以打乱对方的防守阵线，利用空当，创造破门得分的机会。

（二）快攻

快攻即快速进攻，是最有实效的一种进攻战术。其主要特点是由守转攻时，乘对方来不及组织防守、立足不稳之际，通过简练快速的传递配合创造射门机会。快攻的形式有以下几种。

（1）守门员获得对方射门的球，此时对方三条线压得比较靠前，守门员迅速地用脚踢给本方埋伏在对方后卫线附近的突击队员，或用手抛给中场占据有利位置的同伴队员，形成快速突破的机会。

（2）在中、前场截得对方脚下球即刻发动进攻。

（3）获得任意球时，快速罚球也能形成快攻机会。

快攻最为关键的因素在于“快”和“准”。

快攻中通过边路传中的进攻主要有个人突破及边路队员快速插到防守者身后接球突破。快攻中的中路突破主要有个人突破和配合突破两种形式。

快攻中的中边转移的主要形式有：中后场得球后一次性直接将球长传至边路，由边路队员突破；或者经过中场的一两次传递后再将球分到边路，由边路队员突破。

第三节　足球防守战术训练方法指导

一、基本概念

（一）防守技术

防守技术是指防守队员对持球的进攻队员所运用的一系列防守技巧。它可分为抢、断、堵、铲、争顶五大类，每类都具有不同的技巧特征，适合运用于不同的场合。这些防守技术构成全队防守的基础。防守技术运用的一般顺序：第一为断截球；第二为盯堵（争项），限制持球队员转身；第三为抢夺球；第四为正面阻援；第五为铲球破坏技术。

由于足球比赛场上情况十分复杂，防守技术的运用也要视实际情况随机应变，灵活运用。

无论是抢、堵、断、铲、争顶哪种防守技术，在具体的运用中都会不同程度地涉及“接近”“角度”和“距离”这三个要素。

1. 接近

接近是指防守队员跑向控球队员的一段距离。接近的速度要尽可能快，但快中又要稍有控制，留有余地。

如果断截传球十分有把握，则必须十分果断而快速；如果对手背身接球时，也应全速逼上，紧逼对手，以限制其转身；如果对手已经拿好球，或当防守队员欲上前紧逼时，进攻队员有可能将球控制好，这时，开始接近的速度要尽可能快，但最后几步必须稍加控制，放慢一点，以便当进攻队员在最后一瞬间突然带球快速摆脱时，能够及时随之变换方向，争取有效的防守措施。

2. 角度

角度是指以球和守方球门中点连接的直线为基准的迎上盯抢的方向（角度）。一般来说，接近的角度同球与本方球门中点连接线是一致的。但要分清以下几种情况。

（1）如果在对手接控球的一瞬间，能够迎上去紧逼持球者，逼上的角度应正对持球者，并尽可能阻止对手转身。接近对手的角度应力争做到：尽快站于“线”上，尽快贴近持球队员。

（2）如果随便跑入线上，持球队员将有可能获得时间射门、传球和运球。

（3）如果不考虑尽快插入“连接线”上，而是直奔持球队员，同样有可能给对手造成射门、传球或运球的机会。

（4）如果能兼顾上面提及的两个因素，以一定的弧度跑入“线”上，将有利于防守与抢球。

3. 距离

防守队员与持球进攻队员之间的距离，取决于是阻止射、传还是运球。如果是封堵射门和传球，距离应比防堵运球更短，要贴近对手。兼顾各种情况而言，最好与对手保持 1.5 米左右的距离。这样既可封堵对手向前的活动，又可限制他的活动空间，达到紧逼盯人的目的。

4. 断球

断球是抢球技巧中最积极、最主动的方法，但也是难度最大的抢球手段。它要求防守队员具有丰富的经验、敏锐的观察和预判能力。

（1）断球的顺序。

①预测传球。根据比赛情况（进攻队员的接应、跑位，防守队员的站位、盯人，特别是所盯进攻队员与持球队员相互间的具体条件），预测将要传出的路线、方向、落点等，以判断有无断球的可能，并选择最佳的位置。对持球进攻队员传球意图的准确判断，是断球成功的决定性因素。

②判断断球的时机和球速，以决定出击的时机。

③选择断球点。按第一个断球点迎上断球，很可能断不到球，因断球点与传球者相距太近。若断球者起动太早，易暴露自己的意图，传球者有可能突然改变决定；若断球者为了隐藏自己断球的意图而较晚起动出击，则可能因传球距离太短，来不及赶到断球点将球截获。如果按第二条线路去断球，接球队员很有可能抢先一步拿到球。所以，只有第三条断球线路是正确的、最佳的选择，既有较充分的起动出击时间，又早于接球者抢先一步断截球。

④选择断球时的身体部位，如脚内侧、脚外侧、脚尖、大腿、胸腹、头等。用头断球时不能达到断球后控球和传球的目的。

⑤在出击断球的一瞬间，必须决定是将传球破坏掉，还是将球控制在自己脚下，或者将球断传给同队队员。

（2）断球的要求。

①断球前防守队员的站位要正确，站位要选择适当的距离和较好的角度，使传球和接球的进攻队员都能在自己的视野范围内。

②防守队员在断球前应隐藏自己的意图，甚至使自己的行动（神态、眼神、站位距离等）带有欺骗性。

③断球时机的判断要准，断球时的跑动和动作必须快而狠，要有突然性、爆发性。但切忌过分心急，盲目瞎扑。

5. 抢球

抢球是比赛中运用最多的防守技术。一次成功的抢球，可以为比赛胜利奠定基础。抢球技术可分为正面抢、侧面抢和背身抢三种。

（1）正面抢。

①一般用脚内侧部位抢球，因接触球的面积大，抢球时牢靠，把握性大。

②支撑脚位于球的侧方，与球保持适当距离，膝关节稍弯曲，以降低身体重心，保持身体平衡，以利于抢球时发力，产生强劲的冲击力。支撑脚太直，身体重心太高，是抢球时常见的错误。

③要善于选择和掌握最适宜的抢球时机。如持球的进攻队员低头看球时，推

拨球超出控制范围时，最好在对手刚推拨球的一瞬间，突然快速出脚进行抢球。

④出脚抢球时，上身前倾，支撑脚用力蹬地发力，身体重心迅速前移，用抢球脚的内侧对准球的中心部位。

（2）侧面抢。

当防守队员与持球队员处于平行位置（如追赶带球的进攻队员，两人处于平行）时是运用侧面抢的最好时机。

①防守队员抢球前，必须要靠近球。

②支撑脚踩在球的前面一点。

③用抢球脚（离进攻队员远侧腿）的脚内侧部位，从带控球进攻队员的两脚之间将球“卡”住（即回扣动作）。

④以支撑脚为轴，转动身体将抢下的球带走或向上提拉球越过进攻队员的脚背。

（3）背身抢。

背身抢运用于进攻队员背向进攻方向控制球时。背身抢的首要目的是竭力限制进攻队员转身。当对手控球背对进攻方向时，就很难使进攻构成大的威胁。

①不要紧紧贴住对手，否则难以看清对手脚下控制的球。看不见球，就易受对方假动作的欺骗。最好同对手保持0.5～1米的距离，这样既能看到球和对手的动作，又能对控球者造成较大的压力，牢固地控制对手。

②出脚抢球的最好时机是当进攻者试图转身，即半转身的一刹那。此时，进攻者既不能很好地用身体掩护球，同时身体重心也处于不稳定之中。

6．封堵

封堵是一种经常采用的防守手段。封堵分为正面封堵和背身封堵两种。

（1）正面封堵。

正面封堵多用于比赛中以多防少时。目的是为了限制对方展开快攻，为本队及时回防争得宝贵的时间。此时，靠近持球队员的防守者要选好站位角度，既要防止进攻者采取二过一传切配合突破，又要防止持球者突然带球向前突破。不能急于抢球，更不能孤注一掷，贸然上前扑抢。

正面封堵的战术意图如下：

①封堵传球的角度；

②封堵内线，迫使对手走边，不让球推进到守方门前；

③封堵边路，迫使对手走中路，抑制对手擅长的边路进攻；

④封堵攻方向前、向边的进攻线路，迫使其横向移动，阻止其向前渗透和威胁性进攻。

（2）背身封堵。

背身封堵主要用于限制控球的队员转身面对进攻方向，减少进攻的威胁。

7. 铲球

铲球通常是在比赛中运用防守技术的最后一招，运用时必须十分谨慎。因为一旦铲球失败，将会使本队在短时间内形成以少防多的被动局面。铲球技术一般可分为脚内侧铲和脚外侧铲两种。

（1）铲球技术运用的时机。

铲球技术主要运用在进攻者快速向前带球，防守者已无时间赶在对手前面进行正面堵抢，而进攻者又处于有可能射门、传中或采取威胁防守方球门的行动时，在此情况下防守者必须果断地从持球队员的侧后进行铲球。

（2）铲球技术的基本要求。

①要有勇气和胆量。

②准确判断距离和铲球时机。

③倒地时应有自我保护意识和技巧。

④不要犯规。

⑤铲球失误后应迅速起来继续防守。

8. 争顶球

比赛中对争顶球的要求如下。

（1）既要善于争抢高点，又要擅长抢前点。

（2）既要运用左右脚、单脚起跳头顶球技术，又要熟练掌握双脚原地起跳的顶球技术。

（3）为了加大争顶球控制空间的范围，必须提高对各种传球的判断能力。力争做到尽早判断，尽早起跳（要有滞空能力），占据有利的空间位置。

（4）争顶球之前要注意观察四周的情况，跳起争顶球时力争将球顶向同伴。但比赛中多数情况下争顶球带有破坏性的特点，此时则要求尽可能将球顶向两侧远离本方球门的地点，切忌将球顶到本方球门正面罚球弧线一带。

（二）防守战术

1. 个人防守战术

（1）选位。

选位是指防守队员在防守时选择占据合理的防守位置。一般应处于对手与本方球门中心所构成的一条直线上。

在失球瞬间，防守队员应根据自己的防守范围与对手的情况，迅速选择有利位置，并朝着本方球门退却收缩，以便封锁对方向本方球门进攻的路线。在防守过程中要时刻观察场上情况，做到人球兼顾，决不能让对手离开自己的视野范围，要随球和进攻队员的位置变化而移动防守位置。

（2）盯人。

盯人是指防守队员控制进攻队员的行动与传接球的时间与空间，目的在于阻止对方接球，并在对手接球前或接球的一刹那紧逼。

盯人的方法如下：

①对有球队员及其附近的队员采用紧逼的战术；

②对离球远的对手可采用松动盯人的战术；

③对方队员接近球门时一定要紧盯。

（3）抢截。

抢截是将对方控制的球抢断下来或破坏掉。行动的前提是必须保证整体防守稳固。

2. 局部防守战术

（1）保护。

保护是指在同伴紧逼控球的对手时，自己选择有利位置来保护同伴、防止对手突破的默契行动。保护时选位的基本要求是队员间距离适当地斜线站位，这也是后卫线防守站位的基本原则。斜线站位可避免出现对方突破一点而使己方全线崩溃的局面。

（2）补位。

补位是指防守队员间互相协作的防守配合行动。补位有两种：一种是队员去补空当，如边后卫插上助攻时，就有一个同伴暂时补他的位置，以防插上进攻失误时对方利用这一空当进行反击；另一种是队员的互相补位，即交换防守。互相补位一般都是临近的两个同伴之间互相交换防守，这样出现漏洞的可能性就小。

（3）围抢。

围抢是指防守时几名队员同时围堵、抢断某局部地区的对方控球队员的默契行动。防守队半场的两个底角和中场的边线附近是围抢的有利地区。底角有边线和端线，可限制对手的进攻方向，而中场边线附近，一方面受边线限制，另一方面这一地区易组织边锋、后卫、前卫进行围抢，故效果较好。当对方进攻推进缓慢或局部配合过多、缺少转移进攻时，则是组织围抢的最好时机。

3. 全局性防守战术

（1）区域防守。

区域防守是指根据场上队员位置的分布，每个防守队员防守住一个区域，在对方某一队员跑入本区域时，就进行积极防守，限制对方进行进攻活动的配合方法。

（2）人盯人防守。

人盯人防守是指每个防守队员盯住一个对手，封锁对方的进攻路线，控制对手的活动和传、控球的配合方法。

（3）混合防守。

混合防守是指人盯人与区域防守相结合的防守方法。目前在比赛中普遍采用混合防守的方法。

4. 造越位和反越位战术

（1）造越位战术。

当对方进攻时，在向前传球前的一瞬间，本方后防线上的人员有指挥地统一前压，使进攻队员在本方队员传球时已处于越位位置。

应注意的是必须全体人员行动统一，否则，一旦造越位失败，将带来无法补救的后果。一般由拖在防线最后的自由中卫进行统一指挥。

（2）反造越位战术。

反造越位战术是针对防守一方采取造越位战术而制定的。当本方队员传球前的瞬间，处在第一线的进攻队员必须随对方队员前压，往回移动，始终不让自己处在防守队员身后。与此同时，中场或后场的进攻队员隐蔽地向前快速插上，插上跑动应与传球时间配合默契，最好的时机是插上队员还未超过防守队员位置之前，传球者刚好将球传出。掌握得好，一般形成单刀球，使防守一方难以补救。

5. 防守练习方法

方法一：可采取半场攻、防练习，以增强区域防守和混合防守的位置概念，以及协作防守换位、补位的默契。

方法二：采取小范围 1/4 场地、1/2 场地及全场人盯人抢截练习，以增强盯人队员的责任心和个人防守能力。

方法三：在教学比赛的实战中培养整体防守和个人防守能力。

二、控制和封锁空间

（一）控制和封锁空间的意义

第一、第二防守者是在进攻方有球队员就近地区进行防守，控制、封锁远离球的其他区域和空间的职责需要由第三防守者承担。从防守的层次上看，第一、第二防守者主要针对局部，而第三防守者则是把握整体。进攻一方的主要目标是通过多种有效的进攻战术配合，将球推进到对方防线的身后区域，力求创造破门得分的机会。对于防守一方来说，则必须通过占据、封锁要害的空间（防区），追盯进攻队员，设法将对方的进攻活动限制在本方防线的前面并有效地瓦解对方的进攻。为了阻止对方的进攻向本方防线纵深渗透，最重要的是妥善处理回防队员和保护区域的关系，一般应遵循以下两个原则。

（1）进攻队员距本方球门越近，对他的防守就应盯得越紧。严密封锁空间，不允许进攻队员有射门的机会。

（2）进攻队员距本方球门越远，对他的盯防就应该越松。盯防的距离远，对手对本方球门构成的威胁较小。

（二）第三防守者的主要技巧

第三防守者的主要技巧包括回位跑、选位和追盯等。

1. 回位跑

（1）回位跑的时机。

一场比赛中双方攻防转换约 300 次，也就是说双方控球权的交替约达 300 次。控球权转换的瞬间是足球比赛中十分关键的时刻。由攻转守的一瞬间，一些队员处于球的前面，如果不迅速回防（回位跑），就为对方造成以多攻少的战机，进而有可能直接威胁本方球门。由攻转守时，近球者应延缓对方进攻速度，边防边退。此时，临近的队员迅速回位，担负保护的职责；处于较远处的队员也应迅速跑至进攻队员与本方球门之间的空当，担负起第三防守者占据和封锁空间的职责，并使双方的攻防人数达到均势。

（2）回位跑的路线。

不同位置的队员回位跑时有不同的路线。但总的原则是从进攻者与本方球门之间的内侧方向回位跑，并要选择最短的路线。边路队员以近侧门柱为方向回位跑，中路队员以球门中点为方向回位跑。

（3）回位跑的距离。

回位跑时必须洞察场上的局势并做出正确的分析，确定自己回位跑的距离。要形成防守纵深，保持三条线（前锋、前卫、后卫）的紧密联系。随着对方攻势的发展，处于不同的场区，三条线保持的距离有所不同。在接近对方端线由攻转守时，在本方前场三条线的距离可相距较远，而在本方后场罚球区前，三条线的距离应保持较近，压缩防守空间，加强对禁区前要害地带的保护与封锁。

保持防守纵深是形成全队整体严密防守体系的重要保证。比赛中难以形成防守纵深的原因有以下三点：

①不回防或回位速度太慢；

②纵深拉得太长，使三条线之间的空当太大；

③队员之间站位过于平行（缺乏前后纵深），盲目挤压空间及造越位不当。

（4）回位跑的队形。

在回位跑的过程中，既要注意纵深的距离，也应注意到同伴横向间的联系与配合。横向联系并不是要占据整个比赛场地的宽度。防守的宽度取决于球的位置和对手所处的情况，有时为争抢球可采取压缩防守的措施。

2. 选位

（1）选位的基本要素。

当防守者采取正确的回位跑时，他必须考虑选位的合理性。一般而言，选位应考虑以下三方面的因素：

①进攻者所处的位置；

②球门的位置；

③球所处的位置。

防守者的基本任务包括盯人和保护区域两个方面，选位必须顾及这两个方面。

（2）选位的随机调整。

比赛中由于球和进攻者不断地运动，防守者为了盯住对手、保护同伴、封锁空间，也要相应不断地调整自己的位置，选择最佳的站位角度以利本队的防守。

随着比赛中对球的争夺点的变化，防守队员要交换职能重新组织防守力量。调整位置考虑的还是上述三个要素：进攻者、球门和球三者所处的位置。若某一进攻队员接球，则必须对其紧盯，施加压力，并需要同伴及时保护。担任第三防守者任务的队员，向本方球门方向回跑时，既要兼顾第一、第二防守者的情况，又要对第三进攻者保持较远的距离。因为此时第三进攻者离球较远，对球门没有构成直接的威胁，当球转移到他的脚下时，由于球的运行时间较长，尚可来得及对其重新紧逼。

3. 追盯

比赛中大量失球的典型战例生动地说明，防守中的回位占据要害区域是防守成功的一个重要方面。但仅此一种防守技巧是不够的，进攻队员仍可通过插入要害地区的跑动，抢先创造和利用空间，构成对球门的威胁。因此，第三防守者对无球进攻队员的追盯，对巩固本方的防线具有特别重要的意义。

即使防守队员占据了有利的位置（处于球和盯防对手的球门侧），也仍存在着进攻队员向前跑动并使一名或多名防守队员处于其身后的可能性（即抢先占据有利位置）。若防守队员只顾看球而未注意对手，可能会无法看到对手向身后切入的跑动。

防守队员通常对处于固定位置的进攻队员，以及总在防守队员前面进行配合的进攻队员有信心防守，对无球进攻队员斜线跑动或插入防守队员身后空间的跑动则没有信心防守。因此，防守队员应学会对无球跑动队员的盯防。

（1）追盯的重点区域。

进攻队员靠近守方球门越近，对他的盯防越要严密。尤其在防守对守方球门构成威胁的要害地区时，不仅后卫线队员对进攻队员的任何行动都要严加防范，中场队员也必须保持高度警惕，要紧紧追盯那些企图插入本方防守腹地的对方中场进攻队员。

进攻队员无球跑动可能希望达到下列目的：

①插入要害空间，企图获得同伴的传球以直接威胁守方球门；

②将防守队员从正确的防守位置吸引出来，为进一步展开攻势创造机会。

防守队员迅速对进攻者跑动的目的作出判断是至关重要的。进攻队员朝防守者身后做无球跑动有两种方式：由边路向中路位置的跑动和由中路向边路位置的跑动。

由边路向中路位置的斜插，这是最危险的跑动。防守队员绝不可让进攻队员在无人盯防的情况下进行这种跑动。为有效地对进攻队员进行追盯，防守队员必须始终位于进攻队员与本方球门之间，始终使对手和持球队员处于自己的视野之内。

当防守队员追盯无球进攻队员时，防守队员之间很可能出现空当，此时应运用以下两种方式控制这一空当：

①位于球门侧的防守队员，横向移动以封锁中路空当；

②向球门侧回位的队员应占据要害空当，若无法封闭全部空当，那么首先应该放弃的是离球最远的边路空当。

（2）追盯时的距离。

对守方球门威胁较小的无球进攻队员的跑动是由中路跑向边路，或由进攻前沿往回跑向防守半场，对无球进攻队员进行的这种跑位，防守队员对其追盯是必要的，但须掌握好恰当的追盯距离。如果防守者被引到边路或离中路太远，就会在防守的要害腹地形成较大的空当。这正是对方进攻队员无球跑动所要达到的战术目的。如何确定最适宜的追盯距离，必须根据比赛时的具体情况而定，如持球进攻队员所处的位置、其他进攻队员的位置、守方同伴所处的位置等。选择适宜的追盯距离应该考虑到以下几方面：

①能够断截传向所盯队员的球；

②能够及时靠近进攻者；

③能够保护好中路要害地区。

(三) 控制和封锁空间练习示例

1. 选位

为了使第三防守者掌握选位的基本方法和原则，开始阶段可在 30 米×20 米的方格场地内进行 3 对 3 的对抗训练。目前，在占据和控制空间的防守中，国际上流行区域防守结合盯人的防守方法。关于第三防守者（即除第一、第二防守者之外的所有防守队员）的训练，可在掌握基本站位原则的基础上，通过区域防守进一步培养有关的防守技巧，如半场攻守练习 7 对 10，除自由人外，每名防守队员负责防守一个区域。

(1) 区域防守的要求。

①要特别强调临近位置的两名防守队员彼此间的呼应。

②自由人和守门员要充分发挥指挥作用（高声呼喊）。

③当持球者快速运球通过各区域时，常会引起防守队员之间的误会，必须学会协调动作。

④因每名防守者不是专盯某一名进攻队员，有时会分散注意力，要学会高度集中注意力，增强责任感。

(2) 防守者注意事项。

在占据恰当的位置后，防守者必须注意以下几点：

①高度关注传入身后空间的球；

②注意抢刚传到对手脚下的球；

③力争断截球；

④阻止控球队员转身面对进攻方向；

⑤封阻对手向有威胁的方向传球；

⑥必要时可采取铲球动作；

⑦如果实施破坏球，则将球踢得越高、越远越好，最好往两边踢；

⑧如果有可能，则夺回控球权。

2. 保护练习示例

(1) 2 对 2 攻守练习：在 20 米×15 米的场地内由专人供球，可采用消极对抗。

（2）3对3比赛：在30米×20米的场地两端各设一小球门，双方进行对抗赛。

以上练习中，每一名防守者将会不断地转换职能，可以反复地训练保护队员的技巧。练习中要特别注意站位角度、距离和彼此间的呼应。

3. 封锁练习示例

第三防守者的技巧较为复杂，每名防守队员在场上的行动很大程度上取决于比赛的形势。因此，针对练习中的具体情况，教练员及时分析防守队员如何实施自己的职能就显得十分必要。练习初期，由于队员对占据和控制空间的知识不足、概念不清，可采取以下初级练习方法。

（1）进攻一方作站位进攻，在规定的场区内不许移动。当持球者传球给某一进攻队员时，持球队员将球停在自己脚下，此时有足够的时间让其他防守队员选好角度站位，组织防守。在每一名防守者都正确站好位后，持球队员再将球传给另一名进攻者，让守方队员根据场上新的情况重新站位，组织防守。

练习中主要强调：

①掌握回位、站位的基本知识；

②掌握追盯的基本知识。

（2）第三防守者初步掌握了防守技巧后，应通过3对3、4对4、4对5、5对5、7对7等局部和整体防守训练法进一步完善其技巧。

（3）结合不同场区进行攻守练习，提出不同任务进一步完善防守技巧。训练中注意强调创造与封锁空间的技巧训练。

4. 追盯练习示例

练习在半场内进行。5名防守队员、1名守门员和5名进攻队员，教练员向进攻队员传球。练习开始时，每一名进攻队员都应处于球门侧防守队员的盯防中。进攻队员进行斜向跑动，在配合中力求破门得分。防守队员练习对有球或无球的进攻队员进行追盯，练习弥补由于防守队员追盯对手而留下的空当。练习最终发展成11人制的比赛。

教学中的观察要点如下：

（1）防守队员应始终使球和对手处于自己的视线之内，并根据对手的移动不断调整站位。

（2）观察防守队员对由外向内横向带球跑的对手是如何追盯盯防的。

三、紧逼与保护

(一) 紧逼的概念

所谓紧逼是指防守队员能接触到被防守者，并且能够用一个动作就可以直接阻碍进攻队员处理球的防守方法。无论个人或集体防守，紧逼都是最主要的防守方式。紧逼有时并不一定能够直接抢下球，但由于紧逼队员的干扰，能够为其他队员的抢球创造良好的契机，造成进攻队员的失误。

(二) 紧逼的重点区域

根据战术要求，队员可在球场的任何区域实施紧逼，但防守罚球区及附近区域是紧逼的重点区域。因为防守罚球区及附近区域处于对手的射程之内，防守队员的任何疏忽都可能破坏本队的防守。在防守罚球区及附近区域的紧逼，一方面可以给进攻队员以持续的压力，迫使其产生错误的选位和接应；另一方面限制对手获得球的时间和空间，使有球对手因慌乱而丢球。因此，在防守罚球区及附近区域必须对有球的对手实施贴身紧逼。中路是组织进攻的重点区域，也是实施紧逼防守的重点区域。当本队在中路取得人数上的优势时，必须对对手实施紧逼，最大限度地破坏对方中路的进攻组织，为本队在本方罚球区及附近区域的有效防守提供有力的支援。

(三) 紧逼的距离

紧逼的距离一般离对手 1～1.5 米为宜。这样既能随时断截对方的传球，又能在对方转身突破时处于领先对手的位置。此外，紧逼的距离还取决于下列原因。

1. 速度

速度对后卫及其防守对象尤为重要。如果防守队员比对方前锋速度快，则可站在距离被防守者较近的地方。如果速度慢于对手，采用贴身紧逼是十分危险的。此时，防守队员应当后撤到这样的距离：即使需做转身动作后，也能比对方抢先接近球。

2. 技术水平

如果对方技术好，但速度慢，则可贴身紧逼对手，伺机直接破坏对手的接球。对技术较差的对手，可保持较远的距离，这种队员接球需要的距离较大，球弹出后离他较远，可在他接球后实施抢截。

3. 球所处的区域

当球离本队球门较远时，则紧逼的距离可稍远；离本队球门较近、威胁较大时，则紧逼的距离要近些。在紧逼盯人的同时，还应始终使自己处于既能观察球又能兼顾对手的位置，并根据比赛情况将紧逼同保护补位、守与攻的转换有机地结合。

(四) 保护的概念

“保护”是指位于抢球队员（第一防守者）身后的保护队员（也称第二防守者）直接提供增援的防守方法。保护队员所处的位置，可封阻进攻方对防守方球门的威胁。保护队员与抢球同伴之间的距离和位置应根据球、本方球门和进攻方队员的具体位置，伺机而变，灵活选择。保护队员的职责主要是处理发生在球周围的各种情况。抢球同伴与对手争夺球的结局，便是保护队员下一步行动的基本依据。

(五) 保护的作用

1. 进攻作用

若本队抢球同伴夺球成功，则担当保护的队员可迅速转换职能，成为第二进攻者，即接应队员。

2. 防守作用

若抢球同伴受挫，则担任保护的队员可迅速转换职能成为第一防守者（即抢球者），继续遏制对方的进攻势头。

3. 精神作用

有保护队员居后增援，以及语言和位置上的呼应与鼓励，使第一防守者面对对方的控球队员信心更足，无后顾之忧。

(六) 保护的要素

保护技巧包括距离、角度和呼应三大要素。妥善处理好这三大要素之间的关系，才能充分发挥保护的重要作用。

1. 距离

距离是指第二防守者同抢球队员相隔的距离。保护距离与球在场区的位置及当时攻守局面的发展情况有很大的关系。

保护的距离还应考虑到对手的特点和类型，在对付速度型进攻队员时，保护队员应离抢球队员稍远些，以便同伴被进攻着突破后有时间选择行动。如果距离太近，有可能使速度快的进攻者形成一过二的有利战机。在对付技术型进攻队员时，保护队员则应当离抢球队员更近些，以便在同伴被突破后能及时上前堵截进攻者，使其在更短的时间、更小的空间范围内难以发挥技术优势。如果抢球队员的速度比对手快，保护队员离同伴近些不会有什么问题；如果抢球队员的速度慢于对手，保护队员应距离同伴稍远些。在任何场区，如果抢球队员与保护队员之间的距离超过 10 米，那么抢球队员一旦被突破，保护队员也很难完成任务。

2. 角度

（1）选择适当角度。

适当角度的选择，必须视对手所处的位置和当时攻守局面而定。一般站位角度既要能为第一防守者提供及时的补位，又要能观察邻近攻守方队员的动向，尤其是第二进攻者（接应队员）的行动。一般站位角度为靠球门一侧与抢球同伴成 45°。保护队员选择这样站位角度的有利之处是：

①保护了抢球同伴身后的要害地带；

②对接应队员的防守也可兼顾，可施加一定的压力；

③抢球队员容易观察到侧后方的保护队员，便于彼此呼应，增强了防守者的信心；

④一旦抢下球后能迅速转入接应。

（2）易犯错误。

①站位角度缺少宽度：站在第一防守者垂直线的身后，远离第二进攻者，不能对其施压，也不便断截对方的传球，直接通向守方球门的通道完全暴露；另外，由于抢球同伴的遮挡，视野受限。

②站位角度缺少纵深：基本上与抢球同伴平行站位，致使抢球同伴身后的要害地带暴露，对方可充分利用空出的要害地带发起渗透性进攻，严重威胁本方球门；如果抢球同伴夺下球，则接应角度也不好。

③站位于外侧：这是由于第二进攻者跑向第一进攻者身后外侧，导致第二防守者也随之位移至外侧，如此站位严重错误，不仅使抢球队员身后的要害地带完全暴露，而且使抢球队员完全失去同伴的保护。

（3）封阻进攻方向。

在某些比赛形势下，为了封堵对方最有威胁的进攻方向，保护队员可暂时离开有利的保护位置，原有的保护职责由邻近的另一同伴承担。

3. 呼应

呼应是比赛场上的语言联系，也是一支成熟的、有经验的球队的重要标志。如果队员间不相互呼应，很容易引起防守的混乱。

保护队员应与抢球队员保持呼应，如果抢球队员的位置不正确，保护队员的选位必然很难。保护队员应及时提示抢球队员的站位和行动，比如，“逼近些”“迫使他走边路”等。队员注意力要集中，并耐心地执行职责。呼应时用语要简练、明确，声音要洪亮。呼应有利于鼓舞士气、创造气氛、增强全队防守的信心。

四、定位球的防守

有研究认为，比赛中约40%的进球是任意球攻入的。为什么对任意球的防守如此困难呢？这是由两个特别的原因造成的：一是进攻一方可以将许多队员置于事先设计好的预定攻击区域位置；二是防守队员必须退至离球10码（9.15米）以外的位置，因此不能对主罚队员进行直接阻止或破坏主罚队员罚球动作的防守。

除上述两个原因外，还有两个原因来自球队本身。一方面是球队缺乏对任意球防守的严密组织；另一方面是在比赛停顿时，许多队员注意力不够集中。

（一）任意球的防守

1. 直接任意球的防守

由于直接任意球可以直接射门得分，因此，防守直接任意球的首要任务是防止对手直接射门。比赛中常常采取布置防守人墙的方法来阻挡、封堵对手射门的有效角度和面积。

在布置人墙时应当明确以下几个方面的问题。

（1）由谁来组织布置人墙。一定不是守门员而应当是其他某个队员来组织布置人墙。守门员在同伴排人墙时的位置选择应当从两个方面考虑：一是既能看到球又能看到罚球队员，不站在防守人墙后边；二是靠近球门中心。

（2）由多少人来排防守人墙。这一点应根据罚球的位置来确定。一般来说，离球门越近，射门角度越大，排人墙的队员人数越多；反之，人数越少。

（3）排人墙的队员应当怎样做。在排人墙时，应当明确哪几人负责人墙的左边位置，哪几人负责人墙的右边位置。如果事先不对此做出明确安排，那么队员排人墙时就会造成混乱，从而可能被对手利用，直接射门或迅速传出攻破防线或球门的危险球。

（4）排人墙的队员何时可以散开。人墙一般在球罚出后才能散开。如果防守人墙过早散开，则主罚队员可乘机将球从人墙缝隙间射过直接攻门，对守门员来说等于被自己的人墙所骗。在多数情况下，人墙散开时队员应当同时向球的位置移动，不要各自向各个方向散开。

2. 间接任意球的防守

在罚球区内防守间接任意球时，人墙应当尽可能地保护更大的球门区域面积。当全部队员都必须退到球门线上排人墙时，守门员应当在人墙的中心位置。当球一被踢出，全体防守队员应当立刻向球压上，这样可更好地封堵射门的角度，也可使对手处于越位犯规状态。

防守对方罚任意球时，首先应采用合理手段，减少对手渗透性传球的路线，迫使对手使用技术难度更大的动作去踢球，这既可延缓对手的进攻速度，也可增加进攻罚球的难度。无论是防守直接任意球还是间接任意球，特别是防守罚球区附近中路的直接、间接任意球及罚球区内的间接任意球，都要注重防守要害空间。在不同的空间位置内安排不同的队员，如在争抢空中球的要害空间位置内安排弹跳力强、头球好的队员，在对方可能突然插上的空间位置内安排防守能力强、抢位意识好的队员。

（二）角球的防守

角球防守时应以多防少，少数人留在外线以准备反击。一般以头顶球技术较好的队员把守主要区域，并重点盯防进攻一方头顶球有威胁的队员。其他队员进行人盯人防守，站位时要遵循个人站位原则，将攻方人员顶在外线，且不要离球门区太近，以免妨碍守门员的活动范围。在对方主罚队员 9.15 米处站一名防守队员，以防止攻方采取配合战术或传低平球。应有一名防守队员站在近端门柱处，以协助守门员防守射向近端的球。

第四节　足球守门员战术训练方法指导

一、守门员战术练习的基本内容

（一）选择位置

占据有利位置是守门员扩大防守范围、增强防守能力的重要条件之一。一般情况下守门员的选位应考虑尽可能扩大防守面积，但又不能给对方队员吊球入门

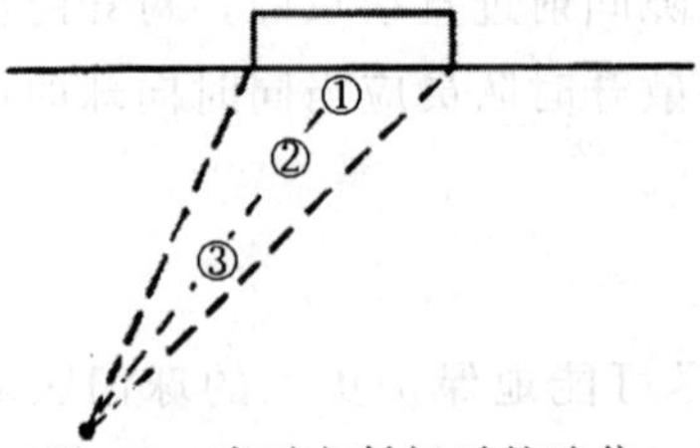

图 4-7　当对方射门时的选位

的机会。如图 4-7 所示，当对方射门时，选择在①的位置太靠后，封堵角度的距离过远，对射向球门两侧的球不易防守。选择在③的位置太靠前，虽然能较好地封堵射门角度，但易被对手吊球入门。选择在②的位置较合适，既有①③位置的优点，又最大限度地克服它们的缺点。

球在不同区域，守门员应全面考虑防守与进攻的因素而选择不同位置。守门员选位的原则如下。

1. 球在中路位置时

（1）球在进攻三区，守门员选位应在球与球门中点的连线上，距球门线11～16 米处。

（2）球在中场附近，守门员选位应在球与球门中点连线上，距球门线 5～11 米处。

（3）球在防守三区，守门员选位应在距球门线 2～5 米处。

2. 球在防守三区的边路地区时

（1）若是传中球，守门员位置应选择在球门后半部，以由后向前占据球门前的空间。

（2）若进攻队员已突破防线，守门员应移至球门前半部，以利更好地封堵射门有效角度。

3. 防线已被突破时

向前移动，当球与进攻队员的距离在控制范围之外，守门员尽可能快速接近球，并在对手射门或运球突破瞬间急停，维持身体平衡，伺机扑接球。

（二）控制罚球区

高校足球比赛攻守双方对罚球区的争夺更为激烈，守门员职责也发生了很大变化，除了守好球门外，还要扩大活动范围控制整个罚球区。

守门员在合理选择位置的基础上果断、及时、准确地出击，占据或控制罚球区的空间，不仅给本队防守队员减轻巨大压力，而且对限制对方进攻和干扰进攻者的心理都具有重要作用。

控制罚球区主要体现在守门员的出击能力上。根据比赛攻守规律，守门员的出击一般可分为以下几种。

1. 出击“单刀球”

当对手突破防线、运球直接面对守门员时，守门员在孤立无援的情况下截获这种“单刀球”，需要极高的勇气和技巧。出击“单刀球”一般由三个部分组成。

（1）站位。当防线已被突破时，守门员应沉着冷静，全神贯注，切不可惊慌失措。同时，要根据对手所处的位置与球门的距离，及时调整角度和位置。一般站位应保证在不被对手吊球入门的前提下，尽可能向前移动，以便于封堵射门角度和扩大守门员的防守面积。

（2）出击。当对手运球逼近已经选择好位置的守门员时，守门员要镇静自若地观察与分析，选择突破者运球脚触球后即将落地和刚刚落地时迅速出击。

（3）倒地。守门员要紧贴地面向球跃出，身体横切于球和球门之间，以形成一个堵截屏障（见图 4-8）。倒地后应迅速低头团身，将球抱于胸前。

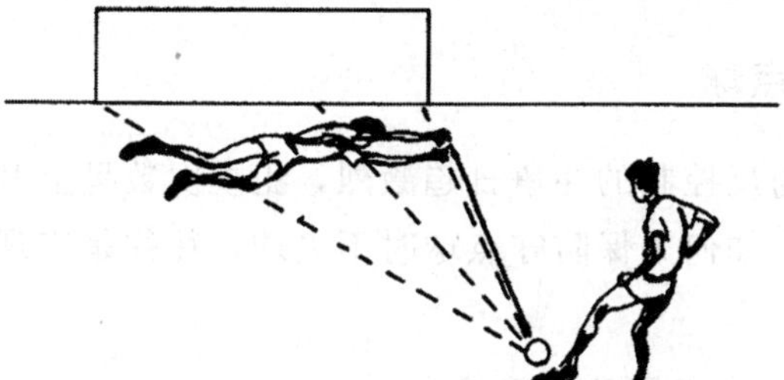

图 4-8　出击“单刀球”中的倒地

2. 出击传中球和斜吊球

（1）选择位置。在任何情况下，守门员的站位都应能保证视野为 180°，因此，守门员身体站位角度应与球门线平行。

（2）判断球的飞行路线。守门员不能在球踢出之前采取行动，一旦守门员过早移动，判断球飞行路线的难度就会增加。守门员应在对球的飞行路线、飞行速度做出准确判断之后再有目的地行动。

（3）尽早做出决策。一旦准确判断出球的飞行路线、速度之后，应尽快做出是出击还是原地不动的决策。

（4）出击。出击的原则是稍迟行动，移动迅捷，争取在空中最高点接球。

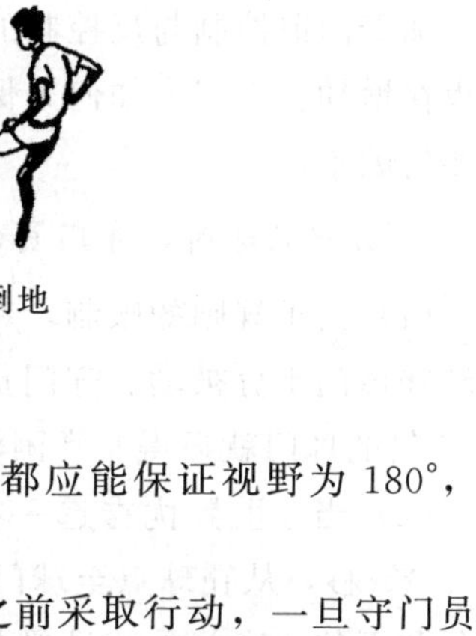

图 4-9　守门员出击示例

守门员出击一般会遇到三种类型的传中球。一种是向前移动才能进入接球路线（见图 4-9 之 1）。另一种是向后移动才可进入接球路线（见图

4-9 之 2)。第三种是朝横切来球方向移动，直到触到球才进入球的飞行路线（见图 4-9 之 3)。守门员应及时准确地作出判断，并根据不同性质的传中球采取合理的出击行动。

(5) 起跳。单脚起跳可获得最佳起跳高度，尤其是跑动中起跳速度更快，也易维持身体平衡，使身体动量向上传递。

(6) 接球。接球（或拳击球）在头部的前上方，球运行轨迹的最高点。

在培养守门员控制罚球区能力时，必须注意下列几点：

第一，守门员在比赛中应随时了解攻守双方的状况，特别是对对方的进攻应有全面、准确的预见性，及时采取合理的行动。

第二，出击应以确保能占据和控制罚球区内球运行路线的空间为基准。既不能犹豫不决，失去控制空间的良好战机，又不能在毫无把握的前提下轻举妄动盲目出击，形成空门险境。

(三) 防守球点球

随着门前控制与反控制的斗争日趋激烈，犯规次数呈上升趋势，罚点球的机会也在增加。守门员如何力保防守点球时不失球，往往是实现“比赛胜利”极其重要的因素。

1. 防守点球时，守门员的不利因素

(1) 由于规则的限制，在踢点球前守门员不能主动向前移动封堵射门角度，故防守球门十分被动。守门员要镇守住比自己身体（按 1.90 米身高计）面积大 12.5 倍的球门就显得非常困难了。

(2) 当今世界优秀选手在踢点球时有两种有效的方法：一是劲射，球速达 29.3 米/秒，从罚球点至球门线只有 0.375 秒。二是射有利角度，多射球门两侧上位和下位。守门员一旦遇上这些射手，防守就极为困难。

2. 防守点球时，守门员的有利因素

(1) 尽管守门员在防守球点球时极为困难，心理负担很重，但与主罚队员和广大观众那种要求罚点球必须射入的心理负担相比，后者要重得多，主罚者往往精神负担过重而造成技术失误，痛失得分良机。

(2) 新规则允许守门员在对手踢球前可在球门线上左右移动，这为守门员更好发挥心理、技术和战术优势创造了有利条件。

(3) 队员在主罚点球时常将射门力量与射门角度有机结合起来，这种情况下球从罚球点至球门线所需时间平均为 0.499 秒，而守门员反应速度平均在 0.25～0.315 秒之间。所以，从理论上讲，守门员的反应速度一般是快于球速的，守门员对此应有充分的信心。

守门员在防守点球时经常采用的战术：

第一，心理战。罚点球时，攻守两名队员是在没有任何外界直接干扰的情况下面对面地斗智斗勇，谁能在心理上做好自我调节，控制自己的情绪，甚至故意采用出乎意料的行动，谁就能促使对手在心理上处于劣势，造成技、战术失败。如守门员迟迟不站到球门线上，使对手产生焦急、烦躁情绪；或充满信心地在球门前十分轻盈地做接高球和两侧球的徒手动作，努力占据心理上的优势，使对手惊慌失措；或不站在球门中间，而故意站偏，让出一侧较大的空间（这一侧是守门员扑球的强侧），使罚球者面对突然出现的态势无所适从。

第二，行动诡秘。守门员在采取行动前要虚虚实实、真真假假，使对手难以猜中其真实意图而受骗，以至痛失极好的得分机会。如守门员事先了解对手罚球点球的方法，一旦出现罚球点球时，就可事先采取行动，或提前扑向对手习惯射门的方向；或站位时封堵对手习惯的射门方向，让出另一方，迫使对手采用不习惯的技术而失误；或在对手罚球前，故意做出要扑接某一方的假动作，迫使对手射向守门员扑接球强的一侧。

第三，反应敏捷，出击果断。一般情况下，对手踢球时支撑脚尖所指的方向就是出球方向。守门员在对手罚点球的瞬间，要仔细观察并及时做出准确的判断，这对扑接球点球是至关重要的。

（四）组织和指挥防守

优秀的守门员同时也是优秀的场上队员。守门员在密切注视对方进攻的同时，也应注意观察自己同伴的防守行动，发挥组织和指挥防守的作用。

守门员组织和指挥防守的要素：

1. 距离

守门员应与最后一名防守队员保持适当的距离，以使对手难以渗透到他们之间的空间。

2. 角度

与最后一名防守队员保持好角度。一般守门员与最后一名队员和球的位置不在一条直线上，因为那样不仅影响守门员的视线，而且对远门柱球的防守也会带来不利影响（见图 4-10）。

3. 呼应

这是守门员组织和指挥防守的重要手段。由于守门员的特殊位置，使他对场

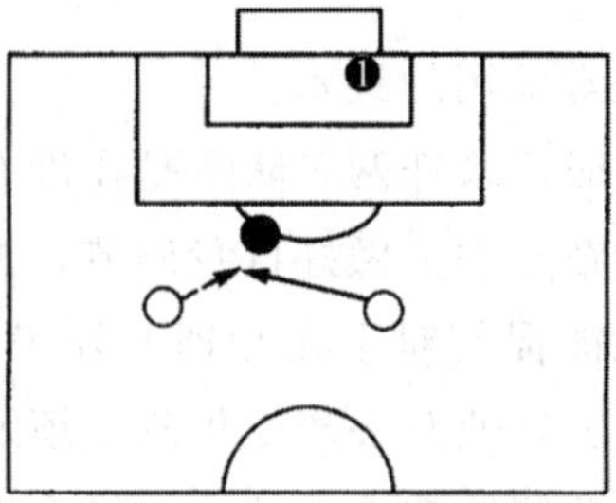

图 4-10　守门员与最后一名防守队员的角度

上情况比其他队员了解得更迅速、更准确，所以他的呼应对巩固防守和鼓舞士气都是至关重要的。守门员的呼应一般用于：

（1）本方队员在面对本方球门控制球时，守门员可通过呼应帮助他尽早做出正确的决策，也可指挥别的队员去接应，以减少失误。

（2）提醒防守队员采取正确的防守手段，如迅速接近球封堵射门，注意对身后空间的保护，守门员出击前呼叫，避免发生与同队队员冲撞的混乱局面。

（3）当本方罚球区附近的险情解除后，指挥防守队员迅速向前压出。

守门员的呼应在语气上要果断，具有命令式，声音要大，用词清楚。出击时声音更要洪亮有力，这对对方队员也会起到威慑作用。

（五）发动进攻

控制球后的守门员又是第一名进攻者，他不论采用何种发动进攻的方式，都应以快速、准确、安全为前提。一般规律为：

（1）当对方全线压上时，身后留下的空间较大，守门员首先应考虑将球发向该空间，利用锋线队员快速插上，以快制胜。

（2）阵地战时，同队队员应积极跑动接应，守门员便于选择传球点，或将球发给负责组织进攻的前卫。

（3）当对手从一侧边路进攻结束后，异侧进攻队员较少，这时本队异侧边后卫、前卫应迅速拉边，守门员迅速将球发给该区的队员，通过他们组织、发动反攻。

二、训练方法示例

示例一：游动射门

方法：在球门区以外的罚球区内 5～6 名队员自由运球，教练员按事先规定的号码发出信号后，该号队员立即射门，守门员扑接球。

要求：

（1）守门员高度集中注意力，当发现射门队员要施射时，迅速移动选择最佳位置，尽全力守住球门。

（2）射门队员要在快速运动中尽快射门。应能根据不同射门区域、距离和其他运球队员的干扰程度，选择最佳的射门方式。

提示：

（1）规定在教练员发出信号5秒钟内完成射门。

（2）全队可分若干组进行竞赛。

（3）进攻队员处于罚球区外，按照教练员规定的传球次数进行配合射门。

示例二：对抗中接各种传中球

方法：教练员从罚球区外的各个方向传不同性质的传中球，罚球区内可设置3对3攻防，守门员努力控制球门区及其附近区域的空间。

要求：守门员要判断球的飞行轨迹和落点，及时移动，选择最佳位置控制空间。

提示：可增加传球密度和攻防人数，提高守门员控制空间的能力。

示例三：5对5比赛

方法：在60米×40米场地内进行5对5比赛，两位守门员镇守各自球门。

要求：守门员依据攻守具体情况，占据有利位置，控制球门附近的空间，组织和指挥防守，一旦接球后立即组织和发动进攻。

提示：为使守门员得到更多的锻炼，练习开始时守方可消极防守。

三、战术训练中应注意事项

（1）守门员战术训练手段的设计，应尽可能模拟比赛中出现的各种情景，使训练紧密结合实战需要。

（2）战术训练中除要求守门员一丝不苟地完成各项练习外，更要重视守门员战术意识的培养。教练员应通过训练和比赛中出现的成功经验和失败教训，诱导和帮助守门员不断总结，提高认识。

（3）由于守门员在比赛中还肩负组织防守和发动进攻的责任，所以在平时训练中除必要的单独训练外，还应与全队一起训练，以增加与同队队员的互相了解，熟悉全队的攻守战术打法。

（4）高校足球比赛中，球门前的争夺极其激烈，又无固定的模式可循，教练员应在训练中重视培养守门员的独立性和创造性。

第五章　高校足球体能训练的科学化指导

第一节　足球运动员的体能结构及特点

一、一般体能结构分析

结构这一概念，简单地说就是各个部分的配合。它是由各要素、成分的特殊本质共同决定的，按其发展的规律逐步形成内在的联系。从系统论的角度来看，系统的结构反映系统中要素之间的联络方式、组织次序及其时空表现形式。结构是任何一个系统的具体构成形式，是系统内部各要素的排列组合方式，是系统的性质和数量的集中表现形式，是系统各要素之间相互作用的最固定和起决定作用的规律。只有依靠结构，才能把孤立的诸因素变为一个系统，只有依靠合理的结构，才能组成一个优化的系统。

体能结构依从于竞技能力结构，竞技能力是运动员的参赛能力。其结构是由不同表现形式和不同作用的体能、技能、心理能力所构成，并综合地表现于专项竞技的过程之中。竞技能力结构（见图 5-1）的各组成要素之间的相互联系、相互作用反映出竞技能力整体的功能，这种整体功能又因为各要素的具体特性、功能以及运动专项、运动员的个性而表现出特异性和复杂性。竞技能力结构的特异性主要表现在不同运动项目竞技能力结构间的差异，还表现在同一项目不同运动员竞技能力结构的不同。而竞技能力结构的复杂性反映出：决定竞技能力的影响因素之间相互作用和某个要素又由若干个子要素构成，并依据各运动项目竞赛要求而组合为错综复杂的结构。

图 5-1 是参考田麦久《运动训练学》竞技能力结构图，根据足球运动的特点而改编的。竞技能力由体能、技能和心理能力构成。而体能包括机能、身体形态和运动素质。按照以往我国训练学有关运动素质的分类，一般分为力量、速度、耐力、灵敏和柔韧五大素质。1949 年以来几乎所有的足球教科书都是按照上述分类原则编写的。国外有关竞技能力的结构分类，如B. H. 普拉托诺夫在《运动训练的理论与方法》一书中，把身体训练分为速度训练、力量训练、发展耐力训

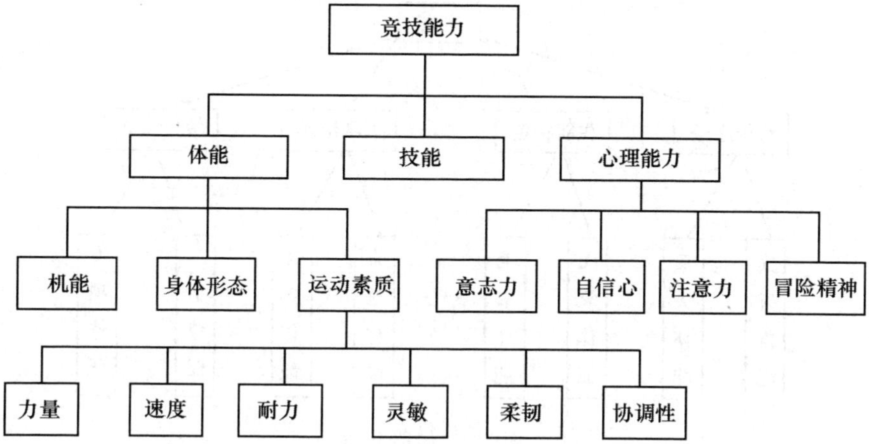

图 5-1　田麦久《运动训练学》竞技能力结构图

练、发展柔韧和提高协调能力的训练四大部分。亚足联 A 级教练员培训材料中，将体能训练分为耐力训练、速度训练、力量/灵活性训练、协调性训练。国外足球对运动素质的分类虽然有差异，但基本构成因素却变化不大，例如《亚洲足球教练员 A 级培训教程》将体能准备分为力量、速度、有氧耐力训练和跳跃协调训练；《运动医学与科学手册——足球》将身体素质训练分为有氧训练、无氧训练、专项肌肉训练等。将协调能力单独列为一大素质能力的主要理论依据是，虽然灵活性本身包含了协调，柔韧性与协调关系也密不可分，但在足球运动技能的形成和运用过程中，协调较灵敏和柔韧有更重要的作用。本章节从我国训练学实际出发，保留了原结构分类原则，增加了与足球运动特点关系更密切的协调能力。此外，在与足球训练有关的心理能力分类中列举了意志力、自信心、注意力和冒险精神。

二、体能的类型划分

划分是“揭示概念外延的逻辑方法。按一定标准把概念所反映的对象分成若干小类”。“分类是划分的特殊形式。”人类认识事物最先是通过物质的性质来对物质进行分类，进而深入利用物质的组成来推断物质的性质，再发展到建立物质的结构与属性之间具有对应关系的观念，并深入认识到物质的结构、结构与功能之间的对应关系。据此我们可以根据不同的标准对体能进行如下分类（见图 5-2）。

（1）从获得的途径来分，可以把体能分为先天体能（多先天遗传，相对不可训练性）和后天体能（可训练性）。体能的形成与发展不仅依赖于先天的遗传，而且与后天的训练环境有很大的关系。

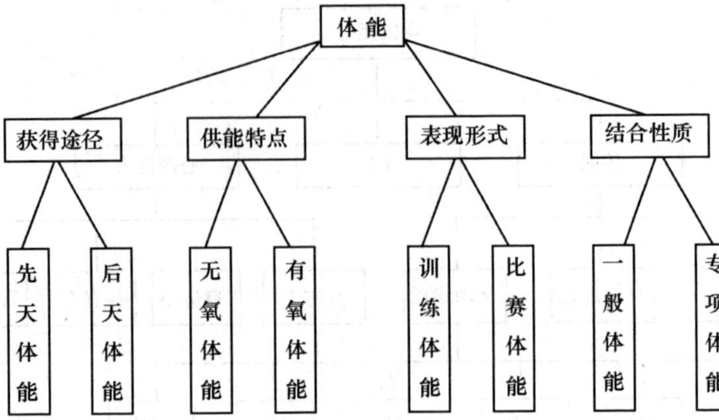

图 5-2　体能分类

（2）从供能形式来分，可以将体能划分为无氧体能（以无氧代谢为主，含无氧非乳酸和无氧乳酸供能两个亚类）和有氧体能（以有氧代谢为主）。从这一点看，足球运动隶属于有氧、无氧混合型供能的技能主导类项目。

（3）从运动员在训练和比赛中表现出来的体能，可以把体能分为训练体能和比赛体能。这里，比赛体能也就是指技战术体能。虽然任何体能的获得必须通过专门训练，但是训练体能如果脱离了专项特点，往往不容易在比赛中发挥出来。

（4）根据体能与运动专项的关系，可将体能划分为一般体能和专项体能两种。

上述划分清楚地告诉我们，各种类型的体能中都存有体能的诸多本质属性。但是，这些属性在不同类型的体能中所表现出来的强度是不一样的。

三、足球运动员的体能结构

随着科学技术的飞速发展，竞技运动的水平有了惊人的提高。足球作为世界体坛的第一运动，表现出了对抗更加激烈、整体攻守速度日益加快的整体特征。同时，也对足球运动员提出了更全面、更严格、更科学、更符合专项化的体能训练要求。良好的体能训练作为技术、战术、心理和意志品质训练的保证，作为运动员承受大负荷训练和高强度比赛的基础，是现代竞技体育中非常重要的问题。对足球运动的体能结构认识不清，会使体能训练方式、方法发生错误，甚至会导致一个国家和一支足球队的足球竞技能力长期在低水平上停滞不前。

我国足球职业改革经历了十余年风雨的洗礼，取得了显著的成绩，尤其是2002年成功进入韩日世界杯的决赛阶段。但是，我们应看到与足球强国之间的差距，更深刻地感觉到亚洲足球激烈竞争、世界足球飞速发展和我们将面临的严峻挑战。为了排除在专项体能训练中的模糊认识，帮助教练员制订专项体能训练计划，我们有必要对足球运动员专项体能训练构成因素进行系统的理论研究。

足球运动员体能结构反映了足球运动员体能系统的内部关系。人体各器官、组织和细胞的形态结构是其机能（功能）的物质基础。一定的结构具有一定的功能，而机能状态也会对结构产生相应的影响，两者相互依存、相互制约。运动素质是指足球运动员的机体在比赛和训练时所表现的各种能力，通常包括力量、速度、耐力、灵活性和协调性等。而力量、速度、耐力、灵活性和协调性等运动素质，实际上就是足球运动员形态结构、机能与代谢状况的综合表现，反映了足球运动员的整体运动机能。同时，运动素质的发展反过来又对运动员的形态结构和机能产生一定的影响。在体能的四个构成因素之中，运动素质与身体形态是体能的外部表现，生理机能是体能的内在基础，心理能力则是上述三个指标的衍生体。

运动员的心理能力对体能具有重要的影响作用。许多训练学专家、学者都认为心理能力是体能的组成成分之一。运动员高水平的心理能力与足球比赛特点、运动员体能特征紧密结合在一起。研究证明，在长时间的有氧和有氧—无氧混合供能的运动中，需要运动员有长时间克服机体阻力的意志力。具有较强的意志品质和心理稳定性的运动员，在比赛中心理始终处于适宜的唤醒水平，使其在比赛中能保持正常的机能状态，正常甚至超常地发挥自身的体能水平。而心理能力较弱的运动员的唤醒水平不是较低，就是较高，导致机能状态不是处于抑制状态就是处于过度亢进状态，因此，在比赛中无法发挥正常体能水平。在运动训练中紧密围绕专项，采用多种方法发展运动员的各种运动素质、提高生理机能、改变身体形态、加强心理能力，是体能训练的重要内容。

从体能获得的途径来看，有先天遗传和后天训练两种。生理学研究证明：人的最大摄氧量水平、心脏的容积、肌纤维的类型、神经系统类型等都由遗传而来，遗传在很大程度上决定了运动员的有氧能力、无氧耐力、力量和速度水平。因此，科学的选材和正确地结合自身的遗传特征选择运动项目可以提高运动员的成材率。先天遗传特征给运动员的体能水平的发展提供了基础，而后天训练使这种可能性得到了实现。

研究证明，力量训练可能使肌肉的体积增大，肌横断面积增加，可以改善神经系统募集运动单位的机能能力，改善对抗肌之间的相互协调关系，显著增加肌肉收缩的力量。在速度训练中，研究人员发现，通过提高运动员的肌肉放松能力可以明显提高运动员的速度。对无氧阈和最大摄氧量的研究也发现，最大摄氧量受遗传因素影响较大，而无氧阈值则受训练的影响较大。无氧阈值每增加 1 毫升，10000 米跑的成绩就可以提高 20 秒。因此，体能的训练也应该首先确定运动员体能的遗传水平，然后根据运动员的实际水平，确定现实可行的体能训练目标，制订体能训练计划。

运动时能量供应主要有有氧供能和无氧供能两种方式。两种供能方式并不是绝对的，当机体进行以有氧供能为主要供能的运动时，必然有无氧供能形式的存在，而无氧供能中也有有氧供能的存在。运动时人体以何种方式供能，取决于需氧量与摄氧量之间的关系，当摄氧量能满足需氧量时，机体以有氧代谢供能，当摄氧量不能满足需氧量时，其不足部分依靠无氧氧化供能。运动时的需氧量取决于运动强度，强度越大，需氧量越大，无氧代谢供能的比例也就越大。根据比赛和训练的强度由小到大的变化，运动员的体能供能应分为低强度有氧供能、高强度有氧供能、有氧供能为主导的混合供能、无氧供能为主导的混合供能、无氧非乳酸供能、无氧乳酸供能。

根据体能的表现形式，足球运动员的体能又可分为训练体能与比赛体能：训练体能主要是指运动员在训练中表现出来的力量、速度、耐力、柔韧、协调等素质，长期承受大负荷训练的能力，大负荷训练课和大负荷训练周期的恢复能力以及长期训练中的心理能力；比赛体能是指运动员在比赛中的长时间跑动能力，始终保持正常技术动作和完成战术配合的能力，在比赛间歇快速从疲劳中恢复的能力，在比赛中由始至终保持高度的注意力、情绪稳定性和意志力等的心理能力。

训练体能与比赛体能相互联系又相互区别，训练体能是比赛体能的基础，没有良好的训练体能，在比赛中就很难表现出良好的比赛体能。但是，比赛体能又不等同于训练体能，比赛体能受比赛情境的多种因素影响，比赛中运动员心理活动的强度和对抗的激烈性在训练中都是难以达到的，因此，在比赛中队员的体能表现又常常与训练中的表现有较大的区别。

体能有两种综合表现形式，即一般体能和专项体能。一般体能对维持运动员的健康状况、保持运动员的体能水平有重要的作用，专项体能则是符合足球竞技运动特点的体能因素。在现代训练中，由于提高训练效率的需要，对体能训练的专项化提出了越来越高的要求。如何结合足球专项特点在最短的时间有效地提高运动员的体能水平，是摆在现代教练员和科研人员面前的一个重要课题。

四、足球运动员的体能特点

足球运动员的体能应符合足球运动的特点，与足球运动员体能定义相适应。根据以上对足球运动员专项体能的定义和足球运动特点的研究，本书认为足球运动员“体能”具有以下特点。

（一）体能的特异性

足球体能具有与其他运动项目不同的特征。足球专项体能有明显的“间歇性”特征，即各种强度的跑动伴随着不同时间的间歇。因此，不能简单照搬其他项目的体能训练方法，而是要通过专项特有的手段去发展符合足球运动特点的体能。其生物学机制在于，适应过程的专项特异性。适应性反应的专项特异性不仅表现于身体素质和植物性神经系统能力的发挥方面，而且表现于心理因素的发挥方面，特别是在完成紧张肌肉活动，又必须用意志来加强工作能力这一方面。此外，足球运动员需要全面均衡地发展有氧耐力和无氧耐力。足球运动员的专项体能是一个有序的开放系统，有氧耐力和无氧耐力是系统的主要组成部分，单方面发展无氧耐力与有氧耐力必会使系统失衡，打乱运动员体能系统的有序运行，影响运动员的竞技状态。足球运动员体能的特异性还表现在心肺功能的差别，例如，刘爱玲在中国女足的一场比赛中，跑动距离5000米左右，180 次/分以上心率达到 43 分钟；而孙庆梅在同一场比赛中，跑动几乎同样的距离，180 次/分以上心率只有不到 4 分钟。

（二）体能的时间局限性

根据竞技状态的周期规律，最佳体能水平只能保持相应的时间，这就是体能的时间局限性。足球运动员体能的产生发展过程即是运动员有机体的应激和适应过程。在足球专项训练中存在着两种适应性反应：急性但不稳定的与长久而相对稳定的。通过短期体能强化训练，可以刺激运动员机体产生急性适应性，但是，通过专项强化训练所获得的体能有极大的不稳定性。这是因为这种适应性反应是通过高强度的专项负荷产生的，是以超量恢复为其表现特征的，并不建立在各种器官、系统肥大、变异的基础上，即生物学的形态改造上，这就导致体能存在着时间局限性。体能的时间局限性还表现在，几乎每一个人的生理机能和体能状况在一定时间都会有变化。

（三）体能的不均衡性

体能的不均衡性是指各种体能素质不可能均衡发展，总有相对较强的运动素质，也有相对较弱的运动素质，各个运动素质在训练的不同时期也有强弱变化。这是因为：①任何肌肉活动都是依靠有机体的能量供应系统保证的。每个供能系统的发展并不完全一致，并不整齐划一，因此，必然会产生总能量供给的波动状态。②球队是由多名队员组成的，每个运动员都有自己的生物节律，有自己的体能变化周期，而教练员训练计划的制订、手段方法的选择是以球队为单位的。在全队进入较佳竞技状态期时，也必然有个别队员与全队状态不一致，没有达到最佳体能状态期。教练员必须遵循这一规律调整运动员的状态，利用这一规律改进训练。

(四) 体能的综合性

足球运动员体能的综合性主要表现在：①在比赛训练中体能的外在表现是多因素综合作用的结果，如运动员保持长时间活动的能力不但与有氧耐力有关，还与肌肉耐力、恢复能力、意志力有密不可分的关系。片面强调单一因素的作用，往往会陷入训练的误区。②足球运动员的体能除受能量供应系统的影响外，其他因素如恢复手段、营养、心理等，都影响体能周期的变化和外在表现。解决运动员的体能问题也必须从多重因素出发，不仅解决肌肉问题，也要从意志品质等心理方面综合考虑，详细分析出现问题的原因，从综合治理入手。

(五) 体能的应激性

内外环境的变化经常会引起运动员体能的变化。如一些球队在逆境中往往会表现出超常的体能，而有些球队在逆境中则发挥不出正常的体能水平。“大脑里个性品质的部位在最年轻、最复杂和最敏感的那一侧。这个部位对调节程序的区别率非常高。他与许多对疾病敏感的因素结合在一起。由于不同的应激激素以及通过大强度的足球训练和比赛可获得很高的运动能力，例如，来自应激激素像促肾上腺皮质素（ACTH）、儿茶酚胺或神经肽的能力。”在许多情况下，体能表现出强烈的应激性，如外界的鼓舞、求胜的愿望、胜利的喜悦等。运动员在比赛和训练中的情绪变化也会对运动员的体能产生积极或消极的影响。运动员处在适宜的兴奋状态时机能能承受较大的比赛和训练负荷，而在紧张和情绪低落时则易感到疲劳。

(六) 体能的实用性

足球运动属于同场对抗性项目。比赛中双方队员始终是在制约与反制约之间进行面对面的较量。这种对抗性体现在身体的直接接触（接触的力量、速度、技巧)、攻守技战术的制约、心理和智力的对抗，要求运动员能在对抗的过程中，保持“力”的运用恰当、头脑清晰、动作合理，有效地制约对方。因而，谁掌握了这个特性，谁就在比赛中掌握主动。

第二节　足球运动员体能训练的原理

一、按需发展原理

运动竞赛时表现出来的“单项运动能力”“复合运动能力”“表达运动能力”是该项目体能训练的全部内容。按照运动训练学原理，体能训练必须围绕提高该项目竞赛实际需要的各种能力来开展。

拉马克提出“用进废退”学说的中心论点是：环境变化了，使得生活在这个环境中的生物发生变化。有的器官由于经常使用而发达，有的器官因为不用而退化，这些变化了的性状（即后天获得的性状）能够遗传下去，久而久之，就会形成新的物种。拉马克曾以长颈鹿的进化为例，说明他的“用进废退”观点。长颈鹿的祖先颈部并不长，但由于干旱等原因，在低处已找不到食物，迫使它伸长脖颈去吃高处的树叶，久而久之，它的颈部就变长了。一代又一代，遗传下去，它的脖子越来越长，终于进化为现在我们所见的长颈鹿。拉马克的“用进废退”学说显示出两个思想：第一，身体常用的部分会变得更大、更强壮，反之，当这些部分不用时则退化；第二，生物可通过遗传取得原生物的特质，且又可透过子代获得变异。能否将已有特质遗传下去，且后代能否经过变异进一步优化，是体育运动科学选材值得关注的重要议题。研究人员认为：“用进废退”学说中“越用越强”和“不用则废”的观点应成为体能训练按需发展理论的科学依据。

二、优先与均衡发展原理

青少年时期存在着身体不同素质发展的最佳时期。体能训练应优先发展不同时期的“敏感”素质，特别是优先发展对运动成绩起决定作用的那部分素质。辩证唯物主义原理告诉我们：任何事物的发展过程都包含着主要矛盾和次要矛盾，主要矛盾中又包含矛盾的主要方面与次要方面。解决问题的方法是在青少年成长的敏感时期，先抓主要矛盾和矛盾的主要方面，然后逐步解决其他。

与运动项目有关的非“敏感”素质和不能对运动成绩起决定作用的那部分素质也应相继得到发展，这也是身体素质所需要的均衡性，即运动素质只能在整体上了一个台阶后，才能再次决定下一阶段的优先发展素质。部分素质过高而其他素质较差，并不能使整体运动水平得到提升。一只沿口不齐的木桶，其存水量的多少，不取决于最长的那块木板，而取决于最短的那块木板，这就是管理学中的“木桶理论”。因此，体能和各种机能素质最终还是应得到均衡发展。

三、恢复有序原理

在正常情况下，负荷后的恢复是自然的和必然的现象；在训练状况下，恢复过程则需要人为安排。恢复机制，并非在训练结束后才开始启动，训练负荷过程中，恢复是与损耗紧密交织进行的，只不过在不同阶段其优势状态各有不同，这是生理学常识。

恢复与损耗都是一种状态，同时又都有一个过程，恢复过程呈现四个阶段，即，部分恢复→完全恢复→超量恢复→累积恢复。所谓超量恢复，是在训练结束后的某一时段内能量补偿逾越原有水平的现象；所谓累积恢复，是指超量恢复效应维持一个时段之后并不完全退回到原初状态而会长期保留在一定的超出水平上的现象。这是我们对体能训练恢复现象的规律性的认识，将这一规律性认识加以提炼，就是恢复有序原理。该原理明确了恢复过程的阶段特点，提示了在不同恢复阶段所能施加负荷的基本量值标准，而训练负荷的量值安排又直接关系着训练水平的提高幅度。

体能训练中应依据恢复结果而确立负荷指标的基本要求。在大运动量训练和极限负荷原则的前提下，一旦训练系统开始启动，就要依据恢复状况决定下一阶段训练的量值和强度，因此必须考虑运动员的恢复状况。在非正常情况下，例如，训练渐进线被迫中断了，必须根据具体情况分析问题所在，而不能轻易放弃已有成果。在恢复过程的四个阶段中，完全恢复和超量恢复是人们最为关注的问题。人们创造出许多有效手段，意在尽快促成完全恢复。一般地，恢复的手段有三类：第一类是物理学手段，这些手段简便易学且无须高额投入。第二类是化学手段，包括营养及药物。由于化学手段的科技含量较高，因而会不断地推动竞技水平向高层次发展。第三类是心理学手段，包括信仰灌输、精神激励、心智调控等。

四、负荷的逐级适应原理

无数经验已经无可置疑地证明，训练负荷的发展过程不是笔直上升，而是有升有降起伏变化着的。其变化特点大致是：初承负荷——不甚适应——继续负荷——逐渐适应——增大负荷——又不适应……循环推进，永无止境。对于每一个人来说，负荷的极限是很快即可看到的，但对于整个人类来说，只要进化不停步，人所承受的负荷量值就不会有终点。而在不断增大运动负荷与不断产生新质适应的过程中，体能训练水平就得到了提高。该原理包含着这样的认识：只要经过一个或速或缓的适应过程，人的训练负荷就可以不断增大。或者说，只要实现机能适应，那么训练负荷量值就有继续增大的可能。据此，我们可以有把握地提出规范体能训练的第一原则：极限负荷原则，即体能训练中增大负荷再增大负荷直至最大负荷的基本要求。所谓极限负荷，当然是因人因时而异的，每一个运动员当然都有其不断变化着的负荷极限，我们讲“增大……再增大……”即已认可极限负荷过程中的节奏性。体能训练的成功奥秘，只在于准确把握运动员个体不同时期的负荷临界点，缺之毫厘和过之毫厘，其结果都可能是差之千里。而把握负荷临界点，“极限意识”非常重要，机会常常轻易地溜过意识未萌者近前。把握负荷临界点，决断勇气又很重要。智慧来自勇气，不敢尝试极限负荷的训练，也就永远不会是善于实施极限负荷的训练。为什么以往没有提出“极限负荷原则”？应该说不是缺乏经验和认识能力，而是缺乏勇气！极限负荷的基础是训练适应，训练适应是人体对运动负荷的平稳承受。这是一种活动或现象，它有一个过程，即由不平稳到较平稳，表明通过训练而使人体具备承受相应负荷的能力变化。训练适应的生理机制是应激，应激是指机体随时对刺激做出调整性反应，这些调整性反应最主要的是代偿性反应，代偿性反应的反复作用，导致机体对负荷刺激的感应阈升高，即机体对曾能引起强烈反应的刺激不再产生强烈反应——这就进入了适应状态。显然，如果没有逐级适应的基础，也就没有极限负荷的可能性。

五、体能训练的符合实战需要原理

在我们的实际训练中，尤其是一些职业队伍的身体训练中，磨洋工似的力量训练，逢身体训练课就是练杠铃，体能单个技术动作的重复训练，无对抗无训练激情的各种体能训练方法，跑动能力训练始终是一个强度，无球无目的的一般身体训练……不符合现代足球实战需要的训练内容俯拾皆是。因此，客观造成了我国地方足球队伍训练时间不短、枯燥辛苦、训练效果却较差的现象。众所周知，训练的目的是为了在比赛中占据优势并获得优异成绩，训练与比赛的紧密结合已成为足球项目发展的必然趋势。可以说训练就是比赛的导师，而影响比赛的主要因素就是训练要解决的任务和内容，比赛的形式就自然应成为体能训练形式的主体。只有这样的训练才有可能最大限度地接近比赛的要求，达到训练的目的。

运动员的身体素质是足球技术发展的基础，现代足球运动的发展趋势表明，只有具备一定的身体素质才能掌握相应的技术。身体素质的提高需要与足球发展同步，需要通过实战技术的训练去提高运动员的身体素质，两者互为依赖，又互相促进。提高足球运动员的身体素质对技战术的发挥也具有一定的促进作用，因此，身体素质促进技术的发展，技术的变化促进运动员身体素质的提高，战术的发展和创新同样也促进运动员身体素质和技术的提高。

六、体能的最佳化训练控制原理

最佳化训练控制原理由模式化训练产生和变化而来，是一种反映现代训练目标控制的训练原理，也是以控制论为主要理论依据而确立的。所谓最佳化训练控制是指从现实条件出发，以所能达到的最高水平为目标，采用最符合客观实际的、最适宜的科学训练方法，对训练全过程实施定量、定时、低耗、高效的训练控制过程。体能的最佳化训练控制是指对体能训练有目的、有方向的调节、指挥和掌握。

第三节　足球运动员体能训练的原则

任何一个运动项目在确定训练原则和选择训练内容时，首先要明确影响比赛成绩和运动员专项竞技能力的决定因素是什么。也就是运动训练专家们一直强调的项目特征问题。作为教练员必须深刻理解自己所从事的运动项目的项目特点。它是实施正确训练行为的前提，否则，必定会导致训练与比赛要求事与愿违。根据 M. A. 戈吉克（苏）对训练负荷的研究结果，在 800 米跑比赛中无氧代谢率已达 95%，而以往被认为典型的有氧运动耐力跑 5000 米和 10000 米的比赛项目，无氧代谢的比例也分别上升到 50%和 40%。这告诉我们，如果缺乏对有氧、无氧代谢的正确认识，必然会导致训练内容与方法落后，甚至影响运动成绩的提高。足球比赛的特殊性需要我们掌握体能训练的基本原则和规律。

掌握科学的训练理论和训练原则是教练员进行科学训练的前提。球类运动员体能训练的基本理论与原则目前尚在进一步完善过程中。我们认为足球运动员体能训练的原则，主要应包括这六个方面。

一、体能提高的刺激——适应原则

负荷刺激与机能适应是运动员体能提高的机制。运动员应努力使自己机能系统的功能适应所从事的运动专项的特殊要求。人体机能系统的适应程度越高，则运动体能水平越高。这一适应的实现，是运动员长期训练的结果。

所谓“训练适应”是指运动员机体在训练负荷和外界环境（自然环境和比赛环境）长期刺激的作用下，人体器官和系统所产生的结构与机能改善的效果。这种机能的改善能满足激烈比赛所需要的体能，并按照刺激—反应—适应—提高—再刺激—再反应原理，达到新的适应和提高的变化规律。体能训练就是通过各类身体训练，刺激运动员的机体，使之产生训练适应，达到提高机能能力的目的。运动训练的任务就是运用训练负荷打破机体原有的生物适应与平衡，使机体在新的水平上产生新的适应与平衡。体能水平越高，需要克服的生理和心理上的困难程度越大，则神经肌肉和其他各系统产生机能适应所需要的训练负荷越大、时间越长。教练员应明确认识到，人的潜能是无限的，因为人的适应能力是无限的。训练适应的形成主要经历以下几个阶段：第一阶段，对运动员机体施加刺激阶段，这种刺激包括训练、比赛和生活（饮食、作息制度、时差、气候等）所受到的各种刺激；第二阶段，对刺激产生直接的应答性反应阶段，该阶段是不适应所引起的暂时性反应阶段；第三阶段，对刺激产生局部或整体适应阶段（短期适应），此阶段为形成适应阶段的开始；第四阶段，器官和系统在结构与机能上的改造完成阶段，即长期适应形成阶段；第五阶段，训练适应的衰退阶段。训练安排不合理，或长期使用相同的训练负荷，则产生适应的某些机能会出现下降和消退。

二、训练量与训练强度统一原则

传统的训练理论，在处理训练量和训练强度这两个最基本的负荷因素时，把“量”与“强度”对立起来。在注重训练强度时，降低训练量；或在增大训练量时，显著地降低训练强度。这两种做法都不利于球类运动员体能水平产生突破性提高。现代足球运动员体能训练应达到“量”和“强度”同步提高，而强度是比赛负荷的核心问题。比赛实践要求运动员既能承受长时间大运动量的刺激，又要承受长时间大强度的刺激，二者缺一不可。对此，教练员应有清醒的认识。传统理论认为，量是基础，没有量的积累就不会产生质的飞跃，主张训练应循序渐进。这一训练思想无疑有它正确的哲学思想，但是容易使教练员产生误解：其一，训练中只能先抓“量”，而后抓“强度”；其二，只要抓了“量”，“强度”就一定能够上去。种种错误认识客观上阻碍了训练进程，使训练过程变得漫长而遥远，并且导致在认识上和理论上产生误区。

训练实践中，同步提高量和强度有一定的难度，应该怎样解决这个问题呢？首先认识上要清楚，确信“量”和“强度”同步提高是加快训练进程、提高体能水平的唯一出路；其次，要讲究训练方法，由“多吃少餐”（每天增加训练次数，可达 4～5 次，目的在于保证训练量，每次训练课时间相对较短，但必须要保证较高的训练强度），逐步过渡到“少吃多餐”（减少训练次数，每天训练 1～2 次，但每次训练既要延长时间，又要保证训练强度不降低），使运动员逐步适应大强度、长时间持续训练的方式，创出一条高效快速的足球运动员体能训练的新路子。另外，在训练方法上也可以改变准备活动的任务，提高准备活动的质量，实现“量”和“强度”的同步提高。训练量的生理基础主要是有氧和有氧—无氧供能训练，这部分训练内容可放在训练课的开始部分——准备活动完成，这样一方面提高了准备活动的质量，另一方面为大强度体能训练奠定了基础，只要持之以恒，训练水平将会发生根本变化。同时，在疲劳情况下进行技术训练，才真正符合比赛要求，符合“从严、从难、从实战出发”的训练原则，才会练出过硬的技术动作。

训练强度的生理基础是ATP－CP和糖酵解供能，这部分训练内容可以放在体能训练课的基本部分进行。这种训练安排或训练设想将会保证训练量和训练强度同步提高，将会为球类运动员的体能训练开创新天地，推动我国足球运动的迅速发展。那种只要训练量大，训练强度就一定能提高的认识是毫无根据的。训练量和训练强度是对立统一的两个方面，过去传统的训练理论过分注重“量”与“强度”的制约对立关系，没有充分认识和揭示量和强度共济统一的一面，所以导致我们的周期训练理论，冬训是量大强度小，夏训量小强度大，似乎是不可怀疑的永恒的定律。现代竞技运动飞速发展，全年有比赛，全年有身体训练，全年有技术训练，周期训练理论应进一步深入探讨，在新世纪应赋予周期理论新的内容和生命力。

三、以速度训练为核心原则

足球运动员体能训练的类型和手段多种多样，有以技战术为主，有以弹跳力为主，有以杠铃训练为主，有以耐力跑为主，有以综合力量训练为主，有以各类辅助手段为主，也有以各类手段组合的循环训练为主等，体能训练的手段和方法之多令人眼花缭乱。但是应该清醒地认识到，速度在足球体能训练中最为关键。过去有“速度是球类运动员的灵魂”之说，速度是胜利的前提和条件，是创造战机、实施攻防的前提与条件。体能训练必须提高专项速度，必须以专项速度为核心安排和设计训练。

足球比赛需要快速、爆发力、速度耐力的体能特征，为以速度训练为核心原则提供了理论基础。足球比赛是在长105米、宽70米的场地内，按照无规律的节奏进行运动，其供能特点是有氧和无氧混合的供能。足球比赛时，运动员是在短距离快速移动、突然爆发跳起、急停、全身或局部力量对抗等情况下进行比赛，因此，更应具备力量、速度、灵敏和速度耐力等身体素质。尽管足球比赛时间较长，耐力消耗较大，但是速度在现代和未来的足球比赛中永远是第一位的。

四、力量训练是基础和保证原则

肌肉力量是运动动力的源泉，是完成竞技任务和实现意志目标的前提。日益激烈的现代球类运动对运动员的力量素质水平提出了越来越高的要求，运动实践证明，如果运动员的力量素质没有达到相应的水平，要进行大负荷训练，掌握和运用技术是不可能的。力量素质是球类运动员专项对抗能力、专项速度、专项技术掌握与完善的基础和保证。足球竞赛中进攻与防守的身体接触、推拉、抢位、加速与拼抢，以及防守与攻击的有效性无不取决于力量素质。力量素质犹如摩天大楼的地基工程，地基质量差，不可能构建摩天大楼。运动员的技能水平也与力量素质紧密联系，力量训练是运动员技术、战术和体能训练的基础，力量训练要贯穿训练的始终、贯穿年训练周期的始终、贯穿多年训练周期的始终，对此，教练员应有深刻的理解，力量训练要有系统性、计划性和连续性。力量训练要保证运动器官工作的实效性，即动作效果的速度性和有效性。力量素质与运动员完成动作时爆发力和爆发耐力（速度力量耐力）的效果亦有直接的关系。我国足球运动员的力量素质普遍较差，尤其是上肢力量较差，往往在一对一的对抗中居于下风。因此，既要重视大关节肌肉群的力量，又要重视机体远端关节和小关节力量的训练。

五、体能训练与技战术训练相结合原则

体能训练是为技战术的运用与发挥服务的。体能训练是手段，利用体能优势通过个人技术和整体战术捕捉和创造战机，达到攻击得分并阻止对方得分是最终目的。所以，体能训练应具有鲜明的专项特点，不同的球类运动项目应有不同的体能训练特色，体能训练只有与专项技术、战术有机地结合，才能真正达到训练的目的。实践需要我们在体能训练中完善和检验技战术水平，在技战术训练中发展和巩固体能。为此，要根据运动项目特点、运动员的水平和不同训练阶段的任务，合理安排二者的训练比重。教练员应该注意的一点是，对于高水平运动员来说，应以体能训练促进技战术水平提高；对于青少年运动员和运动新手来说，应以技战术为主要手段发展体能训练水平。体能训练与技战术训练相结合要视训练对象、训练任务灵活安排。

但是，也应清醒地认识到，体能可以弥补运动技能的欠缺，体能可以使运动技术得到充分发挥，体能可以有效扼制对方战术，确保最终夺取胜利。所以，良好的体能条件是攀登世界球类运动顶峰的必备条件，是现代高速度、高难度、强对抗足球比赛中发挥技术和运用技术的必备条件。在第 26 届奥运会上，非洲尼

日利亚足球队力克群雄，夺取金牌的事实和第 17 届世界杯赛韩国队凭借超强的体能冲进四强都雄辩地证明了这一点。尽管这些球队的技战术水平与欧洲强队还有一定的差距，但他们用体能优势弥补了不足，最终夺取了比赛的胜利。所以，偏重技战术发展的教练员，也应抽出一定的时间提高运动员的力量、速度和机体的抗疲劳能力，保证体能水平不断提高。

六、体能训练的计划性和系统性原则

体能训练是一个长期的训练过程，需要循序渐进、有科学地计划，同时需要系统安排。为了提高运动员的体能水平，必须按计划、系统地进行全年和多年体能训练。机能能力和运动素质是在长期的重复训练中逐渐发展和提高的。现代运动训练的一个突出特点是越来越重视多年训练的计划性和系统性，并以年周期训练为基本结构，合理安排各阶段的训练任务、训练内容和运动负荷。体能训练要贯穿于年训练周期的始终。但体能训练不应是年复一年的简单重复，这样只能使机体能力停留在原有的水平上，而是要不断地改变训练手段和提高训练负荷的量和强度，形成年年提高、月月见成效的系统训练规划。

七、体能训练的动机性原则

体育运动的魅力之一就是具有鲜明的挑战性和趣味性，并使身心集于一体。它是乐趣式的，同时又是一项艰苦的体验。从乐趣变成今后的职业生涯，训练动机就是最主要的一个方面。如果体能训练安排枯燥无味，过多剥夺了运动员的自由或者对运动员提出了过高的要求，那么，它就可能降低运动员训练的激情，导致体能训练动机下降。有的教练员发现，一些运动员在身体训练课上无精打采，说明教练员的体能训练安排很可能存在问题，它未能很好地满足运动员身体素质的个性化需要。教练员只有设法使单调无味的训练富于趣味性，满足运动员追求个性发展的需要，才能更有效地激发训练动机。

毫无疑问，教练员对于训练和比赛所作的安排往往是比较适合于运动员发展的。但也应知道，最了解运动员状况的，莫过于运动员自己，一旦运动员学会了如何自己设计训练计划，掌握了做出正确决策的方法，他们可能会设计出更好的计划，可能会有更强烈的责任心去执行自己亲手制订的计划。教练员应根据运动员的能力和水平，在有组织的范围内给予自主权力，以培养运动员的责任心、自觉性和做出正确决策的能力。教练员应花些时间同运动员一起讨论比赛中体能暴露出的问题和训练中应注意的问题，并使其了解自己过去曾做出某些错误决策的原因。不适当的过分要求，往往会损害运动员的训练动机，因为这样做实际上剥夺了运动员学习自我调整、自己做出决策的机会，使其在短时间内难以取得非常显著的进步。

八、体能训练的约束力和可逆能力原则

在设计和实施训练计划中，人的因素或心理上的变化是至关重要的。球员要做好长时间训练的准备，训练时间会持续数月甚至数年。有些球员具有敬业精神，他们从内心深处是愿意进行训练和比赛的。然而，不是所有球员都具有这种敬业精神，当进行长时间训练时，他们会产生厌倦反应。自我约束力在训练中是很重要的因素。教练员应通过实施不同的训练计划，在训练性质、质量和数量上给予球员帮助，在很大程度上，这可以提高球员对训练的热情和积极性。通过变换身体训练，采用一些与比赛有关的训练（小范围比赛），增加训练的难度，使球员有所收益。

可逆能力是指身体素质的逆向变化过程。如果球员对身体训练确实产生厌倦并有意逃避，那么身体素质水平迟早会降低。保持巅峰状态的身体素质水平是非常艰难的，但失去它却非常容易。切记：身体素质不会是一成不变的，要加强日常身体素质训练，并在比赛前调整身体素质训练的时间。

第四节　足球运动员体能训练的方法

运动训练方法是在运动训练活动中，提高竞技运动水平、完成训练任务的途径和办法，是对运动训练过程中各种方式和办法的概括，是对各种具体训练方法的集中表述。在足球体能训练过程中，运动训练方法是体能教练员进行训练工作、完成训练任务、提高运动员体能水平的应用工具。正确地认识和掌握不同体能训练方法的功能和特点，有助于顺利地完成运动训练过程不同时期的体能训练任务，有效地控制运动员的体能发展过程，提高运动员的体能水平。

一、体能训练方法概述

（一）体能训练方法的基本结构

构成体能训练方法的主要因素包括：训练动作及其组合方式、运动负荷及其变化方式、过程安排及其变化方式、信息媒体及其传递方式、外部条件及其变化方式等。其中训练动作及其组合方式，主要是指运动员为完成具体训练任务而进行的身体训练以及各个训练之间固定或变异的组合方式；运动负荷及其变化方式，主要是指对训练过程的时间、人员的组织，器材的分布，内容的选择，训练步骤等因素的

安排及其变化形式；信息媒体及其传递方式，主要是指教练员指导训练工作时，所采用的诸如语言、挂图、影视等信息手段和信息的传递方式；外部条件及其变化方式，主要是指训练气氛、训练场地、训练设备、训练器材、训练工具等因素的影响及其变化方式。由五种因素组成了具有不同功能的多种训练方法。

(二) 体能训练方法的分类

根据体能训练动作的形式和内容，可以把足球运动员的体能训练分为一般体能训练和专项体能训练。根据体能训练的目的又可以分为力量训练、速度训练、速度力量性训练以及耐力训练等。

马特维也夫把训练方法分成以下类别：

专项训练方法分为两类：一是训练内容和形式尽可能接近正式的完整比赛，充分符合运动的专项特点。如采用队内训练比赛、对抗赛等手段，全面发展运动员的体能整体水平。专项化的训练手段对运动员的专项体能水平的形成和动态发展有重要的作用。二是根据足球比赛和训练的需要以及运动员本身的特点，有针对性地对运动员某一专项体能素质进行训练的训练方法。这种训练符合足球比赛形式，通过有针对性地强化局部和反复训练，在较短时间内使运动员的速度、力量等体能构成因素达到更高的水平。如采用 1 对 1 对抗和短时间的 4 对 4、5 对 5 小组对抗训练来提高运动员的无氧耐力水平，在传接球训练时设置障碍物来提高运动员的力量和灵敏素质等。这类训练的特点是把专项素质训练与专项技战术训练紧密结合起来（见表 5-1）。

表 5-1　体能训练方法的分类及其训练特点

训练方法分类		训练的专项特点（类似＋，区别－）	
		按专项动作形式	按专项素质特点
专项训练方法	模拟实际比赛的训练	＋＋	＋＋
	局部和反复模拟比赛的训练	＋	＋
辅助—专项训练方法	符合运动专项的素质训练	＋－	＋
	与专项有关的素质训练	＋	
一般训练方法	接近专项的一般训练方法	＋－	－＋
	与专项无关的身体素质训练	－	

辅助—专项训练在部分特征方面类似于专项训练中的第二类训练方法。它主要是针对足球比赛中所需要的各种素质选择针对性训练方法的总和。采用的训练方法与比赛活动所需要的相类似。辅助—专项训练有两种形式，一种是符合运动

专项的素质训练。如通过分析足球比赛中运动员的活动方式发现，高水平的运动员每 30 秒就有一次爆发性活动。根据现代足球的这一特征，希丁克在韩国队的世界杯赛准备期采用有间歇的反复高强度冲刺，有效地提高了运动员在比赛中保持高速度跑动的能力，并在此基础上建立了一套被称为“体能足球”的战术体系。二是与专项有关的素质训练。近年来越来越多的国外足球运动员认识到力量素质的重要性，他们在体能教练的指导下，采用有针对性的训练方法来发展力量素质。从外部特征和体形上我们也能发现国外高水平运动员上身肌肉都比较发达。欧洲国家近年来在下肢的肌肉训练中不仅仅重视协调性和灵活性的训练，同时加强了爆发力的训练，因此，我们看到绝大多数高水平的运动员下肢肌肉并不粗大，而爆发力却十分出色。这一点与我国运动员恰好相反，我国的足球运动员下肢肌肉往往看起来十分发达，但是在远射力量上与国外运动员却有较大差距。从外部形态上看，我国足球运动员的上身肌肉与国外运动员相比有较大差距，这也是我国运动员对抗能力差的原因之一。

一般训练对足球运动员增进健康、延长运动生命有重要的作用。但在选择一般训练手段时要考虑足球专项的要求，广泛借鉴篮球、手球等同场对抗类球类项目的训练方法，形成多种多样的一般训练手段，以补偿足球体能训练专项化的单调性，调整和发展运动员的竞技状态。

一般身体训练有以下作用：

(1) 用于充实、恢复和保持运动员技能。运动员的技术能力取决于运动员能熟练使用的运动技能。一般训练能发挥“正迁移”机制的作用，促进和完善运动员的技能水平。

(2) 可以促进运动员专项素质的发展。研究证明，在专项训练中得不到训练强化的素质会逐渐退化，而这种素质的退化会对运动员的专项素质起到消极的作用，科学的一般训练可以稳定和发展运动员的非专项素质。

(3) 可以促进运动员大负荷后的恢复过程。在比赛和大负荷训练以及赛季后的间歇期，一般训练可以起到促进运动员恢复疲劳、调节精神状态、保持竞技能力的作用。

二、足球力量素质训练的方法

(一) 力量素质训练的基本手段

虽然各种不同力量素质均有其各自的训练手段，但力量素质训练也有一些共同的训练形式，现归纳如下。

（1）负重抗阻力训练。这种训练可作用于机体任何一个部位的肌肉群。这种训练主要依靠负荷量和训练的重复次数刺激机体发展力量素质。负重抗阻力训练的方式多种多样，负荷的重量及训练的重复次数可随时调整，它是身体素质训练中常用的一种手段。

（2）对抗性训练。这种训练的双方力量相当，依靠与对方不同肌肉群的相互对抗，以短暂的静力性等长收缩来发展力量素质。如双人顶、双人推或拉等。对抗性训练几乎不需要任何器械及设备，也容易引起训练者的兴趣。

（3）克服弹性物体阻力的训练。这是依靠弹性物体变形而产生的阻力发展力量素质，如使用弹簧拉力器、拉橡皮带等。

（4）利用外部环境阻力的训练。如在沙地、深雪地、草地、水中的跑、跳等。做这种训练要求轻快用力，所用的力量往往在动作结束时较大。

（5）克服自身体重的训练。这种训练主要是由人体四肢的远端支撑完成的训练，迫使机体的局部部位来承受体重，促使该局部部位的力量得到发展。例如引体向上、倒立推进、纵跳等。

（6）利用特制的力量训练器的训练。这种特制的训练器，可以使训练者的身体处在不同的姿势（坐、卧、站）进行训练。它不但能直接发展所需要的肌肉群力量，还可以减轻心理负担，避免伤害事故发生。另外，还有电刺激发展肌肉力量的训练器。

（二）力量素质训练的基本方法及特征

运动训练实践中，教练员们创造了多种多样发展肌肉力量的方法，或是作用于整个肌肉系统或是有选择性地作用于某些肌肉群，这些具体的训练形式是形成现代力量训练方法的基础。按动力学特征分类，力量素质训练的方法分为动力性力量训练法、静力性力量训练法及点刺激训练法等。动力性力量训练法是指人体采用相对运动的动作形式进行力量素质的训练，主要由克制收缩形式（速度性克制收缩、力量性克制收缩和等动训练）、退让收缩形式的速度性退让收缩、力量性退让收缩训练、超等长收缩形式的速度性超等长收缩、力量性超等长收缩训练等方法所组成。静力性力量训练法是指人体采用相对静止的动作形式进行发展力量素质的训练，主要是指等长收缩的训练。电刺激法是利用电刺激仪产生的脉冲电流，代替由大脑发出的神经冲动，使肌肉收缩，达到提高肌肉力量之目的。此外还有将动力性力量的不同形式和静力性力量训练的形式进行不同组合，形成新的发展不同力量素质的组合训练法。

1. 动力性克制收缩训练方法的特征

动力性克制收缩训练是指肌肉从拉长的状态中缩短以克服阻力而完成动作。

肌肉在收缩时起止点相互接近，所以动力性克制收缩训练又可看作肌肉的向心性工作。该方法的最大特点是动作速度快、功率大，能有效地提高肌肉力量、速度和力量耐力。

2. 动力性退让收缩训练方法的特征

动力性退让收缩训练是使肌肉产生离心收缩的力量训练。生理学研究证明肌肉不仅在收缩时能把化学能转化为机械能，同时在外力拉长肌肉做功时，肌肉也能把外能转为化学能储存。因此，肌肉的退让性工作除了即时效应外（例如制动），还能产生积蓄效应（把非代谢能量转变为肌肉的化学能和弹性势能），然后再以机械能的形式瞬间释放。退让性收缩训练对神经肌肉系统产生超负荷量，可使肌肉力量特别是最大力量得到明显增长。

3. 等动训练法的特征

等动训练法是指借助于专门的等动训练器，在动力状态下，人体肌肉的抗阻力程度适中恒定，且动作速度平均的训练方法。这种方法的最大特点是人体接受外部负荷刺激所产生的生理反应强度，在人体动作的变化过程中始终保持恒定，并使关节各个角度的肌肉用力表现出最大用力或恒定用力。国外研究认为：快速等长训练能使各种运动速度的力量都得到增加，慢速等动训练所增加的快速力量耐力大于慢速等动训练所增加的慢速力量耐力。

4. 超等长收缩力量训练法的特征

超等长收缩力量训练法是利用肌肉的弹性、收缩性及牵张反射性来提高力量素质。即肌肉先被迫迅速进行离心收缩，紧接着瞬间转为向心收缩的训练。它的最大特点是利用神经肌肉的牵张反射性，引起神经系统反射性产生更强烈的兴奋冲动，从而动员更多的运动单位参加收缩，产生更大的肌肉收缩力，以达到提高力量的目的。这种训练方法主要有以下三种形式。

①各种快速跳跃训练。

②不同高度和形式的跳深训练。

③利用专门训练器械进行的超等长训练。

5. 静力性训练法的特征

静力性训练法是指人体采用相对静止的动作，利用肌肉长度不变、主要改变张力的变化特点发展力量素质。它的最大特点是物理上表现的功为零，但生物体却依然存在做功的功能，能更有效地提高肌肉的张力与神经细胞的机能水平。

6. 组合训练法的特征

组合训练法是将动力性的克制性训练、退让性训练和静力性训练等方法进行不同的组合，有效地提高力量耐力和快速力量。从生理和生物力学角度看，各种肌肉收缩方式混合训练，增加了机体对刺激的适应难度，提高刺激的作用，能收到更快提高力量的效果。

7. 电刺激训练法的特征

电刺激训练法是现代新的发展力量素质的训练法。其最大优点是：训练部位准确，可根据训练目的，随意选择和确定训练部位；强化专项肌群和薄弱肌群，肌肉收缩的强度和时间可以人为控制；可最大限度地动员运动单位参与收缩，可在短期内迅速提高肌肉力量；可加大训练量，缓解大运动量与疲劳恢复的矛盾，可保证受伤期工作肌群的正常训练。与想象训练相结合，作为比赛期和比赛前的力量强化手段和兴奋刺激手段。电刺激法增长力量迅速，但用电刺激获得的力量，一旦停止训练，消退也快。

（三）最大力量的训练

最大力量的提高主要取决于肌肉生理横断面和肌肉内协调能力的发展与改善。后者对相对力量的提高尤其重要，是田径比赛、跳跃和球类运动员提高力量的主要途径。

下面几种训练方法能有效地发展人体最大力量。

1. 静力性训练法

静力性训练一般采用较大负荷量，以递增重量的方法进行训练。所负的重量越大，该肌肉的感觉神经传至大脑皮质的神经冲动也越强烈，从而引起大脑皮质指挥肌肉活动的神经细胞产生强烈兴奋，若经常接受这种刺激，就提高了兴奋强度，并吸引更多的肌肉纤维参与工作，进而提高了肌肉的最大力量。总负荷是影响最大力量发展的重要因素，影响总负荷的因素有负荷重量、训练重复组数、每组持续时间及各组间的间歇时间等。提高最大力量多采用本人最大负荷量的70％进行训练，组数可控制在 4 组，每组持续在 12 秒以上，每组间歇 3 分钟。若采用本人最大负荷量 70％～90％进行训练，组数可控制在 4～6 组，每组间歇应增至 4 分钟。近几十年来，静力性训练不仅作为发展肌肉力量的有效手段，而且作为创伤后进行积极恢复正常功能的手段在体育界广泛应用。静力性训练的特点是工作时处于无氧条件下，能量储备迅速消耗，从而迅速出现疲劳。因此，过多地使用静力性训练法，会影响肌肉群的协调性。使用静力性训练法的目的只是为了克服某些肌肉在力量发展中的不足，使之迅速地、优质地提高收缩力量。

2. 持续不断地重复用力的方法（重复法）

这种方法的特点是负荷量的大小应随肌肉力量的增加而逐渐增加。当运动员重复更多次数时，便表明力量有了提高，即应增加负荷的重量。重复用力的方法适用于训练的各个时期和阶段。其作用在于加强新陈代谢，活跃营养过程并有助于改进协调性，加强支撑运动器官能力，并能迅速而有效地提高肌肉力量。

重复用力训练采用的负荷度一般是本人最大负荷量的 75%～90%，组数可进行 6～8 组，每组重复 3～6 次，每组间歇时间控制在 3 分钟。

根据有关资料记载，古巴女排采用此法做架上半蹲训练，接着做立定跳远训练，该队主力队员半蹲负重量高达 300 多千克。

3. 最大限度的、短促用力的方法（强度法）

这种方法的特点是使用极大或接近最大或最大的负荷训练，训练时逐渐达到用力极限，以后继续用对体力来说是最强的、中上强度的负荷量，直到对这种刺激产生劣性的反应为止。

短促极限用力的训练方法，保证了神经系统和肌肉组织作用力的高度集中，使肌肉最大力量得到明显提高。对于需要最大力量的项目的运动员来说，周期性地举最大的和接近最大的重量能有效地发展其专项工作能力。

短促极限用力训练采用负荷强度为本人负荷量的 85%～100%，训练组数 6～10 组，每组训练次数 1～3 次，每组间歇时间控制在 3 分钟。

我国大多数举重运动员都采用这种方法，并且取得显著的效果，多次打破世界纪录。运动员实践证明，只要强度在 90%以上，就能提高运动成绩。然而，采用这种方法进行训练不但需要很大的体力和心理准备，而且还要具备丰富的营养和良好的恢复手段。

4. 极限强度的方法

这种方法为保加利亚功勋教练员伊万·阿巴杰耶夫所创造。他认为人体有巨大的潜力，对外界环境有很强的适应能力，开始时对新的刺激不适应，经过一段时间的训练就会适应。这时如不进行新的刺激、新的适应，技能就得不到新的发展，训练水平不可能达到新的高度。所以对旧的刺激适应后，必须给予新的刺激，再求新的适应。保加利亚人称这种方法为"阶梯式"的训练方法。以抓举训练为例，暂定第一阶段抓举训练强度为 100 千克，经过若干天的训练，运动员适应这个重量并且成功地举起 100 千克两次，就可以增加新的重量，从 102.5 千克至 105 千克，开始第二阶梯的适应性训练。这样不断地增加重量，进行新的适应，使训练水平逐级提高。

极限强度训练方法的显著特点是：非常突出强度，几乎每周、每天、每项都要达到、接近甚至超过本人当天最高水平。在计划规定的时间内要求组数越多越好，组与组之间的间歇以训练者恢复为准，整个训练全年都是这样安排的，不做大的调整和变动。

从一个阶梯上升到一个新的阶梯（每一阶梯训练时间为 2 周），增加重量时要适当，不能猛增，要掌握好尺度，考虑到运动员的适应能力、体质、技术等因素，通过实验，摸索每个运动员增加的分量和适应期的长短。

如果在一个新的阶梯上，运动员不能承受新的负荷，则应回到原来的阶梯上训练 2～3 天再做增加。

极限强度力量训练方法负荷特征如下：采用本人最大负荷的 90%，进行 3 组，每组做 3 次，每组间歇 3 分钟。适应后，增至本人最大负荷的 95%，进行 2 组，每组做 3 次，每组间歇 3 分钟。适应后，增至本人最大负荷的 97.5%，进行 2 组，每组做 2 次，间歇 3 分钟。适应后，增至本人最大负荷的 100%，进行 2 组，每组做 1 次，每组间歇 3 分钟。每组数可控制在 1～2 组，每组做 1 次，每组间歇 3 分钟。

5. 极端用力的方法

这种训练方法的特点是采用一定的负荷量进行训练，次数重复至极限数量，直到完全不能做为止，即至参加训练的肌肉群再也不能进行收缩。其生理机制是肌肉越来越疲劳，需要从大脑皮层中发出补充神经冲动新的运动单位。这样就把每块肌肉充分地调动起来，并去激发新的肌肉群（即兴奋过程的扩散）。

极端用力训练方法发展力量素质的负荷特征是一般多采用 50%～75%的负荷强度，进行 3～5 组，每组 10～12 次，每组间歇时间为 3～5 分钟。它对某些运动项目运动员的身体起着最为深刻和全面的结构性影响，而对运动系统和心血管系统的影响更加重要。对发展力量和耐力产生良好的作用，并且是大幅度提高运动成绩的基础。

6. 电刺激法

这种方法于 20 世纪 60 年代发明，是利用电刺激引起肌肉收缩，从而提高肌肉活性。其生理机制是由大脑发出的中枢神经冲动被一种能使肌肉收缩的电刺激所取代。电刺激的优点是，一是能使肌肉最大限度地活跃起来；二是引起肌肉紧张维持的时间要比普通方法长、反复次数多，极限力量降低减慢。由于排除了中枢神经系统的疲劳，使运动员在已疲劳后仍可继续对肌肉进行电刺激训练，达到真正大运动量训练；三是比一般力量训练方法消耗能量少；四是对肌肉训练的针对性强。其缺点是可能对人体协调能力产生不利影响，假使训练量控制不当，会使肌肉负担过重。

(四) 力量耐力训练

力量耐力是既有力量又有耐力的综合性素质。它是在静力性或动力性工作中长时间保持肌肉紧张而又不降低工作效果的运动能力。运动员的力量耐力水平取决于多种因素，其中最主要的是保证工作肌耗氧和供氧的血液循环和呼吸系统的机能能力，无氧代谢的机能能力和工作肌有效地利用氧的能力，以及运动员克服自身疲劳的意志品质。

根据肌肉工作的方式，力量耐力可分为动力性力量耐力和静力性力量耐力。动力性力量耐力又可细分为最大力量耐力（重复发挥最大力量的能力）和快速力量耐力（重复发挥快速力量的能力）两种。无论动力性力量耐力或者静力性力量耐力均与最大力量有密切关系，不同运动员在完成同一负荷重量时的重复次数，主要取决于最大力量。最大力量大，则重复次数多，力量耐力好。

从肌肉物质交换的关系来看，在静力性力量耐力训练时，肌肉紧张逐渐下降，从而限制了有氧物质和酶作用的供应，肌肉高度紧张时，还会中断这种供应。在动力性力量耐力训练时，肌肉有节律地交替紧张和放松，短时间随血流供应有氧物质，易于加快消除疲劳的过程。根据肌肉物质交换的关系，如要发展一般力量耐力，可采用持续间歇训练法、等动训练法、循环训练法和负荷强度低的静力性训练法。

1. 持续间歇训练法

其特点是负荷重量较小，每次应竭尽全力去达到极限，使肌肉长时间持续收缩工作到最大限度。力量耐力的增长主要表现在重复次数的增加上，每次训练要力争增加重复次数，当重复次数超过该项目特点的需要时，就应增加负荷重量。由于每个运动项目的特点不同，因此采用的负荷重量和次数应根据各项目的特点而确定。具体运用该方法多见以下两种，第一种方法的负荷特征是：采用40%～60%的负荷强度，进行3～5组训练，每组训练用很快的速度重复10～20次，组间休息30～90秒。第二种方法的负荷特征是：采用25%～40%的负荷强度，进行4～6组，每组用快的动作速度重复30次以上，组间休息30～60秒。如果训练时间短（20～60秒），又必须使疲劳积累，应该在疲劳尚未恢复时进行下一组训练。若训练时间长（2～10分钟），应该充分恢复到工作前的水平。

2. 等动训练法

等动训练法是利用一种专门器械（等动训练器）进行力量训练的方法。等动训练器的结构是在一个离心制动器上连一条尼龙绳，拉动尼龙绳时，由于离心制动作用，拉动绳的力量越大，器械产生的阻力也越大，器械所产生的阻力总是和用力大小相关。

肌肉用力大小与骨杠杆位置有着密切关系，即受到肌肉群的牵拉角度及每个杠杆的阻力臂与力臂的相对长度的影响。因此，当人体任何一个环节活动时，在整个活动范围内，肌肉所表现的力量并不是均匀一致的。当我们作弯举时，总会明显地感觉到肘关节处于 90 度左右时最吃力（阻力最大）。因此，在一般的动力性训练中，由于外加阻力是固定的，所以肌肉在屈肘关节的整个活动范围内，负担是不一样的，开始较小，90 度左右负担最大，然后又逐渐减小。当肘关节处于不同角度时，屈肘肌群所受到的刺激作用也就不一样。而用等动训练器进行训练时，当骨杠杆处于有利位置时，肌肉如使劲，用力比较小，器械产生的阻力也大；而当骨杠杆处于不当位置时，力量小，器械产生的阻力也就小。这样实际上就等于在肘关节的整个活动范围内，给予了屈肘肌群不同的负荷（即不同的外加阻力），只要训练者尽力去拉，就能保证在整个活动范围内，肌肉均能受到最大负荷。进行等动训练时，通常完成次数较多，主要用于发展力量耐力，如果改变符合要求，亦可用于发展其他力量素质。等动训练可采用以下方法进行：将等动训练器固定在墙壁、地板或天花板上，运动员根据各自的专项特点，结合专项动作的方向和幅度，采用不同的负荷进行训练。例如，慢速等动训练，只增加做慢动作的力量耐力；快速等动训练，能使快速和慢速动作力量耐力都得到提高。总之，进行快速等动训练提高的力量耐力比慢速等动训练提高力量耐力的效果大。等动训练一般每周以 2～4 次为宜，每一种训练应保证做 2～4 组。若负荷较大时，每组做 8～15 次；若负荷较小时，应做 15 次以上。等动训练时动作速度应尽可能和所从事的专项动作一般快。

3. 循环训练法

循环训练法是指根据训练的具体任务，建立若干训练站或点，运动员按照规定的顺序、路线、时间依次完成各站规定的训练内容和次数，周而复始地进行训练的方法。其特点是能轮流锻炼各个肌群，按先后顺序发展两臂、双肩、两腿、腹部、背部等部位肌群的力量耐力。循环训练的内容组织需根据训练者的设想、训练目的而定，并且应该遵循“渐进负荷”或者“递增负荷”的原则安排训练，负荷强度必须针对个人情况而定。根据国外资料报道，提高肌肉耐力一般采用两种不同方式的循环训练。

（1）大强度间歇循环训练。运用该方法时采用最大力量的 50%～80%负荷，重复 10～30 次，重复速度要快，休息时间应是用力时间的 2～3 倍。

（2）低强度间歇循环训练。该方法采用较低负荷（最大力量的 30%～50%），重复次数增加至最高重复次数。完成动作的速度适中或较慢，休息时间比大强度的循环训练时间要短。制定循环训练计划时，每组训练的时间短者可安排 6 种训练，时间适中者可安排 9 种训练，时间长者可安排 12 种训练，总持续时间在 10～30 分钟，循环重复训练 2～3 组。但具体的训练持续时间、重复次数以及间歇时间应该根据运动员的训练水平和准备发展的身体素质来确定。由于采用循环法训练时各“站”都是事先安排好的、固定的，所以可以组织与“站”同等数量的人同时参加训练，提高训练者的兴趣，活跃训练的气氛。

发展力量素质，除了学习掌握必要的力量素质教学与训练的理论外，还应该掌握正确地发展有关肌群力量的技术动作，并在实践中反复训练。只有这样，才能迅速促进力量素质的不断提高。

（五）发展肌肉力量的具体方法

发展力量素质的本质在于发展肌肉力量。以下根据教学训练的体会，提供一些简易可行的发展肌肉力量的动作方法。

1. 俯卧撑

动作方法：俯身向前，手臂撑地，手指向前，两臂伸直，两手撑距同肩宽，两腿向后伸直，两脚并拢以脚尖着地。两臂屈肘向下至背低于肘关节，接着两臂撑起伸直成原来姿势。

训练要求：身体保持平直，不能塌腰成“凹”形，也不可拱臂成“凸”形。

作用：多次重复该动作，能发展三角肌的前部、胸大肌以及肱三头肌等上肢力量。

若提高训练难度和效果，可变化下列方式进行训练：

（1）手掌撑变为手指撑，连续做俯卧撑动作；

（2）两臂宽撑（掌撑或指撑），连续做俯卧撑动作；

（3）两臂宽撑，两手握砖连续做俯卧撑动作；

（4）一腿抬起，另一腿着地，连续做俯卧撑动作；

（5）两脚放在横木上，连续做俯卧撑动作等。

2. 引体向上

动作方法：两手正握或反握单杠，握距同肩宽，两脚离地，两臂伸直，身体悬垂。引体发力，身体向上拉至头过杠面，然后身体慢慢垂下成原来姿势。

训练要求：发力引体不要借助身体摆动和屈蹬腿的力量。

作用：多次重复该动作能发展胸大肌、背阔肌以及肘关节屈肌群力量等。

若提高训练难度和效果，可变化下列方式进行训练：

（1）两手正握单杠悬垂，连续做引体向上，头触杠头前伸动作；

（2）一手反握杠，另一手腕扣杠，连续做引体向上动作；

（3）脚负小沙袋在单杠上连续做引体向上动作。

3. 双杠臂屈伸

动作方法：两臂屈伸在双杠上，身体垂直在杠内，屈臂至两臂完全弯曲，接着用力撑起，使两臂伸直成原来姿势。

训练要求：身体要直，下肢自然下垂，腿不要屈伸摆动。

作用：多次重复该动作能发展胸大肌、三角肌前部、肱三头肌力量。

若提高训练难度和效果，可变化下列方式进行训练：

（1）脚背放置小沙袋或壶铃连续做屈伸臂动作；

（2）腰负重物或身体穿沙背心连续做屈伸臂动作；

（3）在吊环上连续做屈伸臂动作。

4. 仰卧起坐

动作方法：仰卧在地板上或体操垫上，使身体处于水平位置，腿伸直，两手一般抱头，然后向上抬上体至垂直部位，再慢慢后倒成原来姿势。

训练要求：起坐动作速度要快，下卧时动作速度应慢。

作用：多次重复该动作，能发展腹肌、髂腰肌等力量。

若提高训练难度和效果，可变化下列方式进行训练：

（1）仰卧在长凳上，两手持杠铃片置于脑后，两脚固定，连续做仰卧起坐动作；

（2）仰卧在木马上或斜板上，两脚钩住肋木，两手持球，两臂伸直，连续做仰卧起坐动作；

（3）坐在跳箱上两腿由同伴握着，两手持杠铃片置于脑后连续做仰卧起坐动作；

（4）仰卧，连续做元宝收腹起动作等。

5. 收腹举腿

动作方法：仰卧在地板上或体操垫子上，身体伸直处于水平位置上，两臂伸直自然置于体侧，然后收腹向上举起双腿至垂直部位，再慢慢放下成原来姿势。

训练要求：收腹举腿动作速度要快，放腿速度应慢。

作用：多次重复该动作能有效地发展腹肌和髋关节屈肌群力量。

若提高训练难度和效果，可变化下列方式进行训练：

（1）支撑屈膝直角坐，接着成直腿后撑直角坐动作，反复训练；

（2）背靠肋木，两手正握横木悬垂，两脚夹实心球连续做收腹举腿动作；

(3) 仰卧，两脚夹实心球连续做收腹举腿动作。

6. 体后屈伸

动作方法：身体俯卧在垫子或凳上，髋部支撑，脚固定，两臂前举连续做体后屈伸动作。

训练要求：体后屈时，上体尽量抬高。

作用：主要发展伸髋肌和脊柱伸肌的力量。

若增加训练难度和效果，可变化下列方式进行训练：

(1) 俯卧，两腿伸直，两臂屈肘抱头后，连续做体后屈动作；

(2) 俯卧在矮木凳上，脚固定，两臂屈肘抱头后，连续做体后屈动作；

(3) 俯卧在跳箱上，两手抱头后，两脚由同伴扶着，连续做大幅度的体后屈伸动作；

(4) 仰卧在木马上，两臂伸直，两脚钩住肋木，连续做大幅度的体后屈伸动作等。

也可以手持哑铃、杠铃片或身穿沙背心做上述各种方式训练。

7. 俯卧腿上振

动作方法：俯卧在地板上或垫子上，两腿并拢伸直，髋部支撑，两臂自然伸直置于体侧，连续做两腿向后上振起动作。

训练要求：两腿尽量向上振起。

作用：俯卧腿上振是发展脊柱伸肌与髋关节伸肌力量的有效手段之一。

若增加训练难度和效果，可变化下列方式进行训练：

(1) 俯卧在山羊上，两臂伸直手扶肋木固定上体，连续做两腿向上振起动作；

(2) 俯卧在木凳上，两手扶木凳，两腿连续做向上振起动作，也可脚负重物做上述各种方式训练。

8. 连续跳跃

动作方法：用单腿跳跃和双腿跳跃进行水平跳、向前跳和向上跳。

训练要求：上体正直、蹬地有力、动作连贯。

作用：主要发展大腿前后群肌、小腿群肌及踝关节力量。

主要训练方法有：

(1) 原地单腿跳；

(2) 原地双腿跳；

(3) 单腿在高物上交替跳；

（4）跳深；

（5）多级跨步跑等。

9. 提踵运动

动作方法：在两腿底下放一块5～6厘米厚的木板，前脚掌踏于木板上，脚后跟着地，然后尽量提高脚后跟再行放下，连续进行。

训练要求：身体正直、上体挺拔、臀部不要后坐。

作用：主要发展小腿后部的比目鱼肌、腓肠肌、腓骨肌、短肌群力量，同时对踝关节处韧带的收缩亦有益处。

10. 仰卧推举

动作方法：仰卧在推架上，调整好呼吸（用力时应先吸气），双手握紧杠铃，双手距离略宽于肩，然后把放在架上的杠铃举起，在适当的控制之下慢慢放低杠铃至胸部，轻触胸部的瞬间再立刻出力上举直至两臂伸直状态。此种训练重量应由轻渐重，轻的时候可多举几次，若重量达到体能的最大负荷，则一次刺激也已足够。

训练要求：发力推起杠铃要快，放回胸上要慢。在向上发力推起杠铃时，要尽量避免腰部离开凳面向上借力现象。

作用：该动作训练是唯一能锻炼上身全部肌肉的运动，主要发展胸大肌、三角肌前部、前锯肌和肱三头肌力量。做仰卧推举训练也可以用哑铃进行，对发展上身小肌肉群肌力量更为有效。

11. 飞鸟运动

动作方法：仰卧在板凳上，双手各握一哑铃，两臂伸直，双掌向内，由胸部上面缓缓向两侧放低，尽量伸开两手臂，然后快速回到原来的姿势，因其动作类似鸟飞时双翼上下挥动一般，故取名为飞鸟运动。

训练要求：往两侧平放时呼气，用力恢复原来姿势时吸气。

作用：主要发展胸部及臂部肌肉力量。为了加强胸大肌的训练效果，仰卧举起哑铃后，双手运动的路线改变为交叉绕环运动。

三、足球速度力量训练方法

（一）反应速度的训练

反应速度的训练包括简单反应速度和复杂反应速度的训练。简单反应速度训练的特点是通过训练尽量缩短感觉（视、听、触）—动作反应的时间。复杂反应速度训练的特点则是尽量缩短感觉（视、听、触）—中枢分析选择判别—动作反应的时间。

1. 简单反应速度的训练

在体育运动实践中，简单反应速度往往受到中枢神经系统的兴奋程度，注意力的集中程度，肌肉组织的准备状态，动作技术的掌握程度，对信号特征、时间特征的感觉与辨别能力，遗传因素等的制约。如果要把简单反应速度提高到一定程度，就必须针对上述原因（除遗传因素）采用相应的方法与手段。简单反应速度训练的方法一般有以下几种。

（1）完整训练。

利用已经掌握的完整的单个动作或组合动作，尽可能快地对突然出现的信号或突然改变的信号做出应答反应，以提高反应能力。例如，反复完成蹲踞式起跑，根据特定信号改变动作方向，对已知对手的运动做出不同的反应动作，对快速运动目标做出迅速反应等。这种对信号反应的完整训练，在运动初级水平阶段作用比较明显。

（2）分解训练。

由于简单动作反应是通过具体的、有目的的运动动作及其组合来完成的，因此采用分解训练能充分利用动作速度向简单反应速度转移效果。分解训练是相对完整训练而言的，就是分解回答反应的动作，使之处于较容易或更为简单的条件，提高分解动作的速度来提高简单反应速度。例如，田径运动员采用蹲踞式低姿起跑的反应时间较站立式高姿起跑慢的原因，主要是蹲踞式起跑时运动员的手臂支撑着较大的体重，要较快离开支撑点是困难的。因此可进行分解训练：先用高姿起跑或手扶其他物体的形式，单独训练对起跑信号的反应速度，然后再逐步过渡到低姿起跑训练，这样将会取得好的训练效果。

（3）变换训练。

通过改变训练的形式让运动员在变化的情况下完成训练。改变训练的形式主要包括两方面内容：第一，改变对刺激信号的接收形式，如由视觉接收的刺激信号改变成听觉触觉的形式。第二，改变回答反应的动作形式。利用变换训练，既能有效地提高人体各感觉器的功能和缩短简单反应的时间，又能提高训练积极性及避免兴奋不必要的扩散，提高训练的效果。

（4）运动感觉训练。

运动感觉训练是身体训练与心理训练相结合的一种方法。在人体反应过程中，提高对辨别微小时间的时间知觉，从而发展反应速度。这种训练对运动实践具有一定的实际意义。

运动感觉训练一般要经过三个阶段：

第一阶段是运动员接收到信号后，以最快的速度对信号做出应答反应（例如做 5 米的起跑），然后获得该次反应训练的实际时间。

第二阶段是运动员自己估计反应训练的所用时间，而后与实际时间对照比较，由此提高运动员对时间感觉的准确性。

第三阶段是当运动员的估计时间与实际时间在大多数情况下吻合时，运动员就能较准确地判断反应时间的变化，在训练中按所要求的时间完成一次反应过程，运动员辨别时间差的能力越强、越精细，就越能自由地掌握反应速度，并使反应速度得到提高。

另外，运动员的注意力指向与反应速度有关。在训练中要求运动员把注意力集中在将要进行的动作上，因为注意力集中在动作比集中在信号上反应速度要快一些。注意力的指向和肌肉紧张度有关。注意力集中在动作上，完成该动作有关的肌肉群紧张度就会升高，从而加快动作的完成。

2. 复杂反应速度的训练

复杂反应在运动中大部分属于选择反应。选择反应一般包含两种形式：一是对移动目标的反应，即指对运动客体的变化作出反应；二是选择动作的反应，主要指根据对手动作变化做出相应动作反应。所以，复杂反应速度的训练也包括移动目标训练和选择动作训练。

（1）移动目标训练。

对移动目标产生反应并做出选择，一般要经历四个阶段。如对球类运动中的运动客体——球的反应，首先要看到球，二是判断球的速度与方向，三是选择自己动作的方案，四是实现这个方案。这四个阶段组成了复杂反应过程，整个过程时间一般为 0.25～1 秒。实践表明，前两个阶段的时间大约要耗费整个反应时间的一半以上。就是在这两个阶段中，时间分配也不平均，绝大部分时间用在第一阶段，第二阶段只占极少部分，约 0.05 秒。因此，移动目标训练中要特别考虑到反应时间分配的特点。

首先，要重视视觉观察移动物体能力的训练。通过不同的位置、方向和以不同速度的传球，能使这种能力得到提高。不过在训练中要注意注意力的指向与分配。其次，加强“预料”能力的培养，培养预先“观察到”和“盯住”运动物体，以及预先确定运动物体可能移动的方向和速度的能力。这种能力要在技术和战术动作的提高过程中得到相应的提高。再次，有意识地引入和增加外部刺激因素。

（2）选择动作训练。

根据对手动作变化做出相应的动作反应是人体反应与专项运动密切相结合的

一种形式。这种训练专项化程度很高，但对专项运动的作用却十分明显。选择动作训练的内容包括两部分：其一，在专项训练中使需要选择的情况复杂化。例如，在训练中提供更多的、需作出反应的动作，由此增加反应过程中的选择面和难度，促进中枢神经系统的分析辨别能力，缩短反应的时间。其二，训练中努力教会运动员合理利用对手可能做出动作变化的“预先信息”。这种预先信息可从观察对手的姿态、面部表情、眼神、准备动作、总体风格中得到。一旦准确意识到对手可能采用的动作变化，就可以快速、准确地选择相应的动作来应答。

（二）动作速度的训练

动作速度寓于具体的动作之中。在动作速度的训练中，专项要求不同，动作速度训练的任务和内容也有区别，因此，动作速度和动作技术的完善程度紧密联系在一起。另外，动作速度直接受到力量、柔韧、灵敏等其他素质发展水平的制约，所以动作速度的训练与其他素质的发展也密切有关。动作速度的培养，必须通过技术水平的巩固与提高，以及有关身体素质的发展才能实现。

1. 完善技术训练

完善技术训练是指利用完善的运动技术来提高动作速度。因为动作幅度大小、工作距离长短、工作时间多少以及动作的方向、角度与部位等都与动作速度大小有着极为密切的关系。其次，在技术训练中，人体协调性会得到相应的提高。那么完成动作时，人体各肌肉群之间、肌肉活动与内脏活动之间、各内脏之间就会表现出同时或前后配合协作一致的现象，这将有利于在发展动作速度时最大限度地减少人体内部的阻力（如被动肌肉群的阻力、人体运动时内脏器官的阻力等），从而提高动作速度。

2. 利用助力训练

指在动作速度训练中，利用外界自然条件的助力和人为因素的助力来发展动作速度。外界自然条件的助力是指利用风的方向或水的流向，这种方法对提高动作速度既经济又有效。人工因素的助力可分为机械助力和人为助力。机械助力是由专门机械设备的牵引形成的，如摩托车的牵引、牵引机的牵引等。人为助力是教练员或他人直接或间接施加给运动员顺运动方向的力，帮助运动员提高动作速度或完成某一技术环节的动作速度。不论是哪一种助力形式，运用时都应循序渐进。以提高动作速度为主的训练，助力应逐渐加大；以提高单个动作为主的训练，助力应逐渐减少。

3. 利用后效作用训练

是利用动作加速和器械重量变化而获得的后效作用来提高动作速度。

4. 加大难度训练

在动作速度的训练中，限制训练的时间、空间条件，使运动员以最大速度完成动作，从而提高训练效果。

(三) 位移速度的训练

位移速度在某种意义上可以看成一种人体综合运动能力。位移速度的快慢不仅和动作技术水平有关，而且和力量、柔韧、速度耐力以及协调性的发展也有着十分密切的关系。从另外一个角度，也可把位移速度看成动作速度、速度耐力与意志力的组合。所以位移速度训练可采用以下方法。

1. 力量训练

力量训练是提高位移速度的基本方法之一。常用的发展位移速度的力量训练有负重杠铃、各种单双足跳、多级跳和跳深等。力量水平特别是爆发力水平的提高对位移速度的提高具有相当重要的意义。

不过，在力量训练中应注意以下几点：

(1) 力量训练时，以提高速度力量为主，通常是强调负重力量训练的速度，力争快速完成。

(2) 注意采用极限和次极限负荷强度，以提高白肌纤维的功能。训练的次数与组数不宜过多。

(3) 通过力量训练提高肌肉、韧带的坚韧性，防止在速度训练中受伤。

(4) 力量训练后应有 2～6 周的减量训练阶段，以便通过“延缓转化”把所提高的力量能力转移到速度能力上去。

(5) 多做一些超等长的力量训练（如多级跳、跳深等），以提高肌肉收缩时的快速力量。

2. 重复训练

重复训练是指以一定的速度，多次重复一定距离的训练。这种方法对提高人体在快速移动中克服各种内外阻力以及速度耐力十分重要。采用重复训练时要重视以下问题。

(1) 训练强度是提高运动员快速移动能力的主导因素。

位移速度属极限强度，应以高强度进行位移速度的训练，强度一般可控制在 90%～95%，在此之前要安排一些中等或中上强度的训练作为适应。在高强度的训练中，运动员要高度集中注意力，最大限度地动员肌肉力量，并加大动作速度与幅度，发挥最高速度水平。

(2) 位移速度训练要保证一定时间，但不宜太长。

高强度训练一般持续时间在 20 秒以内，距离 30～60 米，游泳 10～15 米，速滑 100～200 米为宜。次数和组数的确定应根据运动员高速度出现与保持的时间，以及克服疲劳和机体恢复能力来决定。一般来说，极限负荷时间短，一组 6～7次，重复 5～6 组；非极限负荷时间长，重复次数与组数减少。

(3) 间歇安排应以运动员机体相对得到恢复为标准。

运动员在下一次训练开始前，中枢神经系统再度兴奋，机体内物理化学变化在很大程度上已经中和，能保证下次训练的能量供应。间歇时间的长短主要和训练持续时间有关。一般来说，训练持续时间 5～10 秒，各次训练间休息 1～2 分钟，组间间歇 2～5 分钟；若训练持续时间10～15 秒，各次训练间休息 3～5 分钟，组间间歇 10～20 分钟。

(4) 在重复训练中，肌肉在极限强度负荷下完成最快的收缩功能，容易疲劳，恢复较慢。所以在训练中要重视提高肌肉的放松能力，也就是肌肉主动消除疲劳的能力。大量的材料表明，放松能力对速度运动项目的影响越来越大。

3. 步频、步幅训练

步频和步幅是影响位移速度的两个主要因素。尤其是步频受肌纤维类型和神经活动灵活性制约，步幅受腿的长度、柔韧性、后蹬技术力量的制约。这五个因素中，只有柔韧性和后蹬技术通过训练能得到改善，其他三个因素受遗传的影响，后天可改善的程度有限。因此，对有一定训练水平的运动员，主要是通过提高步幅来提高位移速度。

4. 比赛法、游戏法训练

比赛法是速度训练中经常采用的方法。由于位移速度训练时间短，经常采用比赛法是可行的。采用比赛法能促使运动员情绪高涨，表现最大速度的可能性就会增加。通过比速度、比技术、比成绩等可以起到激励斗志、鼓舞情绪的作用。在比赛的条件下，往往能比平时更快地作出反应，完成快速移动。游戏法同比赛法作用一样，可以激起运动员高涨的情绪。同时，由于游戏过程能引起各种动作变化，还可以防止因经常安排最大速度训练而形成“速度障碍”。

(四) 发展速度素质的具体方法

发展速度素质的方法多种多样，以下根据教学训练的体会，提供一些发展速度素质的方法，供教学训练时参考。

1. 反应速度

反应性游戏：

（1）两人拍击：两人面向开立，听到开始口令后，设法拍击对方背部，而又不被对方击中自己，在规定时间内（每次 1 分钟左右），拍击对手多者为胜。

（2）反应起跳：训练者围圈，面向圈内站立，圈内 1～2 人，站在圆心附近手持小树枝或小竹竿（竿长超过圈半径）。游戏开始，持竿者将竹竿绕过站圈人脚下画圆，竿经谁脚下即起跳，不让竿打上脚，被打即失败，进圈换持竿者。持竿者可突变画圈方向，训练其反应能力。

（3）猎人与野鸭：把游戏者分成“猎人”和“野鸭”两队。猎人站成一圆圈，互相间隔两臂长，猎人脚前画一大圆圈（圈的大小根据人数的多少）。野鸭站圈内，1～2 名猎人手持排球。猎人在圈外用球掷野鸭，被击中的野鸭退出游戏，野鸭在圈内闪避来球。猎人可以用传球袭击野鸭，直至野鸭打尽，互换角色。规则：猎人不能进圈，不能击野鸭头部。

（4）找伙伴组合：训练者绕圈跑，听教练口令几人组合，训练者即几人成组，不符合组合人数者为失败，失败者罚做俯卧撑、高抬腿等训练或表演节目。

（5）追逐游戏：两队相距 2 米面向站立，根据教练规定哪队是单数哪队是双数（或其他信号），听教练口令发出是单数还是双数（教练叫一个数字），按事先的规定（叫到单数，单数跑或追），一队跑一队追，在 15～20 米距离内追上为胜，追不上为败。

（6）起动追拍：两人一组前后相距 2～3 米慢跑，听到信号开始加速跑，后者追前者，追上并拍击其背部就停止，要求在 20 米内追上有效。也可在追赶时，教练发出第二个信号，转身互换追赶。

（7）抢球游戏：用实心球围成一个圆圈，球数比训练人数少一个，游戏开始后训练者绕球圈外慢跑，听到信号各人就近抢球，没有抢到者被淘汰，并去掉一球继续进行。每进行一轮成功者得一分，得分多为胜。

（8）多余的第三者：训练者若干人，两人前后面向圈内站立，围成一圆圈，左右间隔 2 米。两人在圈外沿圈跑动追逐，被追者可跑至某两人的前面站立，则后面的第三者即逃跑，追者即改追这第三者，如被追上为失败。

反应训练：

（1）听口令做对应的相反动作：听教练叫立正，训练者做稍息；叫向左转，训练者做向右转等。

（2）听信号起动加速跑：慢跑中听信号后突然加速冲跑 10 米，反复进行。

（3）小步跑、高抬腿跑接起动加速跑：做原地或行进间的小步跑或高抬腿跑，听到信号后突然加速冲跑 10～20 米，反复训练。

（4）俯撑起跑：从俯撑开始，听信号后迅速收腿起跑 10～20 米。

（5）转身起跑：背对前进方向站立，听信号后迅速转体180度，起动加速跑20米。以上训练一般每组训练2～3次，重复2～3组，组间休息5～7分钟。

（6）听枪声及口令起跑：蹲踞式或站立式起跑20米。组数及每组次数根据运动员水平而定，组间休息5～8分钟。

（7）听信号变速快跑：在慢跑或其他移动中，听口令或看信号即起动快跑10～20米。训练组数、次数及休息同反应训练（1）～（5）。

（8）反应突变训练：训练者听各种信号做各种滑步、上步、交叉步等移动，转身、急停、接球、上步垫球等模仿训练。

（9）听信号做不同的专门训练：非专门训练编号，听号数做不同的训练。

（10）接传不同方向的来球：几人从不同方向给一人供传球，一人接不同方向的来球。

（11）抢接球训练：几人成一排，教练从身后向前抛球，训练者见球后快速起动抢接球。

（12）截断球：教练供不同方向的球，训练者随时起动断球。

（13）利用电子反应器训练：根据不同的信号灯，用手或脚压电扣，记反应时间等。

发展反应速度的技术动作包括以下方面。

（1）徒手训练。

①起动跑：两手撑地，两腿交叉成弓步，听信号快速起动跑出；或两腿做弓步交换训练时，听信号快速起跑，跑出距离10～20米。训练3组，每组2～3次。

②蹲踞式起跑：按蹲踞式起跑动作做好起跑准备，听口令迅速起动跑出。训练3组。每组3次。

③站立式起跑：按站立式起跑要求，听口令迅速起动跑出10～15米。此训练也可采用半蹲式起跑进行。训练2～3组，每组2～3次。

④变向起跑：背向蹲立，听信号后迅速转体成蹲踞式起跑，疾跑20～30米。要求转体动作迅速，起跑符合技术规范。训练2～3组，每组2～3次（注：以下训练动作的组数、次数均相同）。

⑤仰卧起跑：仰卧于垫上，听信号后迅速转体成俯撑后做蹲踞式起跑接疾跑20米。要求动作迅速，起跑符合规范。可计时进行。

⑥前滚翻起跑：站立，听信号后做前滚翻按蹲踞式跑20米。要求动作迅速，蹲踞式起跑符合技术规范。可计时进行。

⑦起跑接后蹬跑：蹲踞式姿势准备，听信号立即起跑接做后蹬跑20米。要

求起跑快，后蹬跑技术准确。

⑧高抬腿接跑：原地高抬腿训练，听信号后迅速起动跑出10～15米。

⑨倒退跑接疾跑：听信号开始做倒退跑5～10米，再听信号后急停接向前疾跑10米。要求倒退时身体不得后仰。疾跑可计时进行。

⑩30米计时跑：蹲踞式起跑，听到信号后进行全速30米计时跑。要求按事先规定速度标准。

⑪起跑撞线：蹲踞式起跑，听到信号后疾跑20～30米，接做冲刺撞线动作。可用竞赛方式计时进行。

⑫动作反应训练：训练前告诉运动员有多种动作，如蹲下、起立、手触地、跳起等。可任意喊其中一个动作，要求运动员做出应答反应，也可连续喊一连串动作。可原地进行，也可在行进间训练。

⑬选择性训练：教练员喊蹲下或做下蹲动作时，运动员应站立不动；教练员喊向左转，运动员应向右转；或教练员喊一、二、三、四中的某个数字时，运动员做出事先规定的相应动作。

（2）器械训练。

①高抬腿跳绳：站立，两手持绳，听信号后做快速原地高抬腿跳绳。要求保持正确的高抬腿跑技术，连续进行10～20秒，计数进行。

②小步跑跳绳：站立，两手持绳，听信号后做向前快速小步跑跳绳，连续进行10～20秒。要求保持小步跑技术动作，手脚配合协调一致。

③捆沙腿高抬腿跑：两腿分别捆绑沙腿，开始慢跑，听信号后做原地快速高抬腿跑20秒。要求大腿高抬到一定高度，符合技术要求，计数进行。

④捆沙腿加速跑：两腿分别捆绑沙腿，由慢跑开始，听信号做加速跑20～30米，行走返回。训练3～5次，计时进行。

⑤扶肋木后蹬跑：面向肋木站立，身体前倾，两臂伸直扶肋木，听信号后做快后蹬跑。要求后蹬跑技术正确，腿后蹬时与地面保持50度的夹角。连续进行10～20秒为一组，训练3～5组。此训练也可采用扶肋木高抬腿跑的形式进行。

⑥扶竿接力：距起跑线6米处一人扶竖立着的标枪或竹竿，听信号后一人起跑前去扶竿，与此同时扶竿人向回跑至起跑线后拍击第二人手掌，依次连续进行。要求竹竿始终不能倒地。10人1组循环训练，3循环为1组，训练2～3组。

⑦持铃高抬腿跑：两手各持一个1～2千克哑铃，听信号后做快速高抬腿跑连续。要求保持高抬腿跑的正确姿势，跑动速度越快越好。连续训练10～20秒为1组，训练2～4组。

⑧对墙跑动踢球：侧对墙5米站立，听信号后，平行于墙做快速跑动中对墙

踢球，连续进行 30 米。要求直线跑动、球在脚下不能有停顿，速度越快越好，重复训练 6～10 次。

（3）组合训练。

①小步跑变加速跑接计时跑：站立，做快频率行进间小步跑 10 米，听信号后变加速跑 20 米，然后慢跑到标志物后，做加速跑 30 米，计时进行。

②高抬腿接加速跑接变速跑：原地高抬腿 5 秒，听到信号后做加速跑 20 米。然后惯性跑 40 米，再接做 30 米加速跑。循环进行，绕 400 米场地 1 周为 1 组，重复训练 3 组。

③高抬腿接加速跑接快速起跳：原地高抬腿 5～10 秒，听信号后全速疾跑 20 米，到起跳板接做快速起跳动作，用运动跳远腾空步技术落入沙坑。要求速度快，训练 3～5 组。

④俯撑起跑接后蹬跑接冲刺跑：两手撑地，两腿伸直成俯撑姿势。听信号后迅速起跑，然后做快速后蹬跑 20 米，跑到标志线处，紧接着做冲刺跑 30 米。要求后蹬跑、冲刺跑技术正确，重复训练 3 次。

2. 动作速度

（1）动作速度训练。

①听口令、击掌声或节拍器摆臂：两脚前后开立或弓箭步，根据口令或击掌声或节拍器节奏，做快速前后摆臂训练 20 秒左右，节奏由慢至快，快慢结合。摆臂动作正确、有力。重复2～3 组，组间休息 3～5 分钟。

②原地快速高抬腿或支撑高抬腿：站立或前倾支撑肋木或墙壁等，听信号后做高抬腿 10～30 秒，大腿抬至水平，上体不后仰。可重复训练 4～6 次，间歇 5～7 分钟。

③仰卧高抬腿：仰卧，两腿快速交替作高抬腿训练（动作同②），要求以大腿工作。做 10～30 秒，训练次数及间歇同②。这训练也可做抗阻力训练，如拉胶皮带，将胶皮带分别固定在肋木（或树干）上和两脚踝关节处，以高抬腿拉力抗阻力，胶带固定的一端要低于垫子平面约 20 厘米，也可拉完胶带后再徒手训练，以提高动作速率。

④悬垂高抬腿：两手握单杠成悬垂，两腿快速交替做屈膝高抬腿和下蹬伸直动作，速度越快越好。每组两腿各抬 20～50 次，重复 2～3 组，组间歇 3～5 分钟。

⑤快速小步跑：小步跑 15～30 米，两腿频率越快越好。要求以大腿工作，小腿放松，膝踝关节放松，脚落地“扒地”。重复 4～6 次，间歇 5～7 分钟。

⑥快速小步跑转高抬腿跑：快速小步跑 5～10 米后，转高抬腿跑 20 米。小

步跑要放松而快，转高抬腿跑时频率不变，只是幅度加大。重复 3～5 次，间歇同“快速小步跑”。

⑦快速小步跑转加速跑：快速小步跑 10 米左右转入加速跑。加速跑时频率节奏不能下降，跑出 20～30 米放松。重复次数及间歇同“快速小步跑”。

⑧高抬腿跑转加速跑：快速高抬腿跑 10 米左右转加速跑，频率节奏及前摆腿的高度不能下降。重复次数及间歇同上。

⑨变速高抬腿跑：行进间高抬腿跑中突然做几次最快速的高抬腿训练。动作要协调，重复4～6 次，间歇 5 分钟左右。

⑩高抬腿跑接快速车轮跑：原地快速高抬腿 5～10 秒，接车轮跑 15 米。3～5 次为一组，重复 2～3 组，组间歇 7～10 分钟。

（2）发展动作速度的技术动作。

发展动作速度时，应合理控制速度。从发展动作速度能力看，以最快速度训练效果最佳。为了克服速度障碍，应适当控制最大速度训练。一般以慢—快—最快—慢的速度节奏进行训练。此外，提高其他素质（特别是速度力量）也是发展动作速度的途径之一。

徒手训练：

①快速力量训练：计时快速完成推倒立、臂屈、俯伸卧撑；计时快速完成两头起、背屈伸；计时快速完成引体向上训练；规定距离的快速爬倒立训练。上述训练要求速度快，可计时计数进行训练。

②纵跳转体训练：原地跳起转体 360 度或 720 度训练，连续进行 10～20 次。转体速度要快，可以计时进行，不要求起跳高度，连续训练 2～3 组。

③起跳快速转体：慢跑，三步助跑起跳，摆动腿屈膝上摆，空中转体 180～270 度，起跳腿落地。要求起跳、转体速度越快越好，转体时身体没有屈体动作。训练 3～5 组，每组 3～5 次。

④快速翻转训练：连续毽子接小翻，连续快速侧手翻，连续快速后手翻，在弹板团身前空翻、后空翻等。要求动作正确，翻转速度快，连续进行。

⑤摆臂：摆臂方法和短跑摆臂技术相同。可以击掌声或口令控制摆臂速度和节奏，可由慢—快—最快—慢训练。要求严格按短跑摆臂技术进行，注意动作节奏。

⑥跑动冲刺训练：中速跑距离 120 米，每跑 10 米做 1 次终点冲刺动作。要求冲刺动作迅速、果断，不停顿地连续进行下一点训练。

⑦快速箭步交换跳：弓箭步站立，上体保持直立，原地向上跳起做弓箭步快速交换腿跳训练。要求连续跳动时保持弓箭步姿势。

⑧跑动跨跳：中速跑，每跑 3 步跨步跳 1 次，连续跨跳 10 次。要求摆动腿尽量向前摆出，速度始终如一。如固定距离可计时进行。每组训练 3～5 次，训练 2～3 组。

器械训练：

①投掷沙袋：两脚前后开立，用拇指和食指夹住沙袋，做原地向后引枪动作，然后快速挥臂将沙袋掷出。要求注重鞭打速度。沙袋重 0.2 千克，训练 20～30 次。

②脚传沙袋：两人相对站立，两脚夹住沙袋，原地跳起展腹屈伸小腿将重 0.5 千克沙袋传给对方。要求动作协调，摆腿速度越快越好。训练 2～3 组，每组对传 20 次。

③快速挥臂：站立，头上方悬吊重沙袋，做原地扣排球动作，快速挥臂拍击沙袋 20 次。要求在动作正确的情况下，强调挥臂及鞭打速度。训练 2～3 组。

④拳击重沙袋：两脚前后开立，站于悬挂着的重沙袋前，以最快的频率做前后挥臂拳击沙袋动作。在 10～20 秒计算击沙袋次数，重复训练 4～6 组。

⑤跑动起跳用头触球：悬挂 3 个吊球，间距 10 米，高度适宜。在快速跑动中单脚起跳用头触球。要求动作协调，起跳速度快，反复训练。

⑥撑竿跳：悬垂摆体后落在沙堆上。要求助跑与起跳速度快，衔接协调。此训练也可采用持杆加速跑进行。

组合训练：

①快速俯卧撑接原地摆臂：站立，听信号开始做快速俯卧撑 10 次。训练速度越快越好，也可计时进行。反复训练 2～3 组。

②跳推体操棒接掷沙袋接加速跑：双手持体操棒于胸前，两脚交替前后跳的同时快速向前平推体操棒，连续 20 次。然后用掷标枪的交叉步动作，将 0.5 千克的沙袋向前快速掷出。紧接着 20 米加速跑，将沙袋捡回。训练 2～4 组。

3. 位移速度

（1）位移速度训练。

①小步跑转加速跑：行进间快频率小步跑，听到信号后转加速跑 20～30 米。要求起动快，在高速下完成训练。每组 2～3 次，重复 2～3 组，组间歇 5～7 分钟。

②高抬腿跑转加速跑：行进间快频率高抬腿跑，听信号后转加速跑，要求高抬腿，动作规范，频率逐渐加快，加速跑时频率不变。每组 2～3 次，重复 2～3 组，组间歇 5～7 分钟。

③快速后蹬跑：慢跑 5～7 步后，做行进间快速后蹬跑 20～30 米。要求蹬摆

协调，后蹬充分向前。每组训练 3～4 次，重复 2～3 组，组间歇 7～10 分钟。

④后蹬跑变加速跑：行进间后蹬跑 20 米，听信号后变加速跑 20～30 米。要求后蹬动作规范，用力方向向前，加速跑速度越快越好。每组 2～3 次，重复 2～3 组，组间歇 7～10 分钟。

⑤单足跳变加速跑：开始做 10～15 米单足跳，听信号后变加速跑 20～30 米。要求以左右脚各做一次训练后变换，加速跑要达到最快速度。每组 2～4 次，重复 2～3 组，组间歇 5～7 分钟。

⑥交叉步接加速跑：先做 5 米交叉步跑，然后转体做加速跑 20 米。要求交叉步符合技术规范，动作协调，加速跑要发挥速度。每组 2～3 次，重复 2～3 组，组间歇 5～7 分钟。

⑦加速跑变交叉步跑：加速跑 20 米接交叉步跑 5 米。要求加速跑达到一定速度，交叉步符合规范，动作协调。每组 2～3 次，重复 2～3 组，组间歇 5～7 分钟。

⑧倒退跑接加速跑：向后做倒退跑，听信号后急停向前加速跑。要求加速跑要发挥高速度，也可计时进行。每组 3～5 次，重复 3～5 组，组间歇 5 分钟。

⑨加速跑：逐渐加速至最高速度后保持一定距离，然后放松跑。加速跑 50 米、80 米、100 米。每组 3～5 次，重复 2～3 组，组间歇 5～10 分钟。

⑩连续加速跑：逐渐加速跑至最高速度，然后随惯性高速度跑 3～4 步后随惯性放松至慢跑后再加速跑，连续训练（一般为 30 米加速跑，保持高速跑 5～8 米，放松跑 15～20 米，然后第二次加速跑）。每组 2～3 次，重复 2～3 组，组间歇 5～7 分钟。

（2）发展位移速度的技术动作。

发展位移速度的途径之一是提高速度力量水平，改进动作技术，消除多余肌紧张，使动作协调完善，并注意克服速度障碍。发展反应速度、动作速度的一些训练对促进位移速度提高也有一定积极作用。下面介绍发展位移速度的一些专门技术。

徒手训练：

①原地摆臂：两脚前后开立，根据口号或击掌声，做有节奏的前后摆臂 20 秒。要求节奏快、动作有力。也可采用计时计数摆臂、模拟摆臂、障碍摆臂、摆臂接加速跑等训练。

②高抬腿：站立，听信号做原地高抬腿训练 20～40 秒。要求大腿必须抬至水平位置，三个关节蹬直，配合积极的摆臂。也可做行进间高抬腿跑、小步跑变高抬腿、高抬腿变加速跑训练。

③小步跑：站立，按小步跑技术做快频率行进间小步跑 20 米。要求膝、踝放松，积极扒地，两臂协调配合，频率越快越好。训练 3～4 组，每组 3～4 次。也可采用小步跑接后蹬跑、小步跑接加速跑、快步走接小步跑等训练。

④后蹬跑：按后蹬跑技术要求做 40～70 米后蹬跑，然后过渡到加速跑 60 米。要求后蹬跑摆动腿前抬顶起，蹬地腿蹬直，手臂配合摆动。训练 2～3 组。也可采用起跑接后蹬跑，慢跑变后蹬跑训练。

⑤车轮跑：按车轮跑技术要求，做行进间车轮跑 50 米。要求高抬大腿，向前将髋带走，落地时积极扒地，频率快。训练 2～3 组，每组 3～4 次。也可采用车轮跑变加速跑，车轮跑变大步跑训练。

⑥直腿跑：按直腿跑技术，跑出时摆动腿伸直，以足跟擦着地面向前摆动。要求动作协调，行进距离 20～30 米，反复训练。

⑦加速跑：可采用上坡加速跑 60～80 米，蹲踞式或站立式起跑后加速跑 20～40 米，由慢到快逐渐匀加速跑 60～80 米几种方式训练。要求逐渐加速，反复进行。

⑧快速跑：由站立式或半蹲式出发，一开始就像跑 100 米那样尽快发挥最大跑速，距离可分别为 30 米、60 米、80 米。反复训练。也可和实力相当的队员一起做起跑接加速跑训练。

⑨加速到最高速度跑：加速从 1/2 速度至 3/4 速度直到最大速度跑 120～150 米。也可采用分段快跑（30 米中速跑—30 米高速跑—30 米中速跑—30 米高速跑）。要求加速明显，注意体会速度感。

⑩变速跑：采用加速跑—最大速度跑—惯性放松跑—加速跑—逐渐慢跑的方法训练。例如，50 米快跑＋50 米慢跑＋50 米快跑＋50 米慢跑等。要求控制跑速，加速明显。

⑪顺风或下坡跑：利用顺风或一定坡度进行 60～150 米的训练。要求加大步幅，加快步频，反复训练。

器械训练：

①负重高抬腿：两腿分别捆沙袋，开始慢跑，听信号后做原地快速高抬腿跑 20 秒。要求大腿高抬到水平位，符合技术要求，计数。训练 3～4 组。

②牵引跑：用人或车进行牵引跑，或用牵引机进行训练。牵引时绳子或橡皮带拴在被牵引者的腰部，牵引速度根据运动员具体而定，做全速跑 30～60 米。要求跑时注意后蹬，尽力跟上牵引速度。训练 2～3 组，每组 2～3 次。

③加大难度跑：在跑之前负一定重量进行跳跃训练，然后卸掉重量快跑 30～60 米距离。要求负重适当，重点是提高步频，同时加大步长。

④穿沙背心上下坡跑：穿沙背心，在坡度 5～10 度的跑道上，进行 20 米上坡

跑后立即转身下坡冲刺跑 30 米。要求以最快速度完成，计时进行。沙背心重 5～7 千克。训练 3～5 次。

⑤前后摆小腿：单脚支撑站立，橡皮带一端固定，另一端拴住踝关节。大腿高抬，快速做小腿前后屈伸训练。手可扶物体，摆动速度越快越好。训练 2～4 组，每组 30～50 次。

⑥双人摆臂：两人前后站立，同侧手各握一条橡皮带。两人同时以最快速度和最大幅度做前后摆臂训练。训练 2～3 组，每组 50 次。

⑦双臂支撑扒地：站立低双杠间，直臂支撑，脚能触地为宜。两脚交替做前脚掌快速“扒地”训练。要求控制身体不能有太大摆动，反复训练。

⑧手持哑铃的短跑辅助训练：可采用持铃小步跑、持铃后蹬跑、持铃高抬腿跑、持铃前倒跑、持铃 5 步单足跳接加速跑等训练。要求动作正确，哑铃重 0.5～2 千克，训练时尽量提高速度。重复训练 3～6 次。

⑨扶肋木的短跑辅助训练：如扶肋木高抬腿、扶肋木小步跑、扶肋木后踢腿和快节奏跑、扶肋木摆腿、单腿高抬摆动、扶肋木攻摆、扶肋木前攻栏训练等。

组合训练：

①让距接力跑：分成几个组进行 60～100 米等多种不同距离的让距跑，最快一个组在最后，最慢一个组在最前，进行接力跑。也可组成两个队进行迎面接力让距跑。方法同接力赛和迎面接力赛。要求不得犯规和违反有关要求。

②组合跑：如采用（100 米＋200 米＋500 米）×3，或 100 米×4＋200 米×3＋300 米×2＋400 米等组合训练。组间间歇 10～15 分钟。也可计时控制间歇。间歇时心率不得低于 120 次/分钟，否则应继续训练。

③牵引上坡跑接下坡跑：在坡度为 5～10 度的跑道上，做全速牵引上坡跑 30 米，放松走回，重复训练 2～4 次，间歇 3 分钟。然后做快速下坡跑 50 米，可计时进行。训练 3～5 次。

④踏标记跑接拍踝跨步跳：在跑道上放 20 块颜色醒目的海绵块，距离根据需要确定。在海绵块侧面画上标记。站立起跑，以最快速度完成脚踏标记。要求脚踏标记准确，重复训练 4 次。然后做行进间的快速拍踝跨步跳，每次腾空时同侧手拍打摆动腿外踝部。训练 3 组，每组 5 次。

四、灵敏素质训练的方法

（一）灵敏素质训练的主要手段

（1）在跑、跳中做迅速改变方向的各种跑、躲闪、突然起动以及各种快速急停和迅速转体训练等。

（2）做各种调整身体方位的训练。

（3）做专门设计的各种复杂多变的训练。如用“之字跑”“躲闪跑”“穿梭跑”和“立卧撑”四项组成的综合性训练。

（4）以非常规姿势完成的训练。如侧向或倒退跳远、跳深等。

（5）限制完成动作的空间训练。如在缩小的球类运动场地进行训练。

（6）改变完成动作的速度或速率的训练。如变换动作频率或逐步增加动作的频率。

（7）做各种变换方向的追逐性游戏和对各种信号做出应答反应的游戏等。

（二）灵敏素质训练的途径

发展灵敏素质是提高运动能力的一个非常重要的方面，在发展灵敏素质的过程中，应该注意到：提高力量、速度、耐力、柔韧素质等是发展灵敏素质的基础，在专项训练复杂化的条件下反复训练与专项运动性质相似的动作，是发展专项灵敏素质的有效途径。发展灵敏素质的途径主要包括徒手训练、器械训练、组合训练和游戏等。

1. 徒手训练（包括单人训练和双人训练两类）

（1）单人训练。

主要有弓箭步转体、立卧撑跳转体、前后滑跳、屈体跳、腾空飞脚、跳起转体、快速后退跑、快速折回跑等训练。

（2）双人训练。

主要有躲闪摸肩、手触膝、过人、模仿跑、撞拐、巧用力等双人训练。

2. 器械训练（包括单人训练和双人训练两类）

（1）单人训练。

主要包括各种形式的个人运球、传球、顶球、颠球、托球等多种训练。

（2）双人训练。

主要包括各种形式的传接球、运球中抢球、双杠端支撑跳下换位追逐、肋木穿越追逐等双人训练。

3. 组合训练（包括两个动作组合、三个动作组合和多个动作组合的训练）

（1）两个动作组合训练。

主要有交叉步—后退跑，后踢腿跑—圆圈跑，侧手翻—前滚翻，转体俯卧—膝触胸，变换跳转髋—交叉步跑，立卧撑—原地高抬腿跑等。

（2）三个动作组合训练。

主要有交叉步侧跨步—滑步—障碍跑，旋风脚—侧手翻—前滚翻，弹腿—腾空飞脚—鱼跃前滚翻，滑跳—交叉步跑—转身滑步跑等训练。

（3）多个动作组合训练。

主要有倒立前滚翻—单肩后滚翻—侧滚—跪跳起，悬垂摆动—双杠跳下—钻山羊—走平衡木，跨栏—钻栏—跳栏—滚翻，摆腿—后退跑—鱼跃前滚翻—立卧撑等训练。

4. 游戏

发展灵敏素质的游戏具有综合性、趣味性、竞争性的特点，能引起训练者的极大兴趣，使人全力以赴地投入活动，既能集中注意力、积极思维、巧妙对付复杂多变的活动场面，又能锻炼提高神经系统的灵活性和反应过程，有效地提高身体素质和运动技能。发展灵敏素质的游戏很多，主要包括各种应答性游戏、追逐性游戏和集体游戏等。

（三）发展灵敏素质的具体方法

发展灵敏素质须从专项特点出发，重点综合发展反应、平衡、协调等能力。以下根据教学训练体会，提供一些发展灵敏素质的方法。

1. 提高反应判断的训练

（1）按口令做相反的动作。

（2）按有效口令做动作。

（3）原地、行进间或跑步中听口令做动作。如：喊数抱团成组，加、减、乘、除简单运算得数抱团组合，看谁最快等。

（4）一对一追逐模仿。

（5）一对一互看对方背后号码。

（6）听信号或看手势急跑、急停、转身、变换方向的训练。

（7）听信号的各种姿势起跑。如：站立式、背向、蹲、坐、俯卧撑等姿势。

（8）两人摇绳，从绳下跑过转身，从绳上跳过等。

（9）一对一脚跳动猜拳、手猜拳、打手心手背、摸五官等训练。

（10）各种游戏。如：叫号追人、追逃游戏、抢占空位、打野鸭、抢断篮球（一方攻、一方守，攻方运球强行通过，守方积极拦截抢夺，夺到球变为攻方运动员）等。

2. 发展平衡能力训练

（1）一对一面向站立，双手直臂相触，虚实结合相互推，使对方失去平衡。

（2）一对一弓箭步牵手互换面向站立，虚实结合互推互拉使对方失去平衡。

（3）各种站立平衡：俯平衡、搬腿平衡、侧平衡等。

（4）头手倒立，肩肘倒立、手倒立停一定时间。

（5）在肋木上横跳、上下跳训练。

（6）做动作或急跑中听信号完成突停动作。

（7）在平衡木上做一些简单动作。

3. 发展协调能力的训练

（1）一对一背向互挽臂蹲跳进、跳转。

（2）模仿动作训练。

（3）各种徒手操训练。

（4）双人头上拉手向同方向连续转。

（5）脚步移动训练。如：前后、左右、交叉的快速移动，单脚为轴的前后、转体的移动，左右侧滑步、跨跳步的移动。

（6）做小腿里盘外拐的训练。

（7）跳起体前屈摸脚。

（8）选用武术中的“二踢脚”“旋风脚”动作。

（9）双人跳绳。

（10）做不习惯方向的动作。

4. 灵敏性游戏

在灵敏性游戏的设计、选择、运用中，要注意把思维判断、快速反应、协调动作、节奏感等内容有机地结合起来。进行游戏时，要严格执行规则，防止投机取巧，遵守纪律，注意安全。

（1）形影不离：两人一组，并肩而站。右侧的人自由变换位置和方向，站在左侧的人必须及时跟进仍站到他的左侧位置。要求：随机应变，快速移动。

（2）照着样子做：两人一组，其中一人做站立或活动中的各种动作，并不断更换花样，另一人必须照着他的样子做。要求：领做者随意发挥，照做者模仿逼真。

（3）水、火、雷、电：训练者在直径为 15 米的圆圈内快跑，教练员接连喊“水”“火”“雷”“电”，所有人必须做出与之相适应的动作。要求：想象力丰富，变换动作快。

（4）互相拍肩：两人相对 1 米左右站立，既要设法拍到对方的肩膀，又要防止对方拍到自己的肩膀。要求：伺机而动，身手敏捷。

（5）单、双数互追：训练者按单、双数分成两组迎面相距 1～2 米坐下，当教练喊“单数”时，单数追双数，双数转身向后跑开 20 米；当教练喊“双数”时，双数追单数，单数转身向后跑开。要求：判断准确，起动迅速。

(6) 抓“替身”：成对前后站立围成圈，指定一人抓，另一人逃，逃者通过站到一对人的前面来逃脱被抓，后面的人立即逃开。当抓人者拍打着被抓者时，两人交换继续抓“替身”。要求：反应快、躲闪灵。

(7) 双脚离地：训练者分散在指定的地方任意活动，指定其中几个为抓人者，听到教练的哨音后，谁的双脚离地就不抓他，抓人者勿缠住一人不放。要求：快速悬垂、倒立、举腿等。

(8) 听号接球：训练者围圈报数后向着一个方向跑动，教练持球站在圈中心，将球向空中抛起喊号，被喊号者应声前去接球。要求：根据时间和空间采取应急行动。

(9) 老鹰抓小鸡：“小鸡”跟在“母鸡”背后，用手扶住前面人的髋。“老鹰”站在“母鸡”前面要抓后面的“小鸡”，“母鸡”伸开双臂设法阻止。要求：斗智斗勇，巧用心计。

(10) 围圈打猴：指定几个人当“猴”在圈中活动，余者作为“猎人”手持 2～3 个皮球围在圈外，掷球打圈中的“猴”（只准打腿部），被击中的“猴子”与掷球的“猎人”互换。要求：眼观六路，耳听八方，掷球准确，躲闪机灵。

五、柔韧素质训练的方法

(一) 柔韧素质训练的方法

1. 主动或被动的静力拉伸方法

缓慢地将肌肉、肌腱、韧带拉伸到一定酸、胀、痛的感觉位置并略有超过，然后停留一定时间的训练方法。

这种方法可减少或消除超过关节伸展能力的危险性，防止拉伤。由于拉伸缓慢，不会激发牵张反射。

一般要求在酸、胀、痛的位置停留 6～8 秒，重复 6～8 次。

2. 主动或被动的动力性拉伸方法

有节奏地、速度较快地、幅度逐渐加大地多次重复一个动作的拉伸方法。

在运用该方法时用力不宜过猛，幅度一定要由小到大，先作几次小幅度的预备拉长，然后加大幅度，从而避免拉伤。每个训练重复 5～10 次（重复次数可根据专项技术需要而增加）。

主动的动力性拉伸方法是靠自己的力量拉伸，被动的动力性拉伸方法是靠同伴的帮助或负重借助外力的拉伸，但外力应与运动员被拉伸的可能伸展能力相适应。

上述方法可单独采用亦可混合运用，训练时间根据需要确定。

(二) 发展柔韧素质可采用的手段

(1) 在器械上的训练：利用肋木、平衡木、跳马、把杆、吊环、单杠等。

(2) 利用轻器械的训练：利用木棍、绳、橡皮筋等。

(3) 利用外部的阻力训练：同伴的助力、负重等。

(4) 利用自身所给的助力或自身体重的训练：如压腿时双手用力压同时上体前压振；在吊环或单杠上作悬垂等。

(5) 发展各关节柔韧所采用的动作：压、踢、摆、搬、劈、绕环、前屈、后仰、吊、转等。

(三) 发展各关节柔韧性的训练方法、手段

1. 肩关节

肩关节是由半球形的肱骨头和肩胛骨的关节盂构成的球窝关节，所以肩关节是关节中最灵活、活动幅度最大的关节。它的加固主要靠喙肱韧带和三角肌。因此该关节的训练用以增加肩部肌肉力量，同时增加肩部柔韧。

发展肩关节的柔韧训练主要有主动或被动地压肩、拉肩、吊肩、转肩等。如手扶肋木的体前屈压肩、背对肋木双手上握向前的拉肩、在单杠或吊环上作各种握法的悬垂、借助绳或木棍的转肩等训练。

2. 肘关节

肘关节是由肱尺关节、桡尺关节、肱桡关节构成。它由内侧、外侧副韧带及桡骨环状韧带加固。

肘关节在运动时屈伸动作较多，所以在发展屈肌力量训练的同时配以屈肌的伸展性训练。主要采用压肘、旋内、旋外、绕环的训练。

3. 腕关节

腕关节由桡腕关节（使手屈伸、内收外展）及腕间关节（使手旋转）构成。

体操运动员主要发展背屈能力：采用俯卧撑推手、倒立爬行等训练；篮球、排球、乒乓球、手球、网球等项目对手腕的灵活性要求较高，既发展屈伸、内收外展又发展旋转的能力，主要通过基本动作、基本技术来发展；举重运动员发展

手背后屈柔韧等。

4. 膝关节、胯关节

（1）膝关节由股骨远端、胫骨近端及髌骨后的关节面以及半月板构成，由内外侧副韧带、髌骨韧带、交叉韧带加固。

膝关节的柔韧主要发展腿部后面肌群（股二头肌、半腱肌、半膜肌、小腿三头肌、胫骨后肌）的伸展性；发展屈膝能力主要是发展腿部前面肌群（股四头肌、缝匠肌、胫骨前肌、拇长伸肌）的伸展性。

（2）胯关节由球形的股骨头与胯骨的胯臼构成。由于胯臼较深，并有软骨形成的关节盂加大与股骨头的紧屈适应，虽然它是球窝关节，但运动幅度受到限制。它的加固由髌骨韧带及股圆韧带加固。

胯关节的柔韧主要发展前后、左右开胯的能力。

发展膝关节、胯关节柔韧，常结合在一起练，称为腿部柔韧训练。经常采用的训练有主动或被动地压腿、踢腿、摆腿、劈腿等。

5. 踝关节

踝关节由距骨上关节面、胫骨内踝关节面、胫骨下关节面及腓骨外踝关节面构成。踝关节前后韧带薄弱，而两侧的内、外侧副韧带较强。

踝关节主要发展背屈和背伸及内翻外翻的能力。体操运动员主要发展足背的绷脚面能力，常采用各种后足背的训练；足球运动员主要发展内、外翻的能力；举重运动员主要发展背屈的能力等。

6. 脊柱

脊柱由 26 块椎骨组成，椎骨之间靠椎间盘连在一起。其中有 23 块椎体有椎间盘，椎骨之间由于椎间盘的弹性有少许转动，当肌肉牵动椎骨时，每一个椎骨少许转动的总和就使脊柱有了相当大的运动幅度。因此脊柱能前屈、后倾、向右侧屈、向左侧屈及转动。

脊柱的柔韧包括颈椎、胸椎、腰椎的柔韧。

（1）颈椎柔韧性主要采用头前后屈、左右侧屈、左右转动及绕环来训练。

（2）胸腰椎柔韧性常结合在一起训练，主要采用下腰、甩腰、体前屈等训练。

(四) 发展柔韧素质的具体方法

柔韧素质的发展应从各项目的特点出发，有目的、有选择地进行，以下根据教学训练体会，提供一些发展柔韧素质的方法，供教学训练时参考。

1. 手指手腕柔韧性训练

（1）握拳、伸展反复训练。

（2）两手五指相触用力内压，使指根与手掌背向成直角或小于直角。

（3）两手五指交叉直臂头上翻腕，掌心朝上。

（4）手腕屈伸、绕环。

（5）手指垫高的俯卧撑。

（6）杠铃至胸，用手指托住杠铃杆。

（7）用左手掌心压右手四指，连续推压。

（8）面对墙站立，连续做手指推撑。

（9）左、右手指交替抓下落的棒球（或小铅球）。

（10）靠墙倒立。

2. 肩关节柔韧性训练

（1）压肩。

①手扶一定高度体前屈压肩。

②双人手扶对方肩，体前屈直臂压肩。

③面向墙一脚距离站立，手、大小臂、胸触墙压肩（逐渐加大脚与墙的距离）。

④训练者背对横马并仰卧在鞍马上，另一人在后面扶着他上臂下压。

⑤两人互相以手搭肩，身体前倾，向下有节奏地压肩。

（2）拉肩。

①双人背向，两手头上拉住，同时作弓箭步前拉。

②训练者站立，两手头上握住，帮助者一手拉训练者头上手，一手顶背助力拉。

③训练者俯卧，两手相握头上举或两手握木棍，帮助者坐训练者身上，一手拉木棍一手顶其背助力拉。

④背对肋木坐，双手头上握肋木，以脚为支点，挺胸腹前拉起成反弓形。

⑤背向肋木站，双手反握肋木，下蹲下拉肩。

⑥背向肋木屈膝站肋木上，双手头上握肋木，然后向前蹬直双腿胸腹用力前挺。

⑦侧向肋木，一手上握一手下握肋木向侧拉。

⑧体前屈坐垫上，双手后举，帮助者握其两手向前上推动拉。

（3）吊肩。

①单杠各种握法（正、反、反正、翻等握法）的悬垂摆动。

②单杠负重静力悬垂。

③杠悬垂或加转体。

④后吊：单杠悬垂，两腿从两手间穿过下翻成后吊。

（4）转肩用木棍、绳或橡皮筋作直臂向前、向后的转肩（握距逐渐缩小）。

3. 腰腹部柔韧性训练

（1）弓箭步转腰压腿。

（2）两脚前后开立，向左后转，向右后转，来回转腰。

（3）体前屈手握脚踝，尽量使头、胸、腹与腿相贴。

（4）站在一定高度上作体前屈，手触地面。

（5）分腿体前屈，双手从腿中间后伸。

（6）分腿坐，脚高位体前屈，帮助者可适当用力压其背部助力压。

（7）后桥训练，逐渐缩小手与脚距。

（8）向后甩腰训练。

（9）俯卧撑交替举后腿，上体尽量后抬成反弓形。

（10）双人背向，双手头上握或互挽臂互相背。

（11）肩肘倒立下落成屈体肩肘撑。

4. 胸部柔韧性训练

（1）俯卧背屈伸。训练者腿部不动，积极抬上体、挺胸。

（2）虎伸腰。训练者跪立，手臂前放于地下，胸向下压。要求主动伸臂，挺胸下压。

（3）训练者面对墙站立，两臂上举扶墙，抬头挺胸压胸。要求让胸尽量贴墙，幅度由小到大。

（4）训练者背对鞍马头站立，身体后仰，两手握环使胸挺出。要求充分伸臂，顶背拉肩，挺胸。

（5）训练者并腿坐在垫子上，臂上举，同伴在背后一边向后拉其双手，一边用脚蹬训练者肩背部，向后拉肩振胸。

5. 下肢柔韧性训练

（1）前后劈腿。可独立前后振压，也可以将腿部垫高，由同伴帮助下压。

（2）左右劈腿。训练者仰卧在垫子上，屈腿或直腿都可以，由同伴扶腿部不断下压。

（3）压腿。将脚放在一定高度上，另一腿站立，脚尖朝前，然后正压（勾脚）、侧压、后压。

（4）踢腿。原地扶把杆或行进，正踢（勾脚）、侧踢、后踢。

（5）摆腿。向内、向外摆腿。

（6）控腿。手扶支撑物体，前控、侧控、后控。

（7）弓箭步压腿。

（8）跪坐压脚面。

（9）在特制不同形状的训练器上训练脚腕不同方位的柔韧（特制训练器械见弹跳力部分）。

（10）用脚内侧、外侧、脚跟、脚尖走。

（11）负重深蹲，脚跟不离地使脚尽量弯曲。

（12）双刀腿坐，双脚互相顶位，双手相拉，一人前俯后仰。

（13）背对背坐，双手头上拉，一人前俯，一人后仰。

6. 踝关节和足背部柔韧性训练

（1）训练者手扶腰部高度肋木，用前脚掌站在最下边的肋木杠上，利用体重上下压动，然后在踝关节弯曲角度最大时，停留片刻以拉长肌肉和韧带。

（2）训练者跪在垫子上，利用体重前后移动压足背，也可将足尖部垫高，使足背悬空做下压动作，增加训练时的难度。

（3）训练者坐在垫子上，在足尖部上面放置重物，压足背。

（4）做脚前掌着地的各种跳绳训练。

（5）做脚前掌着地的各种方向、各种速度的行走训练。

六、耐力素质的训练方法

（一）耐力素质训练的一般方法

耐力素质训练的方法较多，而且各种方法都有其各自的特点。总的来说，这些特点基本上又体现在耐力素质训练过程中，在训练强度、持续时间、间歇时间与方式、重复次数等因素的组合与变化上。目前，常用的耐力训练方法主要有以下几种。

1. 持续训练法

持续训练法是指在训练过程当中每次或每组之间没有间歇的训练方法。持续训练法由于持续时间较长，又没有明显的间歇，所以总的训练负荷量较大。但是训练时的强度较小，而且比较恒定，变化不大，一般在60%的强度上下波动。训练对机体产生积累性的刺激比较和缓。持续训练时，内部负荷心率一般控制在140～160次/分钟为宜，优秀运动员可达160～170次/分钟。

构成持续训练法的基本要素是重复训练的方式、时间与强度，在方式固定的情况下，训练的时间与强度可作相应调整，如训练强度大，时间可缩短，如训练强度小，则适当延长训练时间。

2. 重复训练法

重复训练法是指不改变动作结构和外部负荷表面数据，在相对固定的条件下，按照既定间歇要求，在机体完全恢复的情况下反复进行训练的方法。重复训练法使能量物质的代谢活动得到加强，并产生超量补偿与积累，有利于发展有氧耐力。

重复训练每次的负荷量与强度可大可小，根据具体任务、目的而定。由于每次训练前均需恢复到开始训练前的水平，即心率在100～120次/分钟，故每次训练可以保证强度在中等偏大或极限强度（90％～100％）范围内，从而使有机体的耐力水平得到有效的提高。如长时间的重复训练，强度稍大于持续训练法，有利于有氧耐力的提高，而强度在90％以上的训练，则有利于无氧耐力的发展。

3. 间歇训练法

间歇训练法是指在一次（或一组）训练之后，按照严格规定的间歇负荷和积极性间歇方式，在机体未完全恢复的情况下从事下一次（或一组）训练的方法。

间歇训练法与重复训练法较相似，主要区别在于间歇上的不同要求。重复训练法的间歇是采用完全恢复的间歇负荷和无严格规定的间歇方式（多以消极性的静息为主）进行的。而间歇训练法则是以未完全恢复的间歇负荷和积极性的间歇方式进行的。运动员总是在未完全恢复的状态下进行下一次训练，有明显增加的疲劳，对机体的刺激强度较大，间歇训练法间歇后心率一般在120次/分钟以上，明显高于重复训练法，但其训练强度因间歇负荷水平较高而无法达到重复训练法的水平。训练时一般心率在170～180次/分钟，负荷强度70％～80％，有利于提高机体的心肺功能和无氧代谢能力。

间歇训练法的持续时间与训练强度之间形成一种对应关系，强度大、时间少，强度小、时间稍长。据此间歇训练法可分为“低强度间歇训练法”和“高强度间歇训练法”。

低强度间歇训练法也称非强化间歇训练法，其负荷在周期性项目中，一般为本人最大强度的60％～80％，在非周期性项目中为50％～60％，负荷持续时间为45秒至1分半，此方法有助于发展有氧混合代谢能力和专项能力。

高强度间歇训练法也称强化间歇训练法，其负荷强度在周期性项目中一般为本人最大强度的80％～90％，在非周期性项目中为70％～80％，每次训练的时间因强度较大而相对较短，为15秒到1分钟。这种方法对发展速度耐力和专项耐力均有较大作用。在周期性项目中运用时，可用小段落和短间歇的方式进行安排，这有助于提高机体无氧非乳酸代谢能力。

4. 变换训练法

变换训练法是在变化各种因素的条件下反复进行训练的方法。由于耐力训练比较枯燥，采用变换训练法可以在一定程度上提高运动员的训练兴趣和积极性，从而提高训练的效果。

变换训练法所变换的因素一般有训练的形式、训练的时间、训练的次数、训练的条件、间歇的时间与方式、负荷等。以上因素只要改变其中一个，就会对运动员机体造成负荷刺激的变化。因而变换训练法的核心是变换运动负荷。

“法特莱克法”是变换训练的一种特殊形式，也可以理解为一种由持续训练法和变换训练法综合而成的组合训练法。其特点是在各种变换的外界自然环境条件下进行持续、变速的跑的训练，时间长达 1～2 小时，强度自我调节，有节奏的变化。如在草地、树林、小丘、小径等自然环境条件下，把快慢间歇跑、重复跑、加速跑和走等方法不规则地混合起来训练，跑的距离可为 5～15 公里。法特莱克训练对训练的过程没有明确的限制，运动员可自由选择地形、确定速度和路线。因此，这种方法能使耐力训练变得较为生动，使得运动员在训练中能主动投入，积极进取，有利于发展一般耐力。

变换训练法可以提高训练的兴趣和积极性，在运用时要注意贯彻循序渐进原则，各种因素的变换一开始不能太突然，以免机体一下子不能适应，造成受伤。

5. 游戏与比赛训练法

游戏与比赛训练法是指运用游戏与比赛的方式进行训练的方法。这种方法能较快地提高运动员的兴趣和积极性，并在训练中充分发挥主动精神，使机体能够承受较大强度的负荷，有利于提高有氧耐力和无氧耐力。

游戏法与比赛法是两种紧密联系的训练方法，比赛法是从游戏法发展而来的，但训练强度大于游戏法。故儿童少年时期发展耐力不采用比赛法，一般由玩耍性的游戏训练逐步过渡到带有比赛性质的游戏训练。生长发育过程基本完成后，就可采用比赛法来加大训练的强度，从而提高专项耐力水平。

发展耐力素质的游戏法有球类游戏和田径游戏，常用的比赛法有训练课中安排的“训练赛”和“对抗性训练”等。无论是游戏法还是比赛法，都容易激发运动员的训练性情，以至难以控制自己。因此，采用游戏与比赛训练法时，应控制运动员的热情，掌握好运动负荷，以免因过于兴奋和体力消耗过大而造成有机体损伤或机体工作能力下降。

6. 高原训练法

高原训练法主要利用高原空气稀薄，在缺氧情况下进行训练。这有利于刺激机体，改善呼吸及循环系统的机能，提高最大吸氧能力，刺激造血功能，增加循环血中红细胞和血红蛋白的数量，提高输氧能力。因而高原训练具有提高运动员对氧债的承受能力，进而提高有氧耐力和无氧耐力的水平。

7. 循环训练法

循环训练法各站的内容及编排，必须符合专项特点的要求进行选择和设计，同时应根据“渐进负荷”或“递增负荷”的原则安排训练。

以上所介绍的耐力训练方法基本上是单一类型。在实际发展耐力素质的训练过程中，往往还要采用综合训练法，即组合训练法和循环训练法。通过各种方法的综合排列，使得训练过程变化更大，更具选择性，从而有效提高耐力水平。

（二）发展一般耐力（即有氧耐力）

有氧耐力是一般耐力的基础，运动员有氧耐力的发展水平主要取决于三方面的因素，即供给运动中所必需的能源物质的储存，为肌肉工作不断提供 ATP 所必需的有氧代谢能力以及肌肉、关节、韧带等支撑运动器官承受长时间耐力工作的能力。因此通过提高运动员的摄氧、输氧和用氧能力，保持体内适宜的糖原和脂肪的含量，以及提高肌肉、关节、韧带等支撑运动器官承受长时间负荷的能力，是发展有氧耐力的基本途径。

有氧代谢能力是有氧耐力代谢活动的重要基础，在一定程度上能决定有氧耐力的水平。然而，有氧代谢能力又直接受到最大吸氧量的制约。我国优秀中长跑运动员最大吸氧量可高达 70 毫升/（千克体重·分钟）。由此可见，最大吸氧量和有氧耐力之间紧密相连。所以，发展有氧耐力首先要设法提高最大吸氧量。

在耐力训练中提高最大吸氧量的主要训练手段是周期性训练，这些训练的强度必须控制在主要通过有氧代谢供能的幅度之内。这就涉及负荷安排问题。有氧耐力训练的负荷安排中，最主要的两个因素是训练的强度与训练的时间。

1. 训练强度

单纯发展有氧耐力的训练强度相对要小，一般说应低于最大强度的 70%，并以有氧系统供能为主。训练强度通常可用心率负荷来控制。如一般运动员训练时可控制在 140～160 次/分钟，对训练有素的运动员可控制在 160～170 次/分钟。根据这个强度进行长时间的工作，可使有氧系统供能得到改善，心肺系统的机能水平、肌肉供血和直接吸收氧气的能力得到提高。由于人与人之间耐力水平发展不平衡，故发展有氧耐力的适宜心率可以用公式推算来确定：适宜心率＝安静时心率＋（最大心率－安静时心率）×（60％～70％）。

心率控制在这个水平，可使心血输出量增加，吸氧量达到最大值的80％左右。训练结果还能使心脏容量增大，有利于促进骨骼肌、心肌的毛细血管增生。如训练强度超过这一水平，心率达170次/分钟以上，就会产生氧债，从而使训练向无氧代谢方向转化。但训练强度过低，心率在150次/分钟以下，提高有氧能力的有效性就会降低。

在径赛项目的有氧耐力训练中，训练强度的大小往往是由跑的速度来决定的，所以经常用无氧阈速度作为有氧训练的强度指标，用无氧阈进行训练可使人体有氧供能系统处于最大的负荷状态，发展有氧耐力最为有利。目前，常用无氧阈速度的70％～90％作为发展有氧耐力的主要手段。不过，采用无氧阈速度进行训练时要注意两个方面：一是无氧阈速度具有个体化特点，这是由训练程度、机能能力、代谢水平等个体化特征所决定的。二是无氧阈速度具有变化性，当训练水平得到提高、人体的适应过程得到加强与血乳酸值在36毫克时，对应的无氧阈速度也会发生变化。

2. 训练时间

有氧耐力的训练时间，一般可根据训练水平而定，但至少也要维持20分钟，受过训练的运动员可长达2小时。时间越长，对机体有氧代谢过程的刺激也就越大。同样，有氧耐力训练只有维持较长时间，才能使全身血量和红细胞增加，提高每搏输出量和机体的摄氧、输氧和用氧能力，达到发展有氧耐力的目的。

（三）发展专项耐力（即无氧耐力）

无氧耐力是专项耐力的基础。运动员无氧耐力的发展水平主要取决于三个因素：第一是无氧代谢能力，这是构成无氧耐力的最重要因素。第二是能源物质（ATP、CP、糖原）的储备。第三是肌肉、关节、韧带等支撑运动器官承受大强度工作的能力。因此，提高运动员的无氧代谢能力和肌肉活动时必需的能源物质储备以及支撑运动器官的功能，是发展无氧耐力的主要途径。

无氧耐力可分为非乳酸性无氧耐力和乳酸无氧耐力，二者的区别主要在于能量机制不同。非乳酸无氧耐力的供能机制是三磷腺苷、磷酸肌酸的无氧分解，而乳酸无氧耐力的供能机制是糖酵解。

1. 发展非乳酸性无氧耐力训练

间歇训练法是提高非乳酸无氧耐力的一种有效手段。一般采用90％～95％的强度，心率可达180次/分钟以上。这种强度可造成机体供氧、供能的很大困难，心舒张期明显缩短，冠状动脉供血不足，从而提高运动员承受“氧债”的能力。同时也能发展ATP、CP的有氧再合成水平和提高肌肉中肌红蛋白的含量。训练不采用100%的强度，这可保持一定的训练次数与组数，避免产生“速度障碍”，也有利于运动员掌握及改进技术。发展非乳酸性无氧耐力，一次负荷的持续时间一般为3～8秒（20～70米跑、8～20米游泳等），负荷时间超过8秒，代谢性质就要发生改变，达不到发展非乳酸性无氧耐力的目的。

发展非乳酸性无氧耐力训练的休息间歇：由于氧债的偿还速度相对较快，待机体氧债基本得到偿还时，就可进行下一次的训练，所以训练与训练间（次数间）的休息可相对短些，如2～3分钟。组与组之间的间歇时间可相对长些，如4～5分钟，这是因为肌肉中的磷酸、肌酸的储备量有限，在3～4次重复训练中差不多已耗尽，组间较长的间歇可促进能源物质的恢复。但间歇时间也不能太长，以免神经系统的兴奋性有本质的下降。训练的重复次数与组数，是以不降低中枢神经系统的兴奋性和工作强度为原则。一般重复训练的次数比组数少些为宜。如重复训练3～4次，重复组数可达5～6组。

2. 乳酸性无氧耐力训练

运动员机体是以糖酵解方式供能。在糖酵解过程中产生乳酸。由于乳酸的产生，改变了血液的酸碱度，使血液向偏酸方向变化，这可刺激机体，特别是神经系统，从而提高无氧耐力水平。为达此目的可以采用间歇训练法和重复训练法，负荷的强度应低于非乳酸无氧耐力训练，高于有氧耐力训练的强度，这个界限处于本人可以承受的最大强度的85%～90%，心率处于160～180次/分钟。由于人体产生乳酸的时间大约是机体剧烈活动35秒以后，所以负荷时间应长于35秒。为了使乳酸达到一定值，刺激机体能力的提高，应保持一定负荷的持续时间，这负荷时间可控制在1～2分钟。有人做过实验，训练次数之间的间歇时间逐渐缩短比固定间歇时间的效果要好。如第一次与第二次训练之间休息7～8分钟，第二次与第三次训练间休息5～6分钟，其结果乳酸不断增加。如果每次训练后都休息4分钟，结果乳酸上升比较少，甚至到后来还出现血乳酸下降的现象。这是因为血乳酸的最高含量不是在训练刚结束时，而是在几分钟后才出现，随着训练的一次次重复，乳酸的最高含量的出现就逐步靠近负荷结束阶段。训练间歇应越来越短，所以重复次数不可太多，重复次数过多，加之休息时间又短，就必定会降低负荷的强度，达不到训练的目的。一般对有训练基础的运动员可安排4～5次、4～5组，对无训练基础的人要相对减少。组间的间歇时间应以能消除氧债为原则，15～20分钟。

3. 肌肉耐力的训练

发展肌肉耐力多采用克服自身体重或负重训练法，即让运动员承受一定的负荷，进行多次重复抗阻力的训练。影响肌肉耐力发展的因素主要是完成这些训练的负荷强度及重复次数或时间等。根据各专项的要求，可以采用动力性训练，也可采用静力性训练。对于耐力性运动专项，似乎与负荷强度大小关系不大，而与重复的次数或时间有着密切关系。即以小负荷强度，坚持较多的重复次数，也可以使肌肉耐力得到发展。所以发展肌肉耐力的原则是让运动员坚持达到再不能继续的极限次数为止。但是，在训练中应有一定强度要求，这是因为要有一定的负荷强度，以免由于负荷时间过长而浪费时间。在训练实践中常用中等负荷的强度，即能坚持重复13～18 次训练的负荷。据有关资料显示，用最大力量的四分之一以下的负荷进行力量训练时，参与工作的是红肌纤维，影响着耐力的发展。

根据各项肌肉工作的性质与方式不同，肌肉耐力训练的负荷特征也不同。具体安排可参考力量训练部分。

运动员承受某一负荷强度的重复次数，在某些情况下与本人力量有关。如用较大负荷训练时，力量较大的运动员要比力量较小的运动员完成的重复次数多；用力较小的负荷训练时，完成训练的重复次数多少与本人的力量关系不大。

肌肉耐力训练，一般要在提高循环系统机能和呼吸系统机能的基础上进行。因为肌肉耐力的发展与肌肉毛细血管网的扩展程度有很大关系。循环系统及呼吸系统机能的提高，肌肉毛细血管网的扩展，有利于肌肉耐力的发展。

(四) 发展耐力素质的具体方法

在发展耐力素质时，一般注重肌肉耐力，有氧、无氧耐力的训练。以下根据教学训练的体会，提供一些发展耐力素质的方法，供教学训练时参考。

1. 肌肉耐力训练

肌肉耐力训练的内容与力量训练大致相同，只是负荷的强度较小，训练持续的时间、反复次数要长与多些，具体训练应针对各运动专项的特点、要求，选择不同的训练、持续时间（或重复距离、次数）以及强度。常用的训练有：

（1）1 分钟立卧撑：由直立姿势开始，下蹲，两手撑地，伸直腿成俯撑，然后收腿成蹲撑，再还原成直立。每次做 1 分钟，4～6 组，间歇 5 分钟，强度为 50％～55％。要求动作规范，必须站起来才算完成一次训练。也可以穿上沙背心做该训练。或做立卧撑接蹲跳起，则强度稍大，做 30 次为一组，组间歇为 10 分钟。

（2）重复爬坡跑：在 15 度的斜坡道或 15～20 度的山坡上进行上坡跑，重复

5次或更多些，跑距250米或更多些，间歇3～5分钟，强度为60%～70%。也可根据训练目的决定强度，可以心率控制运动强度，也可穿沙背心进行。

（3）连续半蹲跑：成半蹲姿势（大小腿成100度角左右），向前跑50～70米。重复5～7次，每组间歇3～5分钟，强度为60%～65%。不规定速度，走回来时尽量放松，在进行下次训练前，可做15秒贴墙手倒立。

（4）连续跑台阶：在高20厘米的楼梯或高50厘米的看台上，连续跑30～50步，如跑20厘米高的楼梯，每步跑2级。重复6次，每次间歇5分钟，强度为55%～65%。要求动作不能间断，但不能规定时间，向下走时尽量放松，心率恢复到100次/分钟时可开始下一次训练，也可穿沙背心做该训练。

（5）沙滩跑：在沙滩上做快慢交替自由跑，每组500～1000米，也可穿沙背心跑，速度变化和要求可因人制宜。做4～6组，组间歇10分钟，强度为50%～55%。

（6）逆风跑或负重耐力跑：遇飓风天气（风力不超过五级）可在场地或公路上做持续长距离逆风跑，也可做1000米以上的重复跑。重复次数4～6次，间歇5分钟，强度为55%～60%。可穿沙背心进行负重耐力跑，要求与间歇同。

（7）原地间歇高抬腿跑：原地或前支撑做高抬腿跑训练。每组100～150次，6～8组，每组间歇2～4分钟，强度为55%～60%。要求动作规范，不要求时间，但动作要不间断地完成，也可负重做训练，但每组训练次数及组数可适当减少。

（8）原地间歇车轮跑：原地做车轮跑，每组50～70次，6～8组，组间歇2～4分钟，强度为50%～60%，也可扶墙借助支撑物完成。

（9）后蹬跑：后蹬跑每次100～150米或负重后蹬跑60～80米，6～8组，组间歇3～5分钟，强度为50%～60%。

（10）连续换腿跳：平台高度30～45厘米，单脚放在平台上，另一脚在地上支撑，两脚交替跳上平台各30～50次。要求两臂协调配合，上体正直，重复3～5组，组间歇3分钟，强度为55%～65%。

2. 无氧耐力训练

（1）原地间歇高抬腿跑：原地做快速高抬腿训练。如发展非乳酸性无氧耐力，则可做每组5秒、10秒、30秒快速高抬腿训练，6～8组，间歇2～3分钟，强度为90%～95%。要求越快越好。如发展乳酸性无氧耐力，则可做1分钟训练，或100～150次为一组，6～8组，每组间歇2～4分钟，强度为80%。要求动作规范，也可前支撑做高抬腿跑训练。

（2）高抬腿跑转加速跑：行进间高抬腿跑20米左右转加速跑80米。重复5～8

次，间歇2～4分钟，强度为80%～85%。

（3）原地或行进间间歇车轮跑：原地或行进间做车轮跑，每组50～70次，6～8组，组间歇2～4分钟，强度为75%～80%。

（4）间歇后蹬跑：行进间做后蹬跑，每组30～40次或60～80米，重复6～8次，间歇2～3分钟，强度为80%。

（5）反复起跑：蹲踞式或站立式起跑30～60米，每组3～4次，重复3～4组，每次间歇1分钟，组间歇3分钟。

（6）反复跑：跑距为60米、80米、100米、120米、150米等。重复次数应根据距离的长短及运动员水平而定。一般每组3～5次，重复4～6组，组间歇3～5分钟。强度一般的心率控制，如短于专项的距离，训练时心率应达180次/分钟，间歇恢复至120次/分钟时，就可以进行下次训练。如发展乳酸耐力，距离要长些，强度小些。

（7）间歇行进间跑：行进间跑距为30米、60米、80米、100米等。计时进行。每组2～3次，重复3～4组，每次间歇2分钟，组间歇3～5分钟，强度为80%～90%。

（8）计时跑：可做短于专项距离的重复计时跑或长于专项距离的计时跑。重复次数4～8次（根据距离而定），间歇3～5分钟，强度为70%～90%。根据运动员水平及跑距而定，距离短，强度大些。

（9）间歇接力跑：跑道上，四人成两组，相距200米站立，听口令起跑，每人跑200米交接棒，每人重复8～10次，要求每棒跑的时间。

（10）迎面拉力反复跑：跑道上，两队相距100米，每队4～5人，迎面接力跑，每人重复5～7次，要求每棒时间，强度为70%～80%。

3. 有氧耐力训练

（1）定时跑：在场地、公路或树林中做10～20分钟或更长时间的定时跑，强度为50%～55%。

（2）定时定距跑：在场地或公路上做定时跑完固定距离的训练。如要求在14～20分钟内跑3600～4600米，强度为50%～60%。

（3）变速跑：在场地上进行，快跑段、慢跑段距离应根据专项任务与要求决定。一般常以400米、600米、800米、1000米等段落进行。例如，中距离跑运动员常用400米快跑、200米慢跑的变速或600米快跑、200～400米慢跑等变速；长跑运动员常采用1000米快、400米慢等变速。重复次数一般4～8次为一组，1～2组，组间歇10～12分钟。一般以心率控制，快跑段心率控制在140次/分钟左右，慢跑段心率恢复到120次/分钟以下，间歇时心率恢复到100次/分钟以下时，开始下一组训练。

（4）重复跑：在跑道上进行，重复跑的距离、次数与强度也应根据专项任务与要求而定。发展有氧耐力重复跑强度不应大，跑距应较长些。一般重复跑距为600米、800米、1000米、1200米等，重复次数一般为4～10次，强度为50%～60%。

（5）越野跑：在公路、树林、草地、山坡等场地进行。跑的距离要求，一般在4000米以上，多可达10000～20000米。如以时间计算，一般在20分钟以上，多可达1小时以上，强度为40%～50%。

（6）法特莱克跑：在场地、田野、公路上进行，自由变速的越野跑或越野性游戏。最好在公园、树林中进行，约30分钟，也可更长些，强度为50%左右。

（7）定时走：在场地、公路或其他自然环境中按规定时间做自然走或稍快些自然走。一般走30分钟左右，强度为40%～50%。

（8）大步走、交叉步走或竞走：在场地、公路或其他自然环境中做大步快走、交叉步走或几种走交替进行。每组1000米左右，4～6组，间歇3～4分钟，强度为40%～50%。

（9）沙地连续走或负重走：海滩沙地徒手快走或负重（杠铃杆或背人）走。徒手快走每组400～800米，负重走每组200米，做5～7组，间歇3分钟，强度为45%～60%。心率控制在160次/分钟以下。

（10）沙地竞走：海滩沙地上竞走训练，每组500～1000米，4～5组，间歇3分钟，强度为55%～60%。

第六章　高校足球心理训练的科学化指导

第一节　足球运动员心理发展特征

足球运动员的培养是一个长期的过程，这一过程呈现出一定的时间性和阶段性。由于足球运动员处于不同的年龄阶段，所以在心理发展特征方面也存在不同。通过了解心理素质的内涵，再次对足球运动员应具备的良好心理素质与高校大学生足球运动员的心理特征进行分析，最后，再阐述心理训练在足球运动训练中的作用。

一、心理素质的内涵

心理素质是一种由先天以及后天因素相互作用而形成的一种综合素质。总而言之，心理素质在生理素质基础上通过实践中主客体之间的相互作用逐步发展而成。心理素质主要由以下几个方面组成。

(一) 心理潜能

任何人生来都具备一定的潜能，它是人的心理素质以及社会素质等综合素质赖以生存的基础条件。每个人都可以通过后天不同的努力以及不同程度的发挥使得先天的潜力得到实现，同时，潜能也可能因为人们后天认知能力的滞后而得不到有效的发挥。

(二) 心理能量

心理能量也可以称为心理能力或者心理力量。人拥有两种力量，一种是身体能力，另一种是精神方面的力量，也就是心理能力，一个人心理能力的大小在一定程度上反映了其心理素质的水平。

(三) 心理特点

心理特点是指一个人本身所固有的一些心理上的特征。每个人的心理特点都有自己独特的一面，如思维的间接性和概括性、意志的目的性和调控性、感知的直接性和具体性等，它是对人的心理素质一种比较具体表象的标志。

(四) 心理品质

心理品质并非与生俱来的，而是人们通过后天的综合训练而形成的。良好心理品质的形成，能体现出个人心理素质的水平，并对个体行为有极其重要的指导作用。

(五) 心理行为

人的外部行为均是在心理行为的支配作用下形成的，而从外在表现则可以对一个人的心理素质水平进行有效的检验，心理素质的其他几个方面也一定程度上通过心理行为表现出来。

足球运动员作为一个正常的人类个体，其心理素质也由这五个方面有机组成，对足球运动员心理素质的培养，也可以在其足球训练过程中，通过从不同方面发挥其心理潜能、发展其心理能量、培养其心理特点、提高其心理品质以及训练其心理行为等来实现。

二、足球运动员必须具备良好的心理素质

现代足球比赛，运动员不但要有高超的技战术水平、充沛的体力，还必须具备良好的心理素质。足球比赛场地大、观众人数多，人们对足球的喜爱达到了狂热的程度。比赛中球迷会对你的每一个动作有着不同的反应，队员要承受来自球场内外各方面的心理压力，对技术发挥有一定的影响。所以，运动员心理素质的好坏是能否充分地创造性地发挥技战术水平的重要因素，是队员身体能力和技、战术水平能否充分施展的内部动力。尤其是当前各队之间水平差距日益缩小的情况下，比赛的胜负往往取决于队员心理素质的好坏。科学研究表明，“人在焦急时，体内便分泌出许多压力荷尔蒙，因而使心跳加快，大脑活动加剧，产生紧张急躁情绪，使运动员技术动作变形，失误增多，鲁莽从事，不计后果”等。良好心理素质，是调整比赛心态的重要因素，有了良好的比赛心态，运动员才能承受住来自球场内外的各种干扰和影响，遇事才能冷静地对待，才能正常地发挥技战术水平。在比赛中，影响运动员心理因素发生变化的原因，概括起来有两种：一是自身的因素，如队员自身技术水平的好坏、个性特征、文化素质以及参加比赛的经验等。二是外界因素的影响，如赛前的宣传报道及领导对比赛成绩的要求与希望、周围环境的影响以及裁判员的因素等。这一切都会对运动员的心理产生一

定影响。在客场时，由于运动员产生了心理上的敏感反应，在比赛过程中交感神经和肾上腺系统工作加快了，从而导致了急躁不安、发挥时好时坏、表现失常等现象。这些现象的出现，反映了部分运动员的心理素质还不稳定，还缺乏参加重大比赛的磨炼和心理素质的训练。同时，在一定程度上，队员自身技术水平的好坏对心理因素起着至关重要的作用。常言说“艺高人胆大”，队员认为自己的技术水平强于对手，或者有一种不服输的勇于拼搏的精神，就会对比赛充满必胜的信心，就会以旺盛的斗志打出自己的气势，技战术水平也能够得到充分发挥。如果思想中存在“技不如人”或被对方的气势所压倒，就会产生自卑感，对比赛就会失去信心、缺乏斗志、丧失理志，很难发挥出自己真正的水准。所以说，心理素质是队员自身实力的一个方面，是充分发挥技战术水平的基础，而技战术水平又是队员心理素质的保证。因此，运动员的心理素质水平与技战术水平之间是紧密相连、相辅相成、相互促进的。一些发达国家已经把运动员的心理素质训练摆在了与身体训练、技战术训练同等重要的位置，在比赛中取得了明显的效果。事实证明，良好的心理素质是现代优秀运动员必备的条件之一。

三、高校大学生足球运动员的心理特征

（一）学习足球兴趣浓厚但毅力不足

兴趣是影响学习者自觉性和积极性的重要因素，是学习者最主要的动力来源。但是兴趣的保持和激发，是建立在持之以恒的主观努力、对系统训练的艰苦程度的超强耐受力、对挫折和失败的强大心理承受能力的基础上的，这就是我们所说的毅力。在决定比赛胜负的关键因素中，毅力占据了很大的比重。首先，毅力是运动员能否承受艰苦训练的心理保证。现阶段普通高校大学生在进入大学独立生活之前，基本上没有经历过意志品质方面的磨炼，对艰苦的足球训练普遍准备不足，很多人因为毅力不够而失去了对足球的兴趣，最终选择放弃。其次，挫折和失败是对大学生运动员毅力的巨大考验。大学生展现自我的舞台更大，高水平的运动员更多，能否正确地对待失败和挫折，毅力起到了举足轻重的作用。在大学里，想成为校代表队的运动员，首先要面对的是来自学校内部的竞争，教练员只能从数以千计的足球爱好者中挑选二十几位代表学校参加比赛。这就需要教练员在挑选运动员的时候，采取一些大强度的训练手法或创造一些特定的情境来考验运动员，同时注意观察，才能挑选出意志品质过硬、百折不挠的优秀运动员。

（二）个性鲜明但心理脆弱

个性是指具有一定倾向性的比较稳定的心理特征的总和。每个人都有由不同气质、性格和能力组成的个性心理特征体。其中气质类型主要分为“胆汁质”“多血质”“黏液质”和“抑郁质”四种。在大学生足球运动员的选材过程中，结合本项目的特点和当代大学生的心理特征，选择的多为“胆汁质”—“多血质”复合体和“多血质”—“黏液质”复合体。从性格来说，以“外倾型”运动员为主，辅以“内倾型”运动员。心理能力是指顺利完成某项活动必备的心理特征，普通高校大学生足球运动员在进入大学之前，基本上没有进行过系统的足球训练和比赛，没有提高足球场上心理能力的机会。进入大学之后，凭借着对足球运动的热爱和一定的身体天赋进行训练，比赛的机会相对较少，认识不到自身在心理上的准备不足，容易出现两极的心理现象。

（三）创造力强但执行力差

足球场上的创造力主要表现在运动员结合当时特定的情况，在头脑中对以往习得的技术动作快速地进行整合和改造，“发明”出最适合当时特定情况的技术动作来完成任务。普通高校大学生足球运动员思维敏捷、想象力丰富，在瞬息万变的球场上，喜欢创造一些匪夷所思的动作和一些即兴的表演。但因为技术动作的储备太少，做一些高难度的动作时，失误率很高。这种情况出现时，教练员不应该盲目批评运动员，而应指导运动员在做动作的时候注意把握时机，并且在训练中努力为运动员补课，夯实基本功。

四、心理训练在足球运动中的作用

（一）心理训练在足球训练初级阶段对提高竞技能力的主要作用

研究证明，在起步阶段，学习如何掌握好足球技巧、战术和身体训练是这个阶段的关键，但也应重视对心理的训练。由于在刚刚起步的时候，足球运动员心理起伏大，如果在这个时候不注重或不采用心理训练进行辅导训练的话，会使他们看不清自己，因而对自己走的道路感到迷茫。心理训练包括文化素质的修养，文化水平、文化素质对足球来说，绝不是那种不可捉摸的东西，它可以清楚地体现在比赛场上。从这些年来中国国奥和国家队遭受的一系列挫折，尤其是与亚洲其他足球强国的对垒来看，我们的队员绝不是身体素质不如对手，也不是技战术水平比人家差多少，我们与对手的差距主要体现在以下几个方面：对压力的承受能力、上进心和敬业精神、自信心、情绪控制能力、勇于担当的品质、创造意识和想象力等。相反，我们倒是在以下方面超过了对手：对教练、队形和关键球员的依赖比人家强，指责裁判的胆子比人家大，放弃比赛比人家早。造成这些现象的主要原因就是我们在起步阶段忽视了对心理的训练，队员承受压力的能力差。

（二）心理训练在足球训练高级阶段对提高竞技能力的主要作用

足球运动员技能、体能等到达一定阶段的时候，只能利用科学的方法保持住自己的竞技水平，再想提高是很困难的。那么，在竞争这么激烈的世界足坛上，想要使自己的运动水平有更好的提高，就不能只考虑在足球能力上下手了，一定要找到一个更为科学可行的方法。心理训练则正是这种科学可行的方法中的主要内容。我国的高水平足球运动员在世界足坛处于较低的水平。分析我国高水平足球队员的技术状况，通常他们有能力做好示范动作并能在对弱队比赛时体现成绩，但跟强队比赛时技术很难发挥，传球不到位、出不了球、控球困难等现象时时发生，究其根本，就是因为对心理训练的重要性没有足够的重视和认同。虽然我国这些年来也一直在使用心理训练，也想让球队在科学的训练方法下迅速成长和提高。可是，心理训练不是只在关键和重要的时候才使用的，是应该持之以恒地有系统地贯彻到平时的训练和比赛中去的。在球队没有随队心理训练师时，对教练的要求就更显突出。在国外的足球强队中，教练员的心理训练水平都是很高的，他们在带队时，除了提高运动员平时的身体和技能的训练外，还可以利用自己的心理训练能力把球员的状态调整到最好，从而更快地提高运动员的足球水平。由于各种条件的限制，社会不可能培养出大批运动心理学家到运动队长期工作，在许多情况下，解决运动员的心理问题主要靠教练员。教练员同运动员朝夕相处，对运动员的身体、技术、心理等各方面的情况了解全面，这是指导心理训练很有利的条件。所以，除了在训练中进行心理辅导外，更应有意识地使心理训练贯穿到训练活动中，为运动员进行心理训练提供条件。

第二节　足球运动员心理素质训练的内容与方法

心理训练是一种有意识、有目的地改善、提高和完善专项运动员必须具备的各种心理素质、心理品质和个性心理特征的全面而系统的教育过程。

一、足球运动员心理素质训练的准备工作

（一）足球运动员心理训练要做好心理选材工作

足球运动员的选材包括身体形态、生理机能、运动智力、身体素质、运动技能和心理因素等方面。在相当长的时间里，心理因素没有得到充分的重视，这限制了足球运动员的发展和足球整体水平的提高。在进行心理选材时必须注意选材的时间因素和指标因素。时间因素包括选材的关键期和选材的连续性。指标因素需要考虑选材指标的综合性、遗传性、特异性、变化性和运动员发展中的补偿效应。要做好心理选材，必须认真学习运动心理学的原理，根据足球运动的专项心理特征，借助于有效而且可靠的心理测量、心理实验等手段，提供长期预测的信息，实行最优化的训练。

（二）足球运动员心理训练要做好心理技能训练工作

心理技能训练是指使个体掌握心理技能的有计划、有目的的训练过程。心理技能训练是心理训练的主要内容。心理技能训练包括唤醒与应激的控制训练、表象技能训练、注意技能训练等。比赛对于运动员来说是一种应激情境，会使运动员产生焦虑、紧张、害怕等情绪反应，同时伴随生理唤醒水平的升高。降低唤醒水平可以通过控制呼吸、渐进放松训练、自生训练、冥想和行为治疗方法等主要途径实现。除此之外降低唤醒水平的方法还有表象、音乐、生物反馈、气功等方法。表象技能训练包括一般性表象技能训练和视觉运动行为演练。注意技能训练分为基本注意技能训练和高级注意技能训练。

（三）足球运动员心理训练要做好心理咨询工作

心理技能训练和心理咨询的主要目的是：第一，帮助运动员以最有效的方式掌握运动技能和表现运动技能，最大限度地发挥自己的运动才能；第二，帮助运动员不断完善自己的人格，以更加积极的方式去应付运动生涯中和运动生涯后的各种挑战。心理咨询可以通过量表和问卷测量运动动机、自信心、情绪、注意力及人际交往等方面，通过得到的数据来分析被测对象的具体情况，拿出合理方案进行心理干预，取得预期的效果。常用的运动动机测量工具有《体育运动中任务定向和自我定向问卷》《内部动机问卷》《运动动机量表》等；测量运动信心的工具有 TSCI（《特质运动信心量表》）和 SSCI（《状态运动信心量表》）；测量注意力及人际交往的工具有 TAIS（《注意方式及人际交往方式测验》）。

二、足球运动员心理训练的主要任务

心理训练分为一般心理训练和准备比赛心理训练两种。前者旨在专项训练中改善运动员的心理过程，挖掘心理潜力，完善个性心理特征，掌握并熟练心理自我调节控制的策略和机能。后者是以完成比赛为目的，激发运动员参加比赛的动机，提高运动员合理和灵活地运用自己的身体能力和技战术意识，并运用心理自我控制调节的技术和手段，形成良好的心理状态和竞技状态，以争取优异的比赛成绩。一般心理训练和准备比赛心理训练是互为条件、相互依赖的。前者是后者的基础，后者是前者的进一步深化。

（一）一般心理素质训练

1. 提高和完善运动员的运动心理能力

主要有肌肉运动感觉的绝对感受性和差别感受性，视野，时空知觉，动作反应速度，动作准确性，注意特性（注意的稳定性、范围、分配、转移），运动记忆，运动表象，念动能力，运动思维和感觉的自我监控能力等。

2. 提高运动员的一般智力水平

这是因为现代心理学强调特殊能力（如高水平的运动竞技能力）是在一般能力基础上发展起来的，即在智力基础上发展起来的。

3. 改善运动员的个性心理特征

主要指运动员的性格、气质、兴趣、动机等方面。心理学家对优秀运动员个性特征的研究表明，他们的个性特点是：情感高度稳定，性格坚强自信，善于自我监督和自我控制，在训练和比赛的复杂形势下，意志坚强、作风顽强、勇敢而有主动精神。

4. 发展和提高足球运动专项所需要的心理素质

如专门化的知觉（球感、时间感、空间感、节奏感），观察能力（对场上势态、对手意图、战术发展的准确观察和正确预见等），技术和战术的记忆、分析、判断的能力，感觉运动思维的敏捷和灵活性，顽强的意志力和情绪的稳定性。

（二）足球比赛的心理状态

（1）做好充分的赛前心理准备，形成赛前最佳心理状态，即镇静的、战斗的、有信心的状态。情绪振奋，有高昂的斗志、充沛的精力和坚定的取胜信心。

（2）克服和控制几种不良的赛前心理状态。如盲目自信、过度兴奋、精神紧张、淡漠状态、恐惧、想赢怕输等。

（3）提高运动员对比赛情绪的自我调整和控制能力，以良好的心理状态参加比赛。

三、足球运动员心理训练的主要内容

同应掌握全面的技战术和具备全面的身体素质一样，一个优秀足球运动员的心理品质也需要全面的发展。根据足球运动的特点，特别应加强以下心理内容的训练。

（一）认知过程心理主要训练内容

1. 感知觉

虽然心理学中的感觉和知觉的概念有所不同，但其基本概念都是客观事物在人脑中的反映。在足球运动中队员的感知觉主要有：

（1）对球的感知觉：主要有球的大小、轻重、形状、弹性、颜色、硬度、光滑和身体各部位控制的能力，以及对球在空间运行的速度、距离、高度、旋转、方向等变化的感知。对球有敏锐感知的运动员，对上述“球感”能达到精细分化的程度，在训练和比赛中能及时、准确、合理、巧妙地完成接球、运球、过人突破、传球、射门和各种抢截球技术动作以及能有效地进行各种战术配合。

（2）对队员的感知觉：主要是指对同伴和对手在场上的动向，所处的场区、位置，与本人的距离、角度、方向等，以及对手与同伴的位置、距离和活动关系等。

（3）对场区的感知觉：运动员对足球场区的大小，有球与无球时自己所处的场区、位置，球门的方向，以及距球门的距离、角度等的感知。只有对场区有深刻而准确的感知，才能主动而有效地掌握不同场区技战术运用的一般规律。

（4）对足球场地的感知觉：如足球场地的长短、宽窄，土场地、草皮场地，场地的平坦程度、软硬情况，雨后的水草地或烂泥地，以及灯光强弱等的感知觉。这些都将会直接影响运动员技战术的运用和水平的发挥。

（5）对天气的感知觉：主要对正常的天气、大风天、雨天、雷天等的感知觉。

2. 注意力

注意力是认知过程的重要组成部分。所谓注意力是人心理活动对一定客体对象的指向和集中。它包括：

（1）注意力的稳定性。

这是指在一定事物上或某种活动上注意力所能持续的时间。在整个 90 分钟（或 120 分钟）的足球比赛中，运动员若能自始至终把注意力集中于比赛的进程，不受对手语言的恫吓或虚假行动的干扰，不受裁判判罚的干扰，不受同伴不必要的干扰（如该自己果断起脚射门时，不受一、两个同伴呼喊而轻易把球传掉），也不受场外观众狂呼乱叫的干扰等，而是全神贯注地投身于比赛中的技术运用和战术配合，只有这样才能充分地发挥生理、心理功能的潜力。

（2）注意力的分配。

这是指在同一时间内，运动员将注意力分配到两种或两种以上的对象或活动上，自然，这与队员的技术熟练程度有关。如在足球比赛中，运动员一边快速运球，一边观察场上情况；射门的同时，观察守门员的位置；在盯人的同时，又能观察球的动向；等等。另外，注意力的分配也与同时所进行的活动之间是否建立了联系有关，经常既运球又看场上情况，久而久之，它们之间建立了条件反射联系，无疑，注意力的分配就会自然而然地建立起来。

（3）注意力的范围。

这是指在同一时间内，通常在 1/10 秒内，人能知觉到对象的数量。足球比赛是集体项目中人员最多、场地最大的项目之一。注意力的范围越大，对场上情况则越清楚。一般说，注意力的范围与运动员的技术熟练程度、比赛意识、比赛经验等成正比。要想形成这一心理品质，运动员需要提高技术、多学习比赛知识、积累经验。

（4）注意力的转移。

这是指运动员有意识地把注意力由一个对象转到另一个对象上。注意力的转移与分散注意力不同，前者是有目的、自觉地进行转移。足球比赛是复杂多变的，就进攻来说，运动员根据比赛的发展情况、对手的打法特点，有意识地变换战术和技术动作，使对手防不胜防。同样，也可根据变化了的情况，自觉地将注意力迅速而不失时机地转到下个动作上。这样才能更好地发挥个人的技、战术水平，以取得比赛的主动权。

3. 思维能力

所谓思维是人脑对客观事物的本质特性和事物之间规律性的反映。思维活动在足球比赛中起着主要作用。一个优秀足球运动员除了具备良好的身体素质和精湛的技、战术外，还要具备很强的思维活动能力。这样，才能在比赛中迅速而准确地观察、判断不断变化着的情况，及时地改变自己的战术意图，采取有效手段驾驭比赛的进程，从而在比赛中始终处于主动地位。

足球比赛中，运动员的思维活动有以下几点：

（1）思维过程的敏捷性：足球比赛是在双方时攻时守、攻守不断迅速转换中进行的，运动员要在一瞬间快速完成技术动作和战术配合。因此，运动员的思维过程也必须在快速、果断中进行，所以对运动员思维的敏捷性要求是非常高的。而随着足球运动向高速度不断发展的今天，这一心理品质对现代足球运动员的要求越来越高。

（2）思维过程的准确性：足球比赛时攻守双方队员和他们对球的争夺，都在不停顿地运动和变化中，运动员在准确观察的基础上，要进行准确而积极的思维，并做出正确的反应。所谓反应就是运动员对足球场上出现的情况，有意识地做出应答行动。反应一般分为三个时期，即预测期、判断期和反应期，这三个时期是紧密相连的。足球运动员只有及时而准确地作出反应，在技、战术上才能表现得准确而合理，为全队取胜奠定基础。

（3）思维过程的灵活性：足球比赛争夺激烈、攻守转换快、变幻莫测，运动员必须根据变化了的情况，在不违背全队总体作战方案的前提下，独立思考，灵活机动，当机立断地采取与事先安排或习惯不同的方法进行处理。因此，思维具有高度的灵活性。

（4）思维的深刻性：主要是指运动员在思维过程中，能正确预见比赛事件的进程和结果，善于抓住事物的本质，而不被表象甚至假象所迷惑。比赛中有球和无球活动总是真真假假，声东击西，以使对手受骗上当。若运动员能深刻地思考，抓住问题的实质，识破对手的意图，则会处于主动地位。

（5）思维过程的广阔性：足球比赛场地大、参赛人数多，技、战术复杂、难度大、变化多。因此，运动员必须全面地观察、思考场上双方的攻守战术及他们之间的关系，从而做出正确判断，以采取相应的有效方法、手段战胜对手。

（二）情感过程心理主要训练内容

情感过程一般分为情感和情绪，但在日常生活中并未把二者严格加以区分。所谓情绪就是人的内在感知的外部表现。人们的情绪既受道德、美感和理智感左右，又受政治、法律的制约。因此，人们的情绪与需要之间的关系不是一成不变的。

足球比赛是一项争夺十分激烈的对抗运动，运动员在比赛中的心理状态常常是情绪的变化，如比分暂时领先时的兴奋，比分落后时的急躁，裁判误判时的怨恨，对手动作粗野时的愤怒或怯懦，观众起哄时的激怒，同伴关键时刻失误时的埋怨，场地或气候变化时的不安以及教练员紧张情绪对自己的影响等。上述情绪的变化，常常对比赛胜负起着决定性作用。

足球运动员在比赛中的情绪特点主要有下列三点：

（1）鲜明而强烈：足球比赛的激烈性、复杂性和变化性是造成运动员情绪鲜明而强烈的直接原因，所以运动员情绪变化特点与运动员自身的特点有密切联系。如因一次关键的命中的射门，运动员的情绪可达到狂热的程度，又是奔跑、跳跃，又是相互拥抱、祝贺等。

（2）情绪的易变性：同一种客观需求不仅可以引起不同人的不同情绪，甚至可以使同一个人产生迥异的情绪。足球比赛情况千变万化，由于各种主客观原因，运动员不该失误的技术动作却失误了，此时，观众喝倒彩，同伴责备、埋怨，会使积极的情绪变为消极的情绪。又如，在比赛的关键时刻，裁判员出现了错判，有的运动员开始可能因愤怒的情绪而不服从裁判的判决，但理智感告诫运动员自己，要服从裁判员的判决，于是避免了一场不愉快的争执，这是由消极情绪变为积极情绪。可见，情绪是可以改变的，也是可以控制的。

（3）情绪的多样性：当本队实力强于对手、有可能战胜对手时，常常出现轻松愉快的情绪；当实力相差悬殊、毫无取胜的希望时，往往会出现泄气又毫无紧张的情绪；当实力相当、比赛成拉锯战时，胜负难以断言，既有胜利的希望，又有失败的可能，运动员常常具有强烈的兴奋性，并伴有异常紧张的情绪。同样，当运动员成功地完成了一次预想不到的高难度技术动作时，会有自豪而满意的情绪；反之，运动员遇到挫折、失败会产生焦急、烦躁、痛苦的情绪等。可见，运动员的情绪表现是多种多样的。但只有稳定的情绪，才能使技、战术水平得以正常发挥，取得比赛的主动权。

（三）意志过程心理主要训练内容

意志通常也称意志品质。意志是运动员自觉地确定目的，根据目的而支配、调节自己的行动，克服各种困难，树立信心，从而达到实现目的的心理因素。意志与一个人的认识和情绪是密不可分的。它们是相互影响、相互促进的。意志品质主要包括自觉性、果断性、主动性、勇敢、自制性、顽强性和自信心等。

1. 自觉性

运动员的意志行动是有目的、有意识的自觉的过程。一个足球队的建立目的可以分为长远的、近期的和当前的等，对一场足球比赛要达到的目的，教练员必须向运动员明确地提出，而且还要符合整体的长远目的。目的同动机是紧密相连的，动机是激励人们去行动，以达到一定目的的内在原因。动机的社会价值越大，目的则越明确，队员在比赛中越能自觉地行动，并经过努力，克服一切困难去实现自己的目的。

2. 果断性

是指一个运动员在训练和比赛中能适时地采取决定，并执行此决定。果断性对足球运动员尤为重要，足球比赛不准暂停，运动员对变幻莫测的情况，完全靠自己独立去处理、解决。我们常看到，当射门良机出现时，一些队员脚下却还在长时间地抚摸球，瞻前顾后，优柔寡断，而错失良机。所以，我们要求运动员临战中在运用技、战术时，要当机立断，果断行动。但队员的行动可能是合理的，也可能是不合理的，只要能认真总结经验、教训，自己的果断性就会不断得到提高。

3. 主动性

在足球比赛中，由于对手的限制和干扰，队员能认真思考、想方设法地排除对手的干扰，以完成技、战术任务，这就是主动性的具体表现。具有主动性的队员，在进攻时能独自而主动地攻击对手，先发制人，富有很强的攻击性；在防守时则能积极主动地盯人、抢断球，不断向对手施加压力，以加重对手的心理负担。所以，主动性是足球运动员必须具备的重要心理品质之一。

4. 勇敢

是为达到一定目的，在遇到危险时，也毫不恐惧而坚决行动的心理素质。有人把足球称为“是一项勇敢人的运动”。可见，勇敢这一心理品质在足球运动中占有重要地位。在激烈的足球比赛中时时、处处都能表现出勇敢这一心理品质，如跃身争顶空中球、倒地铲球、跳起倒钩射门、与对手的贴身争夺和冲撞以及不怕球的击打等。如果运动员不具备这种心理品质，纵然有好的技术，也很难发挥出来。

5. 自制性

自制性也称自控能力，是指运动员善于控制自己的情绪，约束自己的言行。一个自制性强的运动员在比赛中不仅能全力以赴克服各种困难，完成既定的战术方案，而且对各种不利的外界干扰因素，也能克制自己，严守纪律，不动肝火，以积极的情绪对待场上、场下发生的一切情况。国内外许多优秀足球运动员和球星，大都是自制能力很强的运动员，因而保证了自己技、战术水平的正常发挥。

6. 顽强性

是运动员为达到本队既定的目的而坚持不懈地克服困难、不屈不挠地去行动的一种精神。这一心理品质对足球运动员尤其不能少，如在伤病情况下的坚持奋战；在身体疲劳、体力下降时的咬牙坚持；在比分领先时的一鼓作气，再接再厉一拼到底；在比分落后时全队能团结奋战，顽强拼搏；等等。这种打不垮、拖不烂的顽强球队，往往能变被动为主动、反败为胜。

7. 自信心

在足球比赛中，自信心也是取胜的重要因素之一。一个运动员确信自己能完成预定的技、战术，并能达到预定的目的时，便产生了自信心。实践告诉我们，一个技术动作的成功，一次战术配合的完成，一场比赛的胜利，运动员大都是充满了信心。反之，若缺乏信心或信心不足，常常会受挫或失败。信心在足球比赛中的主要表现有，在自己技术动作多次失误，同伴的配合一时不得手，全队暂时处于被动局面、比分落后等情况下，对自己、对同伴仍能充满信心，对全队的力量始终坚信无疑。自信心主要取决于比赛的动机和目的，取决于临战时队员正常的心理活动，取决于体能和技、战术水平，同时也取决于赛前对对手实力恰当的估计以及对周围环境的正确分析等。自信心不是天生就有的，而是后天艰苦训练的结果。

（四）个性心理特征主要训练内容

对足球运动员来说，个性心理特征主要有两大因素，一是气质，二是性格。气质这种因素与运动员的遗传因素直接有关，在足球运动员选材中占有重要地位。虽然后天的训练和环境对运动员的性格会有所改变，但限于研究水平，国内外在这方面的训练资料较少，而更多的是用于选材的内容。

1. 气质

我们知道生理学是心理学的基础。生理学中人的高级精神活动分为四种，即兴奋型、活泼型、安静型、抑制型。而心理学中的气质类型也有四种，即胆汁质、多血质、黏液质、抑郁质。它们之间的关系是：兴奋型相当于胆汁质，活泼型相当于多血质，安静型相当于黏液质，抑制型相当于抑郁质。

（1）活泼型的运动员，神经活动过程具有良好的灵活性，易建立条件反射，反应迅速。这种类型的运动员掌握技、战术快，在比赛中能应付各种复杂情况，应变能力强，机智灵活，并具有较好的持续工作能力。

（2）安静型的运动员，神经活动的兴奋与抑制过程较均衡，条件反射建立后较巩固。这种运动员善于独立思考，集中注意力的能力较强。比赛中，沉着冷静，自制力强，对激烈争夺的紧张场面能从容不迫，情绪稳定，能较正常地发挥本人的技、战术水平。

（3）兴奋型的运动员，神经类型是强烈的兴奋过程占优势，虽然易于建立条件反射，但分化不够精细，且不巩固。这种运动员反应迅速、动作敏捷。在比赛中兴奋性很高，积极主动，情绪热烈，但易变化，波动大，不稳定，自我控制能力差。因此，技、战术不够稳定，常常不能正常发挥。

(4) 抑制型的运动员，神经活动能力差，不适于当足球运动员。

2. 性格

性格不仅是一个人对现实的稳定态度的表现，而且是如何行动的表现。一个足球运动员良好的性格，是通过长期的训练和比赛形成的，同时还应看到，一个人的性格在不同的环境和教育下是可以改变的。

目前，国内外对性格还没有一个公认的科学分类。有人按心理活动的社会指向分为内向型和外向型。内向型表现为沉静、少言、孤僻；而外向型则表现为开朗、活泼、善于交往。有人以个人独立性的程度，把性格分为独立型和顺从型。独立型的人善于独自发现问题和解决问题，独立性很强；而顺从型的人则依附别人，常按别人指示行事。也有人按照理智、情绪、意志在性格结构中占优势的情况，把性格分为性格的理智型、性格的情绪型和性格的意志型。性格理智型的人的特点是在行动中能用理智来要求和控制自己，性格情绪型的人的特点是行为举止受情绪左右较大，而性格意志型的人的特点是意志力非常强。

四、足球比赛的心理状态调控

足球比赛的心理状态及心理指导工作有赛前的心理准备、赛中的心理控制和赛后的心理调整。

(一) 赛前的心理准备

临近比赛的运动员在技、战术和体能上一般不会有太大的变化，参与比赛的动机与态度往往表现为多种多样或大起大落。因此，要了解运动员的赛前心理状态，及时做好赛前的心理准备。研究资料表明，比赛中技术水平发挥不好的运动员中，由于心理准备不足造成失败的占 70%，由于训练水平、技术准备不足而导致失败的占 20%左右。因此，赛前心理状态的稳定性对运动员来说十分重要。

赛前运动员的心理状态大致有四类：过分激动状态、赛前淡漠状态、赛前盲目自信状态和最佳战斗状态。前三类都需要用适当的方法进行心理调整。

(1) 明确比赛任务，建立适宜的比赛目标。目标既要有利于充分动员运动员的潜力，又要能为运动员所接受，不致形成思想包袱。

(2) 激发良好的比赛动机。调动运动员渴望参加比赛的内驱力。但须注意动机过于强烈或注意力过分集中于比赛，往往会导致精神紧张，影响技术水平的正常发挥。

（3）增强运动员取胜的信心。自信心是成功的基石，对比赛可能遇到的挫折和不利因素有足够的思想准备，通过认知训练帮助运动员正确评估彼我双方的力量，看到自己的优势并给予鼓励，使运动员敢于竞争，敢于拼搏，以良好的心理状态投入比赛。

（4）调整运动员的情绪。对各种不利于比赛的情绪，运用心理调节训练的手段进行针对性调节，使运动员的情绪趋于最佳状态。

（5）进行赛中行动和思维程序的表象演示，熟悉战术实施要求，分析可能遇到的困难及对策。

赛前心理准备最重要的是两项工作：一是做好赛前心理准备的重要环节——赛前激活水平的最佳控制，二是对几种不良的赛前心理状态采取调控对策。

1. 赛前激活水平的最佳控制

为参加比赛，必须动员运动员全身各有关器官系统和心理机能进入工作状态，发挥机体最大潜能，这种动员称为激活。通常出现的问题是：最佳的激活水平出现过早，消耗了过多的能量，而比赛当天却力不从心，兴奋不起来。反之，临近比赛，运动员兴奋不起来。因此，应使最佳激活水平调整至比赛日。

2. 几种不良赛前心理状态的调控对策

（1）赛前过度兴奋。

由于运动员比赛经验不足，自控能力和适应能力差，或比赛动机过强、期望水平过高而刺激了大脑，兴奋性过高。对这种状态的对策是控制适宜的动机和期望水平，培养运动员的自我控制能力，可采用转移注意力、安慰疗法、放松训练、催眠暗示等方法来逐渐缓解。

（2）赛前淡漠。

表现为情绪低落，意志消沉，缺乏信心，不想比赛，乏力，反应迟钝。一般是因为运动员过度疲劳、伤病未愈、比赛任务过重、困难过多和意志力较差等引起。其对策是采取激励，动员，积极的语言暗示，模拟训练，赛前热身，临赛前提前做准备活动使激活水平提高，调动参赛的积极性。

（3）盲目自信。

表面兴奋，内心空虚，往往对比赛的困难和复杂性估计不足，过高估计自己的力量。一旦比赛失利，情绪一落千丈，急躁、烦恼，以致恶性循环连连失利。其对策是加强运动员的思想教育和作风培养，认真做好赛前准备，准确评价双方实力和彼此的优劣，以清醒的头脑参加比赛。

（二）赛中的心理控制

运动员在比赛过程中的情绪体验最为深刻，情绪波动也较大。主观的和外部环境的各种刺激都会影响运动员的心理稳定性。如因担心失败、害怕对手会产生焦虑情绪，因观众的不同态度会产生激励或焦躁的情绪，因裁判员的误判、漏判又会产生不满或愤怒。教练员的鼓励、安慰能给运动员鼓舞，同伴的积极行动会激起斗志，任何情况下有良好的心理稳定性都是比赛成功的基本保证。情绪和情感与机体的生理、生化机制有密切关联，它受环境影响（刺激因素）、生理状态（生理因素）、认知过程（认知因素）制约，其中认知因素起关键作用。

1. 刺激因素的影响和控制

环境直接或间接地通过感官刺激运动员。如比赛环境、气候条件、观众、气温、教练员的语言、同伴的行动、对手的表现等，这些往往直接影响着运动员的情绪。为提高运动员在比赛中的心理稳定性，克服环境刺激因素的不良影响，要从根本上提高运动员的适应能力，降低他们对外界刺激的感受性，使注意力集中在技、战术运用上。赛前的适应性比赛、比赛中的语言提示，都可降低刺激的影响力，也可以以回避的态度减少感受刺激的机会，或利用无关刺激来转移不良刺激的影响。

2. 生理因素的影响和控制

生理因素影响指在大强度竞技活动中，机体内部生理的活动状态，如植物性神经系统的机能水平、内环境的平衡状况、骨骼肌的紧张度以及疲劳、伤病、女子月经前期等都能引起情绪波动。控制生理内部的刺激压力，可采取心理调节手段，如精神放松法、呼吸吐纳调整手段等都可以缓解生理因素对情绪的干扰影响。此外，平时应加强对运动员意志力的训练和培养，这样，即使生理活动有些失调或有些疲劳和伤痛，也会正确对待和保持相对稳定的情绪。

3. 认知因素的影响和控制

认知因素一般来自于大脑的各种中枢信息，尤其是对过去经验的回忆。如受失败阴影的笼罩导致怕输、怕失利的不良情绪。一旦在比赛关键时刻，只要有担心失败的意识，情绪即表现为焦虑和急躁的倾向。对待这种因素的影响，必须以积极的想象来抵御消极的想象，采取自我暗示、自我安慰、语言鼓励等达到控制情绪的效果。运动员在日常训练和比赛中须重视建立正确的思维定式，把握正确的认知过程，防止和消除不良的情绪波动。

临场遇到情绪波动甚至恶化时，一般可采用以下简易方法：

（1）呼吸吐纳调整法。加深呼吸的深度，调匀呼吸的均匀度，使呼吸进入一个悠、缓、深、细、沉的境界，尤其是强化腹式呼吸，效果更明显。

（2）语言暗示法。自我暗示或同伴、教练员暗示皆可。如“镇静、放松”“现在感觉很好”“可以！继续进行！”“没关系，再努力一下”等。同时，闭目、静观、调整呼吸，效果则更佳。

（3）转移注意法。暂时不想失利的过程，转而思考其他愉快的体验，使紧张的情绪得到暂时的宽松和调整，也有利于情绪的稳定。

（4）自我训练法。发现过度紧张可通过常用的身体活动来缓解。如做扩胸运动，轻微活动膝、腿、脚踝，配合深呼吸，能有效缓解紧张情绪。

（5）闭目静坐法。在中场休息时，闭目静坐，听自己的呼吸声，让脑中繁杂的念头暂时排除。继而想象自己内部身体的感觉，经脉畅通，如甘露由上洒下，遍身清凉透彻。既可排除各种因素的干扰，也可迅速使情绪平静下来。

（6）肌肉松弛法。采取按摩使肌肉放松，尤其肩、颈、背的放松，有助于消除心理紧张。

临场可因地制宜、灵活应用适宜的方法，有时2～3种方法同时应用更好。

（三）赛后的心理调整

赛后的胜负结果会使运动员产生各种心理活动，这种心理活动有积极的，也有消极的。因此，教练员必须和运动员一起对比赛后的心理状态进行分析，根据存在的问题，采取必要的措施加以调整，化消极因素为积极因素。

1. 运动员在赛后心理状态的表现

（1）比赛成功者会有鲜明而深刻的情绪体验，然而这种体验会产生两种不同的情绪。积极的情绪是：对成绩的获得有一种满足感、振奋感，精神受到很大鼓舞，信心更强，希望在以后的比赛中再接再厉取得更优异的成绩。消极的情绪是：骄傲自满、目中无人，对自己估价太高，看不到缺点与不足，对以后的比赛产生盲目自信，妄想轻易得胜。

（2）比赛的失败者会因失利或没有发挥出水平而遗憾，也会引起两种情绪。积极的情绪是：从比赛中发现了缺点与不足，分析失败的原因，决心有针对性地去克服。失败并未使自己消沉反而更激起斗志，在以后的比赛中积极争取胜利。消极的情绪是：经不起失败的挫折和打击，意志消沉、怨天尤人、丧失信心，把比赛失利更多地归于客观原因，或认为自己无能，一蹶不振，不想再参加比赛。

2. 比赛后的心理调整

（1）针对不同的状态进行心理咨询，帮助他们端正态度，提高认识，分析成功或失败的经验与教训。化解消极因素，鼓励积极情绪，无论失败者、成功者，都要防止自我形象的骤然变化，使他们始终保持积极进取的稳定情绪。

(2) 赛后应安排积极性的休息。消除生理疲劳和心理疲劳一般采取转移注意力的活动调节精神状态，如文娱活动等。整个赛期结束应有1～2周的调整期，以轻松愉快的、丰富多彩的活动进行积极的心理调整。这项工作不仅有利于以后的训练和比赛，更重要的是有利于身心健康。

(四) 主客场制赛事的心理状态及调整

当今，国内外的竞赛较为频繁，职业足球俱乐部的年度比赛已纳入主客场制，一般人的想法是主队占天时、地利、人和优势，胜率应该大于客队。然而，从心理因素影响技、战术发挥的效能观点看，事实上未必如此。国外心理学家以此观点为假设，采用个案历史法，搜集研究了1924～1982年59届美国棒球全国大赛的记录，分析其输赢次数和当时主客队的关系，又以同样方法搜集1967～1982年16届美国篮球协会举办的全国大赛记录。研究结果发现：在初赛阶段主队赢球机会大，而复赛阶段主队输多赢少，而决赛阶段主队处境更为不利。总体上主队胜算率低于50%，原因是，本来有利的地缘、人缘关系变成了心理压力，观众的过度期望加重了球员的心理负担，以致表现失常影响成绩。当然主队在天时、地利、人和方面的优势是不言而喻的，尤其是在观众的支持及观众压力下裁判员的执法等方面占有一些有利因素。

综上分析，第一，主队更重要的是克服想赢怕输的心理压力，尤其是迎战势均力敌的对手、关键的场次。运动员应正确估价双方的实力对比，摆正自己的位置，多考虑具体技、战术的准备，少考虑比赛的结果，把困难想象得多些，以积极的心理定式投入比赛。要处理好劳逸关系，注意封闭式的管理，减少家人、熟人的干扰，集中精力投入比赛中去。第二，客队要克服观众的干扰和可能出现的裁判员失误所带来的影响。调整好地区差异带来的生活或生理的不适应，安排好生活，尽快消除旅途疲劳，保证以充沛的体力、饱满的精神、稳定的情绪投入比赛。

五、心理素质训练的方法及现状

(一) 足球运动员心理素质训练的方法

1. 放松训练

放松练习是一种使自己的身心得到平静放松的方法。它是通过意念、呼吸，使全身肌肉得到充分的放松。这种“外松内静”的效果，不仅能使肌肉得到充分的放松，也能使心绪平静、大脑皮层的兴奋度降低，使紧张或烦躁不安的情绪得到克服。国内外都有一些行之有效的放松方法。如美国的超觉静坐、瑜伽等，我国传统的气功有着最佳的放松及使心绪平静的效果。最简便的方法是放松端坐，意念注重在呼吸上，练习片刻后，感到杂念抛去，即可进行由上而下的放松活动，依次从头、面、颈、胸、腹、小腹、大腿、小腿、足……放松下去。吸气时意念注于放松部位，呼气时意念是“放松、松、松……”放松完毕，保持松静状态静坐片刻，即可收功。

2. 念动训练

念动训练也称动作表象训练，是运动员有意识有次序地在脑中重复再现原已成形的运动动作表象。当运动员在意识中重复演练动作表象训练时，由于过去训练过程产生的动作与意识的联系逐步定型，相应的运动器官会产生肌肉电位活动，这种训练有助于强化动作的定型，有利于运动记忆。在赛前进行技术或战术配合中的表象体验能有效地起到对运动器官进行动员的作用，使运动员较好地完成技术动作和战术行动。

3. 集中注意力训练

集中注意力训练是运动员约束、强制自己全神贯注于一个明确的目标，不为杂念干扰而分散注意力的训练。注意力集中的能力由四个方面组成：意愿的强度、意愿的延续性、注意力的集中强度和集中的延续。它是一个心理意愿和身体机能综合努力的结果，集中注意力的能力一般从以下几个方面进行培养。

（1）集中注意力的能力锻炼。采取意守某一点的气功练习，或视觉守点、听觉守点的练习。

（2）听技术、战术要领，观看技术、战术过程后进行复述练习，养成在运动训练中集中注意力的习惯。

（3）练习中把感觉专注于某一点，训练中达到忘我的情境，有利于培养在练习和比赛中专注的能力。如练习带球时，感觉脚面与球的接触部位，射门或传球时专注击球时脚的部位的感觉等。

（4）平时训练时注意排除各种心理干扰因素的影响，避免练习中的情绪波动。

（5）教练员用警示语、提示语培养队员集中注意力的习惯。

4. 模拟训练

模拟训练是将训练的安排尽可能与面临的比赛条件相似的一种实战心理训练

方法。这有利于在不同的比赛条件下适应比赛环境，使临场达到良好的竞技水平。如适应客场的观众偏向对手的比赛氛围，适应裁判员错判、误判，适应对手技、战术特点等。

5. 自我暗示训练

它是通过有效的自我暗示、自我诱导、自我放松达到心理训练的目的。自我暗示依靠意念和语言对自己的行动进行约束和控制，以调整情绪，增强意志力，坚定信念，排除焦虑、烦恼、不安、急躁等不良心理影响。

6. 心理反馈训练

心理反馈训练是通过专门的仪器，以声光信号来识别自己生理功能变化的状态，并把这种状态与自身的感知觉联系起来。逐步学会根据反馈的信息来调整自己的机能能力，达到能充分动员、发挥机体能力的状态。尤其是通过调节植物性神经系统的功能、内脏功能、肌电、心率、血压等，亦可达到改善情绪的目的。

（二）国外足球运动员心理素质训练状况

近年来国外对足球运动员的心理训练是非常重视的：有学者认为足球运动员心理训练是良好心理素质的基础，同时他认为教练员是心理训练的主导者。还有学者认为足球运动员应具备的主要心理品质包括良好的训练、比赛动机，良好的感知觉和良好的注意品质。欧洲的足球发达国家在足球运动员心理训练方面已远远走在了我们前面。德国的足球队已开始配备专门从事心理训练的助理教练。德国足协对各级足球教练员执教都建立了严格的教练员证书制度，定期通过考核进行评定、晋升，每次集中两周的时间，每次内容安排均有心理学相关课程，且对心理学的考核尤为严格；意大利专门在佛罗伦萨市建立了学制一年的足球教练员学校，开设的教育学、生理学、足球训练理论与实践多门课程之外，心理学是作为一门重点课程来教授的；在日本有关足球训练的书籍中，心理训练都是作为重要章节加以阐述的；原南斯拉夫国青队主教练可可维奇在青少年 U－15 训练计划的制定中，将心理训练作为其中的重要部分。在与他的交谈中得知在南斯拉夫对足球运动员的心理训练是非常重视的，心理教授或心理教练都有着很高的社会地位，他认为中国足球教练员对心理学的了解不多，管理者对足球运动员的心理训练不够重视，这也是制约中国足球运动水平快速发展的重要因素之一。

（三）我国足球运动员心理训练方式的现状

对运动心理训练认识的不足，一直是困扰我国足球发展的桎梏。多年来，我国运动员在训练中遵循的都是从难、从严、从实战出发的科学化大运动量方法，但这个“三从一大”，普遍存在着科技含量较低的现实。近年来，运动心理学的科学化训练开始步入我国足球项目，但步履蹒跚。业内人士认为，技术难关可以突破，但心理障碍很难逾越。中国足球的“恐韩症”，就是一个很好的例证。尽管足球圈子里的人忌讳去提“恐韩症”，可一碰韩国队，我们的打法就变了形。中国足球队的两个“黑色三分钟”，印证了中国足球在运动心理学的研究和运动员的心理训练方面与世界其他体育强国间还存在着不小的差距。专家指出，所谓的心理训练，指的是对运动员在心理方面有目的地进行定向训练的过程，也就是通过各种手段有意识地对运动员的心理过程和个性特征施加影响，使运动员学会调节自己的心理状态，为更好地参加运动训练和争取优异比赛成绩做好各种心理准备的训练过程。尽管心理素质能够对竞赛成绩产生直接影响，也会对体力和技战术水平的发挥起到不小的作用，但大大小小的足球项目俱乐部，依然是可以花大钱去请国内二流、三流的教练员，却不肯花小钱去请国内一流的心理咨询师。据了解，国内目前各运动项目的俱乐部里，配备专职心理医生的寥寥无几。在心理训练手段的使用上，多数足球俱乐部把心理训练和足球训练、比赛分开进行，导致心理训练与具体的足球训练、比赛相脱离。随着足球运动的飞速发展，心理训练已经成为足球运动训练比赛中必不可少的组成部分。尤其在日趋激烈的运动竞技中，心理训练发挥着越来越重要的作用。然而，由于认识上的偏差，一种情况是在平时的技术、战术和身体训练中，从不实施有计划的按步骤的心理训练，对运动员的心理过程和个性特征加以必要的影响，使运动员的心理发生最适宜于训练比赛的变化的需要；另一种情况是只注意赛前的心理准备训练，而忽视平时应持续不断进行的长期心理训练；再一种情况是，赛前心理准备不足，赛中心理调整不当。所以，心理训练也应该和身体训练、技战术训练一样，进行系统的、有针对性的训练，不应该把心理训练和具体的足球训练与比赛活动相脱离。

六、足球运动员心理训练效果的影响因素及对策分析

（一）心理训练效果获得的不一致性的主要原因及对策

1. 心理训练效果获得的不一致性的主要原因

认为某种心理训练的方式方法都适合任何一位足球运动员，并且均会产生相同训练效应的想法无疑是荒谬的。事实上，不同足球运动员个体进行同一心理训练后往往会出现不同的训练效应，这是由运动员自身状况、教练员的训练安排、训练队员间的相互作用及其他客观环境决定的。运动员自身状况包括：专业知识的掌握、智力水平、技术水平、对比赛实践的理解、对待学习训练的态度、文化

程度、神经类型等。教练员的训练安排则主要包括：对训练的组织安排、采用的方法手段。队员间的状况包括：同伴水平的影响、对方个子的高矮、对手的技术水平。客观因素包括：训练比赛的环境、场地、器材、时间等。其中最主要的因素是运动员的性格和气质方面所存在的差异。

2. 训练对策

（1）多血质型运动员。这类型的运动员在接受心理训练时，开始的时候往往很有兴趣，接受得比较快，但是，一段时间后会感到厌烦，使得心理训练在其身上的效果并不很明显。

多血质型的运动员应该注意自身注意力容易分散转移、兴趣容易变化、情绪体验不深刻的缺点，在平时的心理训练中加强自己对心理训练的注意力。

（2）黏液质型运动员。这类型的运动员在接受心理训练时，开始往往难以接受，但是，当他们接受并认定心理训练后，会结合到自己平时的训练和比赛中去，心理训练在其身上的效果很明显。

黏液质型的运动员应该注意自身反应缓慢、沉默寡言、情绪内向的缺点，在平时的心理训练中应该多与教练以及队友沟通，迅速地认识到心理训练的好处和优势，加强自身的心理训练。

（3）胆汁质型运动员。这类型的运动员在接受心理训练时，很容易接受并能保持对心理训练的兴趣。可是他们性格急躁，在比赛和训练中很容易控制不住自己的情绪，不会利用心理训练中的方法来调整自己。

胆汁质型的运动员应该注意自身性情急躁、心境变化急剧的缺点，在平时的心理训练中就可以采取自我控制的方法来尽量使自己的情绪平静稳定。

（4）抑郁质型运动员。这类型的足球运动员在接受心理训练时，往往会比较困难，他们的性格特征导致他们接受心理训练比别人慢。可是，如果他们接受了心理训练，会比以上三种性格特质的人接受得都好。他们对细节的感受和认识很深刻，在训练和比赛中可以任意地调整自己的心理，使其完成训练和比赛任务。

抑郁质型的运动员应该注意自身行为孤僻、反应迟缓的缺点，在平时的心理训练中多进行沟通和交流。

（二）足球运动员心理训练的方式方法采用的不合理性

1. 心理训练方式方法采用的不合理性原因

教练员的文化水平不足会导致他们不能对心理训练有深入的了解和认识，使其在平时的训练和比赛中不重视和运用心理训练，这是影响运动员心理训练效果的主要原因。同时，教练员的指导水平、对训练的组织安排、采用的方法手段等也是影响运动员心理训练效果的重要因素。

在我国足球训练中，主要是体能、技术、战术的训练，由于训练都是在没有压力的环境中进行的，所以运动员无法体验在巨大压力情景下的心理变化规律，也就不知如何去面对压力，也就不可能在体能、技术、战术等训练中提高心理承受能力，长此以往也就严重影响了运动员的心理训练效果。

2. 训练对策

教练员应该注意自身的文化修养，对心理训练一定要有正确深入的认识。教练员应该认识到，心理训练对足球训练比赛不是可有可无的，也不应该在问题出现后才想起它。心理训练应该和身体、技能一样，系统地安排到运动员的平时训练和比赛中去。应该多向国外先进的心理训练学习，除了在训练项目上，还应该在训练时间、方式等方面多加学习，这样才能使心理训练发挥最大的作用，促进足球运动员心理水平的提高。

(三) 心理训练与具体的足球训练、比赛实践活动相脱离

1. 心理训练与具体的足球训练、比赛实践活动相脱离的原因

造成我国足球心理训练与具体的足球训练、比赛实践活动相脱离的主要原因是：运动心理学在我国还属于一门新兴学科，对其在足球运动中的应用研究还处于初级阶段，解决运动员的心理问题还主要运用普通心理学原理，我们甚至还没有认识到足球运动员的心理问题应该在足球训练场和比赛场上解决。我国足球训练课一般可分为身体训练课、技术课、战术课、综合课、比赛课，各训练内容相对具有很强的独立性，心理训练没有被贯穿其中。心理训练主要在赛前通过教练员或心理医生进行心理咨询。在训练活动中，运动员以什么训练方式获得运动能力，他就以什么方式来体现这种训练的效益，运动员不能在实战的状态下获得心理锻炼，自然也就不能在正式比赛中体现出该有的心理素质。

2. 训练对策

解决足球运动员的心理问题：①应充分重视赛前的心理准备，要帮助运动员分析比赛中可能出现的各种情况并制定出相应的策略，以便摆脱各种非可控因素的影响。在赛前 1～2 天，要强化运动员的积极思维和积极的自我暗示，增强信心，明确目标，心理上做好充分准备。一方面，需要运动员把情绪、注意、动机、信心、意志等心理因素调整到最佳状态；另一方面，对对手的技战术水平、个性特点和比赛的环境条件等因素也应有详细的了解。比赛的心理准备具有和技战术准备同等重要的意义。②把它落实到平时的训练中去，采用各种心理训练方

式方法、根据每个运动员不同的气质类型进行不同的训练。比赛心理中一些起主导作用的要素是不可能靠赛前短时间的训练就能具备的，比如坚忍不拔的意志品质、顽强拼搏的战斗作风、心理自我调节的方法等。这些心理素质是靠平时的刻苦训练逐渐积累起来的。赛场上的形势千变万化，赛前不可能完全预见。只有心理上准备充分，才能使身体机能处于积极备战状态，更好地发挥人脑对自身运动技术的控制与调节功能。

第三节　足球运动员常见的心理问题及矫正

足球运动员面临着生活和比赛的各种压力，在足球训练中会出现各种心理问题。为了让足球运动员适应环境、适应生活、适应自己身心的健康发展，应该对足球运动员常见的心理问题进行重视，并掌握矫正办法，促进足球运动员的心理健康。一般来说，足球运动员常见的心理问题包括训练厌倦、比赛焦虑、挫折心理、嫉妒心理、猜疑心理等，下面主要对这几种心理问题及其矫正的基本内容进行分析。

一、训练厌倦及矫正

处于训练厌倦的足球运动员，往往会厌恶和恐惧足球训练，对督促他们训练的父母和教练员有严重抵触情绪，每到训练时就感到心烦意乱和焦躁不安，他们不仅训练时不能集中精力听课，而且常常用逃避训练的方式来摆脱这种厌恶感，因此往往训练效率不高。训练厌倦的矫正可采取以下方法。

（1）适度强化训练动机。教练员要用成功的案例和个人对社会的责任来教育足球运动员，将努力学习、训练和不断进取从客观需要转化为足球运动员的主观需要。要为足球运动员创造一个良好的学习训练环境，对他们的期望要适度，要让他们体验学习的快乐，处理好学习与训练的关系，有进步就表扬，而表扬应以精神鼓励和爱的关怀为主。

（2）树立理想和目标。教练员要指导和帮助足球运动员建立有层次的目标系统，目标应由小到大，鼓励他们的学习训练热情，从而逐步向理想目标迈进。

二、比赛焦虑及矫正

在邻近比赛时精神紧张无法正常训练，进而导致竞技水平下降，这就是比赛焦虑的体现。造成比赛焦虑的原因是多方面的，包括生理原因和心理原因。从生理方面来看，下丘脑分泌的“促皮质释放因子”激素会使垂体分泌多种垂体激素，这些激素会使人体的心跳加快、血压上升，从而使人体感到紧张。从心理方面来看，这是一个“缺乏信心——情绪紧张——记忆紊乱”的过程。比赛焦虑可通过以下方法进行矫正。

(1) 适当地转移注意力。如果足球运动员在比赛前十分紧张，难以集中注意力比赛，可以暂时转移注意力。因为赛前焦虑是一种精神抑制状态，适当地转移注意力（如做一些轻松愉快的游戏、技术练习等），将注意力转移到具体的技术动作上，可以缓解内心压力，避免队员在比赛前出现紧张情绪。

(2) 自我松弛法。在比赛前，足球运动员可通过放松躯体肌肉来放松紧张心理。其方法主要有：排除杂念，意念集中，做深呼吸，自信地微笑，以及从头部开始放松全身肌肉。也可采用闭目冥想法，在热身活动完毕休息时，或者是前往比赛场地的路程中，可以闭目冥想与同伴进行二过一的战术动作过程，或者是自己过人的过程，这时要注意只是想象战术完成的过程，例如，传球方式、跑动路线等，而不去想象失误等技战术失败的后果。这样不仅能让队员将注意力很好地转移到技战术的温习上，很好地克服紧张的情绪，还能使队员增强自信，对进行比赛有很大帮助。

(3) 进行积极的自我暗示。由于比赛焦虑是一种与比赛相结合的条件反射，它往往和失败的比赛经历有关。因此，在比赛前，足球运动员应该给自己更多成功的积极暗示，使自己在比赛前有一个比较好的心理状态。

三、猜疑心理及矫正

猜疑心理通常表现为过分敏感，常将他人无意或友好的行为误解为敌意或轻蔑，表现为思想行为固执、古板。足球运动员猜疑心理的形成，与他们的生活环境密切相关，如在家庭中遭到遗弃、虐待、专制、忽视、溺爱，也与训练中受到不当的批评方式等有关。猜疑心理会使足球运动员无端怀疑别人和无端自卑，造成很大危害。猜疑心理可采取以下方法进行矫正。

(1) 经常提醒自己不要陷入“敌对心理”的漩涡中。当教练员或队友讲话语气比较重时，足球运动员应理解为有可能是教练员或队员碰到不顺心的事情，不要将自己与他们对立起来。

(2) 懂得尊重别人。尊重是相互的，因为只有懂得尊重别人的人，才会受到别人的尊重。

(3) 与他人交流要积极主动。尤其是当他人有困难时，应该全力相助。这样，才能取得他人的信赖和友谊。

四、孤独心理及矫正

足球运动员在与他人的交往中，常常感到不容易找到真正心心相印、相互理解、可以产生心理共鸣的知音，也常常感到不容易被人理解，进而出现不同程度的孤独感，这是心理闭锁的表现。孤独心理可采取以下方法进行矫正。

(1) 对待别人要真心。足球运动员其社会化的过程中，不可避免地要与人交往，若希望别人真心对待自己，自己首先要真心对待别人。

(2) 对待别人要宽容。足球运动员对朋友的要求不能过于苛刻，应学会宽容地对待别人。这样，就会发现自己身边有许多值得交往，并可以成为知心朋友的人。

(3) 运用交往传感效应。足球运动员应通过自己的情绪来感染别人，以自己的热情引发众人的热情，这样就能营造出一个良好的人际氛围。

五、嫉妒心理及矫正

在同他人作比较时，发现自己的才能、名誉、地位、境遇和外貌等方面不如别人，因此产生由羞愧、愤怒、怨恨等组成的复杂情绪状态，这就是嫉妒心理。嫉妒具有明显的发泄性，如果得不到及时阻止就会演变成嫉恨，进而失去理智，攻击对方。嫉妒心理可采取以下方法进行矫正。

(1) 对嫉妒的危害有所认识。嫉妒心理是不健康的，它对自己和他人均有危害。足球运动员矫治嫉妒心理，首先就要认识嫉妒的危害性。

(2) 对自我要有客观的认识。足球运动员要认识到，在社会生活中，每个人由于主客观条件不同，相互之间会存在一定差异。足球运动员应该冷静正确地评价自己，找出与他人的差距，认识自我存在的不足，开拓自身潜能。

(3) 克服自身的狭隘心理。足球运动员心胸狭隘与否，与思想修养、道德水平、文化素质、社会经历和性格品质有关。淡化自我、摒弃私念、开阔心胸、克服狭隘的自私心理，就不会产生无谓烦恼。

(4) 注意人际交往。足球运动员长期缺乏情感沟通，就容易导致心胸狭隘，进而产生嫉妒心理。因此，足球运动员应该注意人际交往，开拓自己的生活空间，以避免嫉妒心理的产生。

六、自卑心理及矫正

自卑也是足球运动员经常会出现的心理问题之一。一般来说，运动成绩不理想和教练员、队友对自己评价偏低是自卑心理产生的主要原因，其中前者是根本原因。自卑心理可以采用以下措施进行矫正。

（1）对自己进行客观评价。每个人都有长处与短处，不能因自己某些竞技能力方面有缺陷而怀疑自己的全部能力。因此，足球运动员不仅应该如实看到自己的不足，还要善于发现自己的长处。

（2）与别人进行合理比较。足球运动员不应该总是用自己的不足与别人的长处相比，而应该与环境和心理条件相近的人进行比较，这样，才能清醒地认识自己的实际水平和自己在群体中的位置。

（3）正确地分析原因。足球运动员如果因为主观目标脱离实际而导致失败，那么调整目标即可；如果因自己努力不够或方法不对，改进即可；如果确因能力不足而致失败，则另辟蹊径即可。总之，足球运动员应该接受现实，容忍自己的不足，并通过各方面的努力，扬长避短。

（4）进行适当合理的表现。足球运动员应该多做一些力所能及、把握较大的事情。哪怕这些事情很小，也不要放弃争取成功的机会，因为任何成功都能增强自信，克服自卑。

第四节　足球运动员挫折心理的产生与克服

挫折是一种大量存在于足球运动中的心理现象，每位足球运动员在运动生涯中都会遇到这样或那样的挫折。比赛失败、训练水平上不去、得不到教练员的重用等大大小小各种各样的挫折，都会引起运动员内心一定的紧张和震撼，并产生烦躁、暴怒或是忧郁、压抑、沮丧的情绪体验，从而对训练和比赛产生相应的影响，严重者会干扰日常生活和学习。

一、挫折的概述

所谓挫折就是不如意，不能按着自己的思想方式、行为方式行动和得不到期望的结果。足球比赛中常常出现这种情况：当你左算分右算分，以为可以如愿以偿时，结果不愿看到的情况发生了。苏永瞬带领的中国足球队可以说是半只脚跨进了世界杯门槛，结果沙特队“放水”，不过还算义气，没有“放”到让你完全失去希望，最终造成“决斗”场面。而我们呢，没有足够的心理准备，队伍已解散休整，准备进军世界杯。在极大的心理不平衡状态下与新西兰进行“决斗”，结果 1 比 2 负于对手，失去进军世界杯决赛圈的资格。于是多少年来我们善良的球迷就以此为基准，似乎中国足球队非闯入世界杯决赛圈不可。在这种心态下出征的中国队，挫折的阴影和心理的包袱越背越重，导致了中国足球“5・19”事件和两个“黑色三分钟”。

足球运动员的挫折包括三个方面的含义：其一，是指使运动员的需求不能获得满足的内外障碍或干扰等情境状态和情境条件，如比赛成绩不尽如人意、受到舆论的批评和球迷的讽刺挖苦等，这是造成挫折的情境因素；其二，是指运动员对情境因素的知觉认识和评价，称为挫折认知；其三，是指运动员伴随着挫折认知，对于自己的愿望和需要不能实现而产生的情绪和行为反应。当挫折情境、挫折认知和挫折反应三者同时存在时，运动员便产生心理挫折。没有挫折情境，只有挫折认知和挫折反应这两个因素也可能产生心理挫折。这是因为运动员既可以有对实际遭遇的挫折情境的认知，也可以有对想象中可能出现的挫折情境的认知。例如，一个运动员总怀疑裁判员对自己有敌意，就会产生愤怒、抗争心理，认为裁判员的判罚，是故意针对自己和队友，无形中产生一种紧张恐惧的挫折心理。

面对挫折情境，关键在于如何去认知它。例如，当出现某种挫折情境（如在比赛中连续失分或动作失误，受到球迷讽刺谩骂）时，运动员并没有意识到这些情境因素的出现，或虽然意识到了，但认为对自己没有什么影响，而是从内心认为对自己是一种激励：“一定要处理好每一个球。一定要战胜对手。”并认为可以借此锻炼自己的意志品质，以适应在各种不利情境下进行比赛。主观上将挫折情境感受为一种激励而不是挫折，就不会形成心理挫折。只有在运动员将挫折情境认知为挫折时，才会产生挫折反应。因此，如何培养足球运动员正确认知挫折、承受挫折的能力是足球训练中不可忽略的一个重要问题。

二、足球运动员挫折心理的成因

足球运动员训练中的心理挫折是运动员在追求某种训练目标时，由于目标与障碍之间、目标与动机之间的冲突，而主观上体验到的一种失意、消沉、悲观的情绪状态，是在失败与处境艰难中产生的。它的致因是十分复杂的，既与足球运动员追求的训练目的、需要的特点和性质分不开，又与实现目的、需要的客观可能性有着极密切的关系。这是因为目的和需要是一种主观要求，同现实之间总是存在着这样或那样的矛盾，这种矛盾是形成心理挫折的基本原因。足球运动员训练挫折分为两种：外界因素、自我因素。

外界因素可以分为：自然因素、社会因素，自我因素可以分为：学业因素、生理因素。

（一）外界因素

外界因素是指外界事物和情况给足球运动员带来的阻碍和限制，它包括：自然因素，如季节，场地的松软、干湿，器材的性能；社会因素，如与同伴、教练之间的人际关系，家庭状况，校园环境等。

1. 自然因素

自然因素主要指限制或阻碍运动员实现目标的自然环境和客观条件。比如运动员在恶劣的气候条件下训练，或到外地比赛，因气温、气压、饮食等客观环境的不适应，就可能产生挫折感。调查发现，运动员认为在训练场地、器材不适应，训练环境差，训练天气、气候差的情况下容易造成挫折。自然因素引起的个人挫折，往往带有不可抗拒的性质。因此，足球运动员只能以积极的态度正确对待这类因素造成的挫折，靠顽强的毅力和意志，克服困难，战胜自我。

2. 社会因素

所谓社会因素是指社会生活中人为的因素，其中包括政治、经济、组织、团体、人际关系、家庭，以及道德、风俗等各方面因素。比如足球运动员与教练员或同伴的关系不协调，影响了目标的实现而产生的挫折。我们将社会因素分为：家庭因素、学校因素。

（1）家庭因素对足球运动员训练挫折的影响。

家庭是人生的第一环境，是人出生后的第一个地方，家长是孩子的第一任老师。足球运动员的训练挫折或多或少有家庭的影响因素。家长的文化素质、价值观念、道德水平、教育方式等，无一不会使运动员产生挫折感。比如家庭内部出现矛盾使孩子觉得丢脸；家庭经济困难使孩子自卑；有的从小父母离异，使孩子长期缺少母爱或父爱，内心苦闷。这样的足球运动员比其他正常家庭的足球运动员更容易在训练中产生挫折心理。有的足球运动员在家被父母溺爱，从小就很少遭遇挫折，在足球训练中一碰壁就很容易产生挫折心理。根据相关调查，足球运动员心理挫折的产生同家庭因素有很大程度的关联性，这说明，在足球运动员训练中家庭因素容易给运动员造成挫折心理。

（2）学校因素对足球运动员训练挫折心理的影响。

学校是一个有计划、有组织、有目的地向人们传授知识、技能、价值观、社会规范的专门机构。学校是学生发展认知能力、获得有效参与社会所必需的知识和问题解决技能的地方。通过查阅大量资料，我们发现，目前我国学校教育存在着许多不足。例如，重视文化，轻视体育；学校管理方式与训练手段落后；学校环境氛围差等。这说明，在足球运动员的训练中学校因素容易给运动员造成挫折心理。

大部分学校平时不开展挫折教育，这导致足球运动员对挫折心理认识不够，不知如何去克服，使训练情绪差，一蹶不振，训练效果差。许多教练由于缺乏心理学方面的专业知识，对心理辅导、心理咨询等方面的理论与技术也了解得很少，不了解当代学生的心理特点，在培养学生的挫折承受力时感觉心有余而力不足，培养效果不够理想。

（3）人际关系对足球运动员训练挫折心理的影响。

根据调查发现，人际关系因素也是影响足球运动员训练挫折心理的一个重要因素。人际关系是人与人之间在交往过程中直接的心理上的关系或心理上的距离，它反映了个人或群体满足其社会需要的心理状态，表明了人们在相互交往过程中关系的亲密性、融洽性和协调性等的联系深度。人际关系是社会关系的一个侧面：以人们的需要为基础，以感情为纽带；以交往为手段。它的变化与发展决定了双方之间需要满足的程度，它对群体内聚力的大小、心理环境的好坏有直接的指导作用，直接影响个人的微观环境。足球运动员最重要的人际关系是与父母的关系、师生关系、同伴关系。在与父母的关系中，和父母交流少，以求个人独立自主，所以足球运动员把父母对自己的关心认为是唠叨，甚至产生逆反心理。在同伴关系中，足球运动员的交往大多以同龄人为主，可以效仿那些最为老练和能干的同伴的思维和行为方式。同伴间可以相互学习，足球运动员对在同伴中的位置非常在意，同伴的认可决定着自己的威信和受欢迎程度。所以，如果同伴间发生矛盾，足球运动员很容易产生挫折心理，在训练中一蹶不振。在教师和学生的关系上，教师应该多鼓励和表扬学生，学生在教师的期望、鼓励和支持下，会不断获得自信心，从而产生积极的心理。和教师关系紧张时，由于师生关系紧张对立，互不信任，学生的心理需要不能得到满足，教师不能客观公正地对学生进行评价，因而易使学生产生挫折心理，产生消极的训练状态，这很容易伤害他们的自尊，导致他们在训练中产生挫折心理。

（二）自我因素

自身因素是指个体生理上、心理上的如知识、能力与资历等因素。因为它们与理想之间的差距，使自己的行为受阻，计划无法施展。这里将足球运动员训练挫折心理的自我因素分为：学业因素、生理因素。

1. 学业因素

所谓学业挫折是指运动员在青少年时期，由于学业上的不如意而产生的消极心理或由于学习上的失败而造成的一种心理障碍，比如运动员因学业压力、升学压力、考试失败或不理想等可能会导致挫折心理。相关调查研究发现，学业因素对足球运动员挫折心理的形成影响非常明显。

足球运动员在学习中承受来自父母、老师、教练的压力，还要承受班级的学习压力。他们不仅要承受考试的压力，放学后还要训练，回家后还要完成功课。有时训练累了，作业做不完，第二天还要受到老师的批评，便会产生心理负担，因而在训练中产生挫折心理，严重影响足球训练。当代足球运动员的主要压力来自学业，随着年级不断增加，在学校里的学习实践相对增多，内容越来越广，要求越来越高，学习任务越来越重，使足球运动员不适应，产生挫败感。尤其是目前我国在教育评价方面还未完全建立起与素质教育相匹配的合理制度，量化的考试、按分数排名仍然是衡量学生进步与否的唯一依据。因此足球运动员往往因名次的落后或下滑等学习上的失败而非常沮丧，导致训练时无精打采，训练效果差。

2. 生理因素

生理因素主要指运动员的容貌、身材、疾病、生理缺陷等，这些因素都会给足球运动员实现目标带来限制。比如，运动员由于身材矮小、身体素质差等原因，在比赛中对抗失败，便会产生挫折心理。再比如在训练中生病或受伤，这些意外都会使运动员在训练中产生挫折感。通过调查研究发现，训练年限、身体素质、训练中体能下降、身心状态不佳、容貌、身材、疾病、生理缺陷等因素可以轻易给足球运动员带来挫折感。

由于训练年限短，技术和战术都无法和训练年限长的运动员相比，在训练中往往会感觉到技不如人，产生挫折心理；有些运动员因为先天的条件，比如容貌、身材、生理有缺陷等，往往在训练中会产生自卑感，害怕训练，缩手缩脚，容易导致消极状态，使训练效果不佳；还有些运动员由于身体突然受到损伤，如意外的运动损伤，不能参加运动训练，从而不能提高运动技术水平，导致因为跟不上队友的进度产生挫折心理。

三、挫折对运动员身心的影响

（一）挫折影响运动员身心的原因

挫折之所以影响运动员的比赛情绪，是因为：一方面运动员是生物的个体，另一方面运动员又是体现着特定社会关系的社会成员。由于足球运动有着广泛的群众性，运动员的心理和行为的发生、发展和变化过程除了受生物学心理影响外，必然受社会、文化因素的影响和制约。

由于运动员的心理活动与生物因素、社会和文化因素有一种内在的本质的协调一致的关系，对于外界事物和周围环境的刺激所作出的反应，既取决于客观刺激本身的特点和强度，也取决于运动员的内部状态。因此，运动员所遭遇的各种挫折，都与社会生活有着密切的联系。由于环境的变化（如观众和上级领导的态度）过于迅速，超出运动员所能适应的范围；或是运动员不能适应变化的环境（如不能按照教练员要求胜任新的角色）；或是环境虽没变化，但运动员本身的个性与内在心理品质和行为方式发生了显著变化，而又不能相应地协调起来：这些都会导致运动员的心理活动与环境关系失调，产生紧张情绪，并给其身心带来一定影响。

（二）挫折对运动员身心健康的不良影响

运动员遭受挫折，既定目标不能顺利达成，个人需要不能满足，预定行为方式受到限制和阻碍，受到挫折，并引起激动、焦虑与消极的情绪反应和紧张状态，这对于运动员的身心健康会产生不良影响。

运动员参加训练、比赛总有一定的目标要求，如果训练、比赛的结果达不到运动员所期望的要求，机体的心理平衡状态就会受到破坏，甚至引起生理功能的紊乱，以致影响正常的训练、比赛。这就要求运动员通过心理训练，适应变化了的训练、比赛环境。在这个过程中，需要运动员做出意志努力。如果不能对客观关系和环境变化有正确认识，就谈不上去适应新环境，必然造成心理上的许多矛盾冲突。

（三）挫折对运动员身心健康的积极意义

挫折造成的长期的高度紧张情绪和心理压力对运动员是有害的，但这并不是说凡是紧张和压力就一定有害。适度的紧张和压力是必要的和有益的，能使运动员更加警觉，有利于提高机体对环境变化的应付和调整能力，是运动员克服困难、排除障碍、最终达到目标的必要心理条件。其意义如下。

（1）可以促进运动员正确认识挫折情境，分析造成挫折的外因与内因，认识排除挫折的客观和主观条件，制定排除挫折的方案。如果运动员遇到挫折无动于衷，没有任何压力和紧张，也就不可能去探求排除挫折的办法和措施。

（2）可以促使运动员认真分析自己的行为动机，探求训练、比赛目标的可行性和真实意义，从而对自己的目标进行修正，实事求是地提出当前力所能及的目标值。此目标值既不能过于超前，更不应滞后。

（3）可以促使运动员最大限度地动员身心潜能，使自己的知识、经验、技能、身体活动能力、意识达到激活状态，从而有利于跨越障碍，实现比赛目标。

运动员在适度紧张的情况下，体内会产生一系列生理变化，使身体释放更多的能量应付当前的挫折。这时运动员的注意力会更加集中，思维会更加敏捷，反应速度加快，训练、比赛的动作质量提高。如果一个运动员对任何挫折都没有紧张反应，没有想到要动员全部力量来投入训练、比赛，行为上也没有充分调动自身能力做出有力的反应，那么他已经不适应从事足球运动。

心理平衡的失调是有害身心健康的，然而适度的心理不平衡又是足球运动员所需要的，正是这种适度的心理不平衡使得运动员产生拼搏进取的力量。有矛盾、有冲突就会有突破、有前进，这就是心理平衡和不平衡的两重性。足球运动员所需要的是动态的、发展的、充满活力的适度的心理不平衡，而不是机械的、静态的心理平衡。运动员承受挫折的心理能力宛如一个弓弦，如果紧张过度，不仅射不出弓箭，反而会绷断弓弦。

挫折之后产生情绪并不奇怪，一个成熟的足球运动员不仅能产生情绪，更能控制情绪。作为足球运动的竞技者，遇到各种挫折是不可避免的，因为足球运动就是战胜挫折的运动。是竞技运动就会有胜负，失败会给运动员带来痛苦，也能磨炼其意志品质。只有学会正确地对待比赛中的胜与负或由此带来的荣誉和痛苦，经受住严重的精神负担和压力，才能保持最佳心理状态，精神饱满、意志坚定地投入以后的训练、比赛中去。

四、防止和克服足球运动员训练挫折心理的措施

如何防止和克服运动员在训练中的挫折心理，培养和提高运动员抵抗挫折的能力，是每个教练员在训练中需要高度重视的课题。因此，教练员在平时的学习、生活、训练中，要时刻注意运动员的行为表现，及时发现问题。做到细心诱导、耐心教育并在训练中有意识地设置障碍，不断培养运动员对待挫折的积极心理，培养运动员的意志品质，提高自控能力，通过运动员的自我意识对挫折心理进行控制和调节，使其能够克服训练中的消极的挫折心理，产生积极的行为反应。

（一）思想教育法

平时的训练中，教练员应采用多种方式对足球运动员进行爱国主义及思想道德教育，帮助他们树立正确的人生观，使他们对社会、对训练、对学习有正确的认识，树立为国争光的远大理想，教育他们在训练、生活中遇到各种矛盾时，从国家和集体利益出发给以正确的解决，使他们在顺利时不掉以轻心，受挫折时不灰心丧气。

(二) 迁移法

足球运动员在训练中没有达到预定的目标而受到挫折时，教练员要及时调整训练计划，改变训练手段和方法，降低目标，并和运动员一起分析产生挫折的原因，使其找到自己的优点，找到自身的不足，从而在以后的训练中努力改进不足，不断提高技术水平。

(三) 宣泄疏导法

有些运动员遇到挫折会因为激烈的情绪反应而导致不理智的攻击行为。如果教练员采用强制手段，会使足球运动员的情绪更加悲愤，或受到压抑后容易产生冷漠无所谓的态度。教练员应采取适当的方法让运动员的悲愤情绪释放出来，并及时进行耐心地交谈，使他们痛苦的心情得到安慰。在运用这种方法时，教练员要注意把握时机，并做到推心置腹，让足球运动员感受到教练的关心和爱护。

(四) 转移注意法

当足球运动员在训练中遇到挫折、紧张情绪无法排除时，教练员可采用让其听音乐、玩游戏等方法转移注意力，缓解挫折带来的不良情绪，逐渐产生适应的积极的情绪反应。

在足球训练中，缓解与消除运动员挫折心理的方法很多。在使用时应注意区别对待，对同一种方法，不同的运动员会有不同的反应，所以，要根据每个受挫运动员的具体情况，采取相应的方法，才能获得满意的效果。

参考文献

［1］李吉慧，侯会生，兰保森．现代足球训练理论与实践［M］．北京：人民体育出版社，2008.
［2］刘丹．球类运动训练理念批判［M］．北京：北京体育大学出版社，2006.
［3］王鲁平．现代足球发展理念与系统训练［M］．北京：中国书籍出版社，2017.
［4］韩旭．现代足球训练理念与方法指导［M］．北京：中国书籍出版社，2017.
［5］李亮．高校足球实用技术教学与训练研究［M］．北京：中国书籍出版社，2014.
［6］黄竹杭，王方．足球训练设计［M］．北京：高等教育出版社，2010.
［7］麻雪田，王崇喜．现代足球运动高级教程［M］．北京：高等教育出版社，2002.
［8］谷明昌．现代足球理念［M］．北京：北京体育大学出版社，2005.
［9］郭晓伟．现代足球训练理念与实践［M］．北京：中国书籍出版社，2014.
［10］汤信明．足球运动教学与训练［M］．武汉：华中科技大学出版社，2012.
［11］李亮．高校足球实用技战术教学与训练研究［M］．北京：中国书籍出版社，2014.
［12］何志林．足球教学训练工作指南［M］．北京：人民体育出版社，2010.
［13］曲晓光．现代足球训练理念诠释与应用［M］．广州：华南理工大学出版社，2009.
［14］王民享，吴金贵．现代欧美足球训练理念与方法［M］．北京：北京体育大学出版社，2010.
［15］董勤广．大学生体育理论与实践教程［M］．哈尔滨：哈尔滨工业大学出版社，2013.
［16］张庆春．中国青少年足球训练理念实证研究［D］．北京：北京体育大学，2006.
［17］何盛．我国大学生足球运动系统发展之研究［D］．四川：四川大学．2003.
［18］任毅．青少年足球运动员训练挫折心理成因研究［D］．重庆：西南大学，2013.
［19］魏广林．足球进攻战术与体能训练水平依存关系的研究［D］．西安：陕西师范大学，2014.
［20］胡林涛．对我国足球运动训练理念的理论探讨［D］．成都：成都体育学院，2013.
［21］崔博．我国青少年足球比赛中进攻技战术特征的统计与分析［D］．石家庄：河北师范大学，2011.
［22］胡林涛．对我国足球运动训练理念的理论探讨［D］．成都：成都体育学院，2013.
［23］彭恩嘉．多媒体技术在体育教育专业足球理论教学中运用的研究［D］．兰州：西北师范大学，2005.
［24］董晓冰．高校足球组合训练的理论与实践［D］．长沙：湖南大学，2011.
［25］郭潇．青少年足球战术训练设计理论研究［D］．北京：北京体育大学，2011.
［26］龚波．我国职业足球运动员体能训练研究［D］．上海：上海体育学院，2004.

[27] 水祎舟. 足球运动专项体能训练设计理论与实证 [D]. 北京：北京体育大学，2016.

[28] 陈浩，龚波. 系统科学观与足球专项训练原则体系的构建 [J]. 中国体育科技，2006 (4).

[29] 毛晓峰，李献青，李秋良. 足球运动员核心体能训练研究 [J]. 成都体育学院学报，2012 (12).

[30] 戴东. 浅探高校足球运动员的体能训练 [J]. 首都体育学院学报，2002 (1).

[31] 伍少利，刘丹，姚继伟等. 足球运动员的体能特征及训练应注意的问题 [J]. 中国体育科技，2009 (2).

[32] 张易宁. “小型比赛”在青少年足球训练中的应用 [J]. 当代体育科技，2017 (14).